Java 윈도우 프로그래밍

시뮬레이션 예제중심

한창희 유대훈 엄영문

지코사이언스

소스코드 다운로드 방법

www.webhard.co.kr 접속→ID:GCOS9793 pass:9793

Java 윈도우즈프로그래밍 폴더(폴더 비밀번호는 ISBN 끝 5자리)

소스코드 폴더에서 자료를 받을 수 있습니다.

Java 윈도우 프로그래밍

시뮬레이션 예제중심

발행일 2018년 01월 15일

지은이 한창희, 유대훈, 엄영문

발행인 이윤아

총 괄 박성율

발행처 지코사이언스

출판등록 제2-4387호

주 소 서울시 서대문구 모래내로 211 대광빌딩 2층

전 화 02-2279-9771

팩 스 02-2279-9259

ISBN 978-89-93601-68-8 03000

값 17,000원

머리말

컴퓨터 관련 전공학생의 경우에도 프로그래밍 교재의 윈도우프로그래밍 부분은 기본 문법이 끝나고 교재의 후반부에 나오는 이유 등으로 한 학기의 강의로는 부족한 것이 현실이다. 또한 기존의 교재나 강의의 서술 및 진행 형식은 기본 문법의 나열식인 경우가 대부분이다. 한편 다양한 배경을 가지고 있는 일반인의 경우도 컴퓨터를 활용한 업무 및 실험 등에 깊게 관여하는 일이 계속 증가하는 추세에 있기 때문에 프로그래밍언어 및 윈도우프로그래밍의 깊이 있는 경험을 원하고 있다.

컴퓨터를 통한 실험은 컴퓨터 전문 분야 중에서 모델링·시뮬레이션(Modeling & Simulation)에 속한다고 할 수 있는데, 이러한 경우 각자가 원하는 시뮬레이션이 GUI(Graphical User Interface) 환경에서 시각적으로 표현되는 것은 시뮬레이션 관찰자의 이해를 돕는 데 매우 중요하다. 윈도우프로그래밍의 깊이를 제공하는 목적을 지닌 본 교재에서 사용하는 프로그래밍 언어로 Java를 선정했다. 이는 오픈 소스 패러다임의 시대상황에서 객체 지향(Object-oriented) 스타일의 프로그래밍 언어이면서 최근 모바일 환경에서 앱 개발 등에 강점을 보이고 있기 때문이다.

본 교재의 집필 방향은 자바를 통한 윈도우프로그래밍을 서술하여 독자들로 하여금 자신의 실험 환경을 시각적으로 표현하는데 익숙하도록 최대한의 경험치를 주는 것이다. 이를 위한 저술 방식은 독자가 혼자서 스스로 다수의 시뮬레이션 예제를 따라 해보기에 충분하도록 하였다. 시뮬레이션 예제의 선정은 시뮬레이션의 로직 혹은 알고리즘이 많은 사람이 쉽게 이해될 수 있으면서도 향후 보다 복잡한 수준의 실험으로 전환하는 데 용이하도록 하였는데, 컴퓨터 알고리즘 및 인공지능의 주제에 자주 등장하는 내용으로 하였다. 이러한 예제들을 따라 해보다보면 독자 각자가 목표하는 시뮬레이션으로 확장할 수 있는 윈도우 프로그램의 실험 틀을 제공 받게 되는 것이다. 길찾기 주제는 컴퓨터에서 구현되는 많은 실험에서 시뮬레이션 객체가 기본적으로 해결해야 할 주제이며, 그 외에도 하노이 타워, 슬라이딩 퍼즐의 내용을 다루었다. 한편 최근 큰 반향을 일으키고 있는 인간과 기계의 지능대결의 실험판이 바둑이었는데 본 교재에서는 바둑판의 부분 집합인 오목을 다루어 보았다. 시뮬레이션 객체의 길찾기가 중요한 만큼 장애물 회피 또한 중요한 주제인데 이것을 낙하체 시뮬레이션과 Rover(방랑객)라는 가상의 시뮬레이션에서 소개하였다. 이 두 주제에서는 다수의 시뮬레이션 객체가 등장하게 되는데 다중 에이전트 패러다임의 기본을 경험 할 수 있겠다.

이러한 주제들을 코딩의 복잡성 및 유사성 등으로 챕터를 구성하였고 이 주제들에 공통적으로 해당하면서 내용 이해를 더 쉽게 해 줄 수 있는 기초 내용으로, 자바 프로그램 개발환경인 이클립스 소개, 객체와 클래스, 윈도우프로그래밍 기초 이론 등을 함께 수록하였다.

이 책은 프로그래밍 과목을 한 학기 이수한 학생이 보는 것이 최적이라고 생각되지만, 프로그래밍의 기초를 조금이라도 접한 사람이라면 학습 가능하도록 예제 중심으로 최대한 쉽게 서술하도록 노력하였다. 각 챕터의 소스코드는 출판사에서 안내하는 webhard.co.kr에서 제공받을 수 있다. 부디 꾸준한 노력과 지속적인 관심을 기울여 각자가 원하는 목표를 달성하기를 진심으로 응원한다.

2017년 12월

저자 일동

차례

1장 자바 개발도구 설치 및 사용법

2장 객체지향 프로그래밍 과 JAVA

3장 Swing 프로그래밍 기초

4장 하노이의 탑

5장 오목

6장 슬라이딩 퍼즐

7장 미로 찾기

8장 Dropper

1장

자바 개발도구 설치 및 사용법

이 책의 주요 독자층을 자바 프로그래밍을 1학기 정도 배운 학생을 대상으로 하지만, 이 책에서 자바 프로젝트 개발 도구로 사용하는 이클립스(Eclipse)가 그러한 독자들에게도 처음일 수 있으므로, 이클립스 설치 및 실행 방법을 자바 소프트웨어의 설치와 함께 알아보기로 한다.

프로그래밍을 활용하여 어떤 소프트웨어를 개발하고자 할 때 해당 프로그래밍 언어를 설치한 뒤 소스코드 작성을 메모장 등에서도 가능하다. 그러나 코드 작성 및 컴파일 디버깅이라는 일련의 복잡 할 수 있는 과정을 더 편리하고 손쉽게 도와주는 것이 개발도구 IDE(Integrated Development Environment)이다. 자바 개발자에게 널리 사랑받는 IDE 중의 하나가 Eclipse이다.

초기 이클립스의 제작은 거대 IT기업인 IBM이 1990년대에 개발하였다. IBM은 1980년대 중반에 이클립스의 전신이라고 할 수 있는 비주얼에이지(VisualAge)를 개발했다. 이 당시의 시대상황이 그러하듯 비주얼에이지 또한 일체형 기술이었기에 새로운 구성요소의 추가가 매우 어려웠고 소스코드 또한 외부에 공개되지 않았다. 이러한 문제점을 해결하는 프로젝트를 시행해 다양한 언어와 플랫폼을 수용하는 기술과 누구나 플러그인을 쉽게 개발할 수 있도록 확장성을 가미한 이클립스를 탄생시키게 되었다.

그 후 애플리케이션 서버 기술의 성장과 더블어 자바 프로그래밍 언어의 수요가 괄목상대하게 발전하는 시기를 거치면서 오픈소스 패러다임의 시대상황에 걸맞은 비즈니스를 채택하면서 2001년에 여러 소프트웨어 개발업체들을 모아 컨소시엄을 구성하여 이클립스 기술의 발전을 가속화 하였다. 현재는 캐나다 오타와에 이클립스 재단이라는 비영리 단체에서 여러 기업과 개발자들이 함께 관리하고 발전시키고 있다.

1.1 Eclipse 다운로드 및 설치 일부

이클립스 컨소시엄의 홈페이지는 http://www.eclipse.org로 그림 1.1과 같다.

최근의 홈페이지에서는 사용자가 원하는 이클립스를 다운로드할 메뉴를 바로 확인하는 것이 조금은 어렵게 되어 있다고도 할 수 있다. 물론 우측 상단의 검색창을 이용할 수도 있겠지만 다음과 같은 페이지들을 거칠 수 있다. 상단 좌측의 메뉴인 “Getting Started”를 클릭한 뒤에 “Download Eclipse IDE”를 클릭하고 그 후 최신 버전의 소개 그림 바로 하단의 “Download Packages”를 클릭하면 그림 1.2와 같은 화면이 나타난다. 다양한 제품군 중에서 확장성의 장점으로 인해 대중적으로 많이

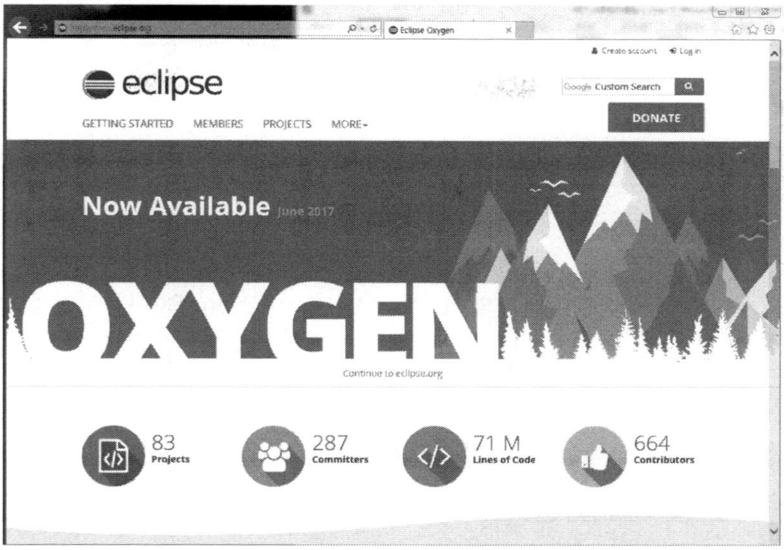

그림 1.1 이클립스 www.eclipse.org의 홈페이지

사용하는 “Eclipse IDE for Java EE Developers”를 선택한다. 자신의 컴퓨터의 운영 체제에 맞게 설치를 해야 한다. 이클립스 컨소시엄에서는 Windows, Linux, Mac에서 사용 가능한 버전을 제공한다. 또한 Windows 사용자의 경우 32bit와 64bit용이 구분되어 있으므로 사양에 맞게 다운로드를 하면 된다.

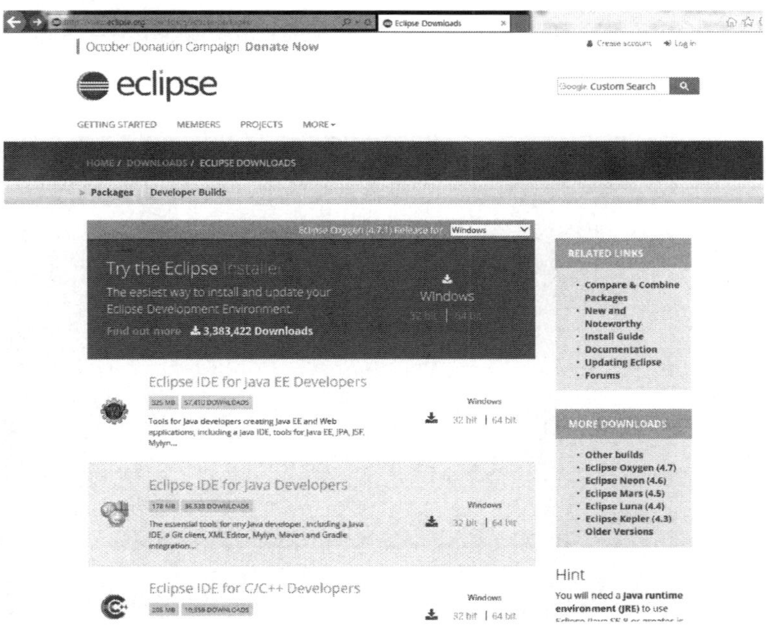

그림 1.2 이클립스의 다양한 제품군

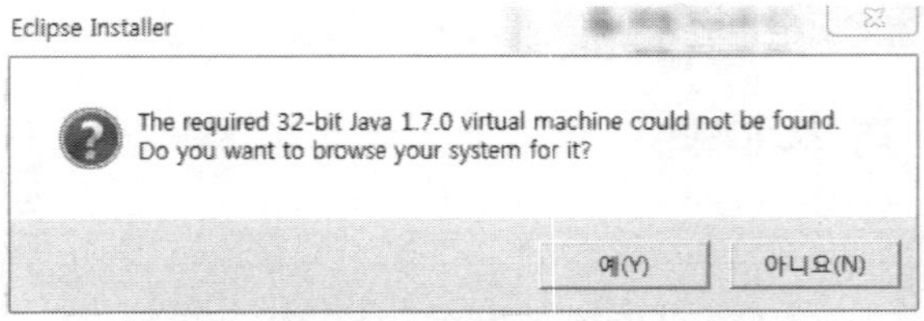

그림 1.3 자바 소프트웨어의 미설치를 알려주는 메시지

이 책에서는 현재 버전의 바로 이전 버전인 Neon을 사용하였다. 이것은 그림 1.2의 우측 중간 부분에 “More Downloads” 메뉴에서 확인 할 수 있겠다. 이후의 과정은 앞서 설명한 방법으로 다운로드 하면 된다.

이렇게 다운로드한 소프트웨어의 설치를 시도하는 경우 그림 1.3과 같은 메시지가 나타난다면 자바 프로그래밍 언어가 미리 설치되어 있지 않은 것이다.

1.2 JDK(Java Standard Development Kit) 다운로드 및 설치

섹션 1.1에서 설치한 이클립스는 어떤 프로그래밍 언어로 원하는 프로젝트의 개발을 하는 데 있어서 일련의 과정을 손쉽게 도움을 주는 소프트웨어에 불과한 것이며, 실제 개발을 위해서는 해당 프로그래밍 언어가 설치되어 있어야 한다. 즉 자바 프로그래밍 언어의 설치가 필요한 것이다. 자바 소프트웨어의 홈페이지는 https://www.oracle.com로 그림 1.4와 같다.

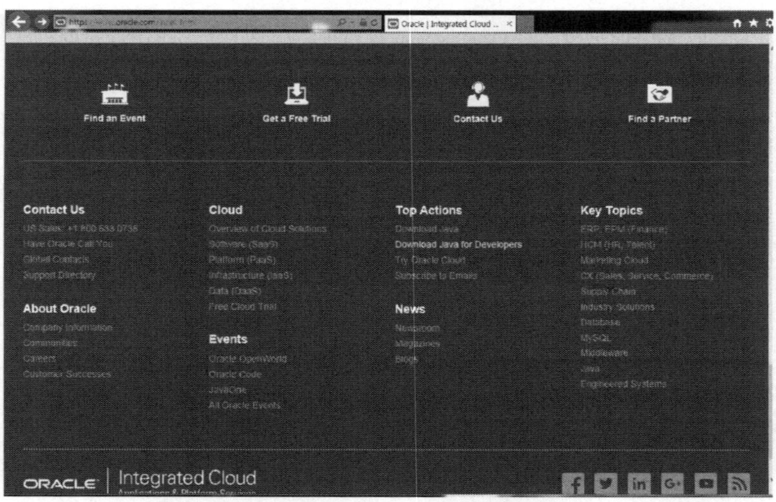

그림 1.4 자바 소프트웨어 홈페이지

자바 프로그래밍 언어의 다운로드는 하단부 메뉴 그룹 “Top Actions”에 “Download Java for Developers”의 메뉴에서 실시할 수 있다. 이것을 클릭하면 아래와 같은 다운로드 페이지가 나타나며, 개인 개발자의 경우 통상적으로 SE (standard edition)를 많이 사용하는데 이 책에서도 이것을 사용한다. 현재 Java 버전 9까지 출시된 상황이다. 이 책에서는 버전8(jdk-8u121-windows-i586.exe)을 사용하는데 여러분들도 버전8 이상을 설치하면 이 책을 따라가는 데 아무런 문제가 없겠다.

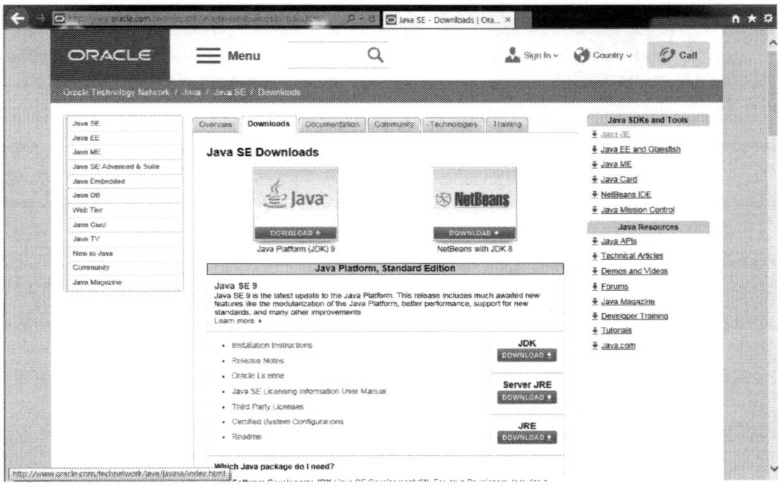

그림 1.5 Java SE 다운로드 페이지

버전8 이상을 임의의 폴더에 다운로드 받고 설치를 진행하는 데 설치 폴더는 디폴트 폴더 즉 “C:\Program Files”를 선택하고 대부분의 팝업창에서 OK 버튼을 클릭하여 비교적 쉽게 설치를 마칠 수 있다.

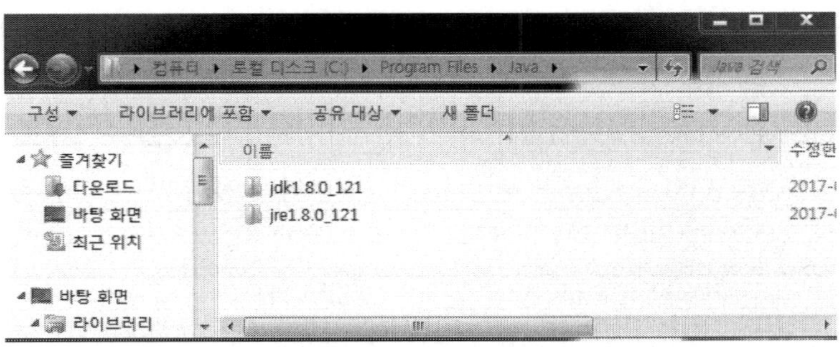

그림 1.6 자바 설치가 완료된 후의 설치 폴더의 모습

자바 설치가 완료되면 그림 1.6과 같이 jdk와 jre의 두 개의 폴더가 생성된다. JDK (Java Standard Development Kit)는 자바 프로그램을 개발하고 실행하기 위해 필요

한 부분이고, JRE(Java Runtime Environment)는 자바 프로그램의 실행만을 하는 경우에 필요한 부분으로 자바 프로젝트의 개발에는 두 가지가 모두 필요하다.

자바를 설치하고도 프로그램이 컴파일이 되지 않거나 실행시킬 수 없는 상황을 경험할 수도 있는데, 이것은 설치된 자바 프로그램을 운영체제에 시스템 최적화를 시켜 주는 작업을 하지 않았기 때문이다. 이것은 제어판의 시스템의 고급 시스템 설정의 고급 탭을 오픈하여 설정해 줄 수 있다.

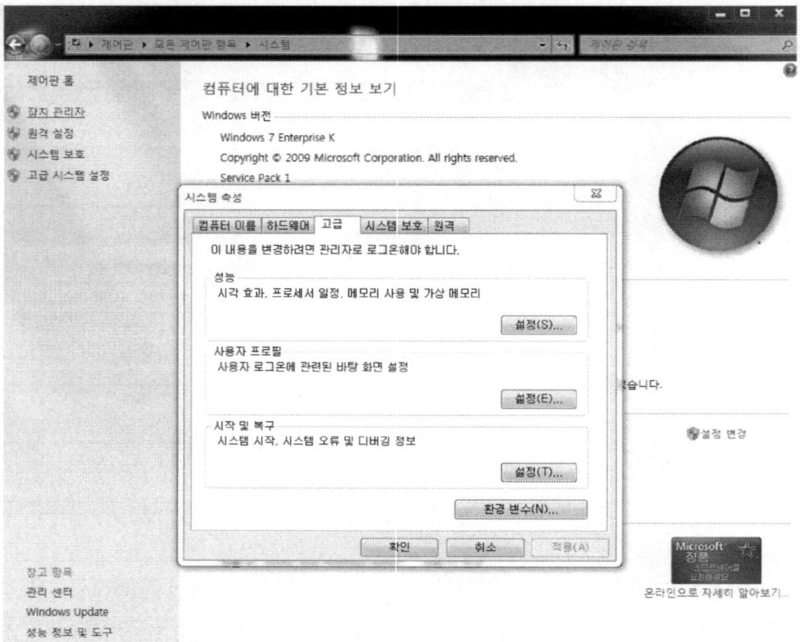

그림 1.7 시스템의 환경변수 설정 탭 화면

사용자변수 혹은 시스템변수의 Path를 편집하여 java.exe와 javac.exe 명령어가 들어 있는 경로를 삽입해 주면 된다. 통상 이 두 실행파일은 JDK 폴더 즉 "C:\Program Files\Java\jdk1.8.0_121\bin;"에 있는데, 이 경로를 그대로 적어주면 되며 CLASSPATH도 편집을 해준다. 환경변수의 상세한 편집 방법은 다음과 같은 이유로 생략한다. 자바 버전 8부터는 이러한 환경변수의 설정을 자바 설치시에 자동적으로 해주게 되므로 Path 설정 및 CLASSPATH 편집 등을 자바 8 이상에서는 불필요해진 부분이기도 하다. 자바 8 이상의 버전을 설치가 완료된 후에 환경변수 설정 부분을 가보면 그림 1.8과 같이 Path에 C:\ProgramData\Oracle\Java\javapath로 설정이 자동으로 되어있음을 확인해 볼 수 있다.

그림 1.8 자바 버전8 이상에서는 시스템의 환경변수 설정 값 확인할 수 있다.

1.3 Eclipse 설치 최종 및 실행

섹션 1.1에서 자바 소프트웨어가 설치되지 않은 독자의 경우는 자바 설치 때문에 이클립스의 설치 및 실행을 완료하지 못했었다. 임의의 폴더에 다운로드한 이클립스를 더블클릭하여 설치를 다시 진행하자. 그림 1.9는 이클립스를 어떤 유형으로 설치할 것인지를 선택하도록 유도하는 팝업창으로 통상 최상단의 유형인 "Eclipse IDE for Java Developers"를 선택하여 설치하면 되겠다.

그림 1.9 이클립스 설치 최초 팝업창

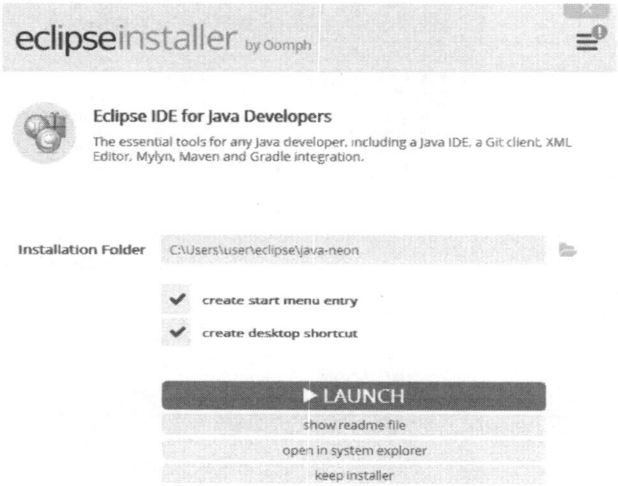

그림 1.10 이클립스 설치 완료 직후의 팝업창

설치할 폴더를 선택하는 팝업창에서는 디폴트 폴더 즉 "C:\Users\user\자신이 다운로드 받은 이클립스 버전 이름의 폴더"를 그대로 적용해주면 된다. 그림 1.10이 나올 때 까지 일반적인 설치과정을 진행해 가면 된다.

음영 처리된 LAUNCH 옵션을 아직 클릭하기 전에, 그림 1.11과 그림 1.12를 확인해 보기 바란다. 이클립스 설치가 선택되었던 "C:\Users\user\"로 이동해보면 .eclipse와 eclipse 두 개의 폴더가 생성되어 있다. .eclipse 폴더에는 이클립스가 실행될 때 필요한 여러 라이브러리 파일들이 존재하며, eclipse 폴더에는 이클립스 실행 파일 및 설정 등에 관여하는 파일들이 존재한다. 이클립스 폴더의 eclipse.exe 파일에 마우스를 대고 우측 버튼을 이용하여 바탕화면에 바로가기 아이콘을 만들어 두도록 한다.

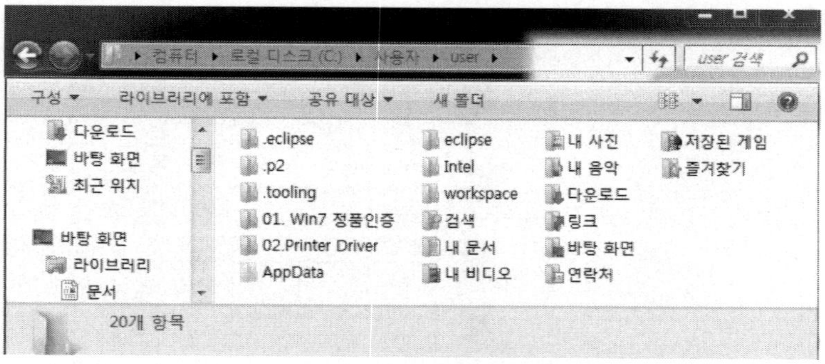

그림 1.11 사용자 폴더의 .eclipse 와 ecllipse 폴더 확인

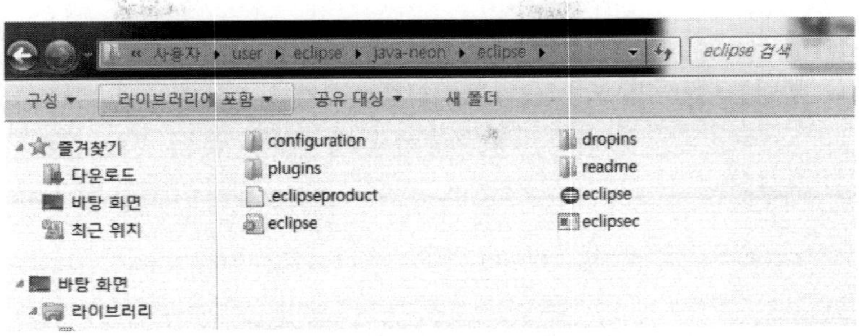

그림 1.12 사용자 폴더 내 ecllipse 폴더의 이클립스 실행 파일

1.4 간단한 자바 프로그램 작성 및 프로젝트 관리

그림 1.10의 런치를 클릭하면 Workspace 설정화면이 그림 1.13처럼 나타나는데 워크스페이스는 .metadata 폴더를 소유한 폴더로 여러 이클립스 프로젝트를 하나의 그룹으로 묶어 관리하는 단위 폴더이다. 이클립스 설치 팝업창이 제시한 대로 이클립스 실행파일이 설치된 디폴트 폴더에 워크스페이스를 설정해도 되겠지만, 자신의 프로젝트 관리 스타일에 맞추어 설정해 주는 것이 더 효과적이다. 아마도 많은 독자들이 자신이 작업하여 생성시킨 데이터들을 C 드라이브가 아니고 논리적 혹은 물리적으로 존재하는 별도의 D 드라이브에 저장하여 보관할 것이다. 또한 관리 스타일 차이는 다소 있겠지만 예를 들어 영화 등을 보관하는 폴더와 학교 과목을 관리하는 폴더를 구분하고 있을 것이다. 지금 공부하고 있는 이 책을 위해 폴더를 하나 만든다고 가정하자. 이미 교과목 폴더 Cousrs가 있었고, 그 아래에는 경제(Economics), 수학(Math) 등과 함께 컴퓨터(Computer)가 있었다고 하고, 이 책의 학습을 위해 새롭게 자바윈도우(JavaWindow) 라는 새로운 폴더를 하나 만든다고 하자. 워크스페이스 폴

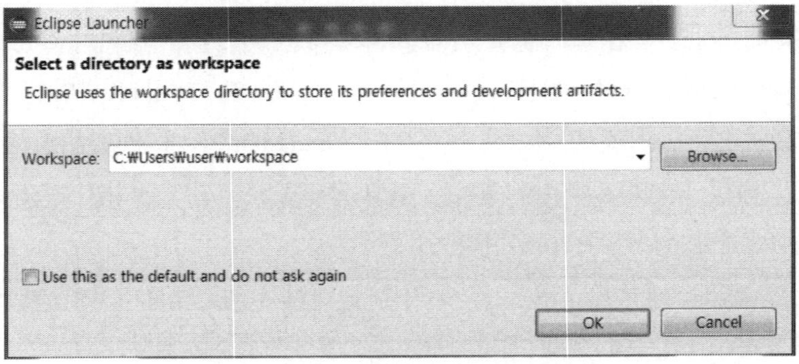

그림 1.13 LAUNCH를 클릭한 직후의 모습

더는 바로 이 폴더의 하위 폴더로 생성하기를 추천한다. 저자는 이때 워크스페이스로 생기는 폴더명 조차도 프로젝트(Project)로 변경하겠다. 다른 종류의 프로그램에서 프로젝트라는 폴더명을 사용했기에 사용하던 나의 작업 스타일과 일치시키고 싶기 때문이다.

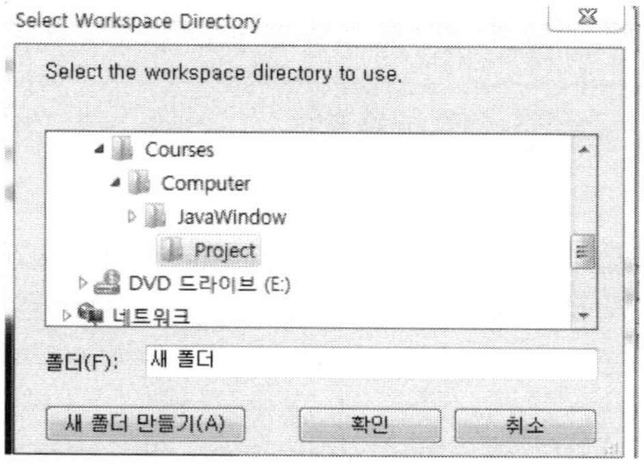

그림 1.14 원하는 위치에 워크스페이스 (Project) 작성

그림 1.13에서 우측의 browse 버튼을 클릭하여 폴더를 탐색하여 본인이 희망하는 위치를 선택한다. 위의 예에서라면 D:\Courses\Computer\JavaWindow 까지 만을 탐색한다. JavaWindow 폴더가 활성화된 상태에서 "새 폴더 만들기" 버튼을 클릭하여 JavaWindow 아래에 원하는 폴더명이 생성되도록 한다. 위의 예제의 경우 Project라는 폴더명을 타이핑한다. 디폴트 워크스페이스를 체크하는 안내 부분인 "use this as the default and do not ask again"을 저자는 체크하지 않고 사용하고 있다. 확인을 클릭하면 WorkBench 화면이 나타나는 데 상단 우측의 workbench 아이콘을 클릭한다.

만약에 처음 생성하는 워크스페이스가 아닌 경우도 생각해 볼 수 있겠다. 예를 들어 시스템 정리 및 관리로 인해 윈도우 운영체제를 재 설치하는 경우 기존 D 폴더에 이전에 사용하던 프로젝트(혹은 워크스페이스)가 존재하는 경우라면 워크스페이스를 선택하는 화면인 그림 1.13에서 폴더를 브라우징해서 해당 경로를 찾아 가면된다. 저자는 개인 작업 스타일로 인해 project라는 이름을 사용한다고 했으나 어떤 독자들은 workspace 라는 이름을 사용할 수도 있고 또 그 밖의 다양한 이름을 사용할 수 있는데, 중요한 것은 어떠한 경우에도 ".metadata"폴더의 바로 위의 폴더까지를 브라우징하면 되겠다. 본인이 원하는 워크스페이스를 선택했다면 그림 1.15와 같은 이클립스 개발 윈도우가 나타난다.

이클립스 개발 윈도우는 크게 좌측에 패키지 익스플로러, 가운데에 개발 코드 작성 윈도우, 하단부에 실행 결과 콘솔 등으로 구성되어 있다.

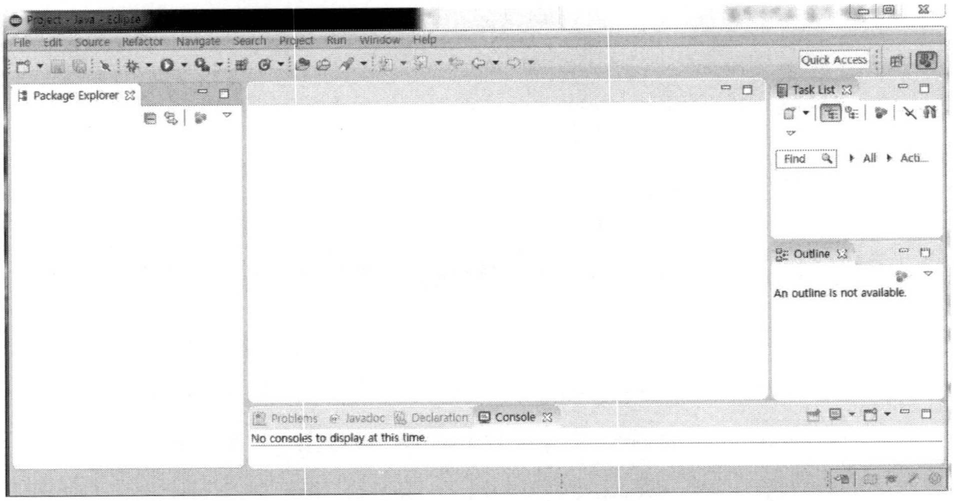

그림 1.15 이클립스 개발 윈도우

자 이제 간단한 프로젝트 하나를 직접 생성해 보도록 하자. 콘솔에 Hellow World를 출력하는 아주 간단한 프로그램을 만들도록 한다. File 메뉴에서 "Java Proejct"를 클릭한다. 프로젝트 이름에 그림 1.16처럼 타이핑하도록 한다. 다른 부분의 내용은 눈으로 한번 읽어봐 주도록 한다. Finish 버튼을 클릭하여 종료한다. 지금까지 작업

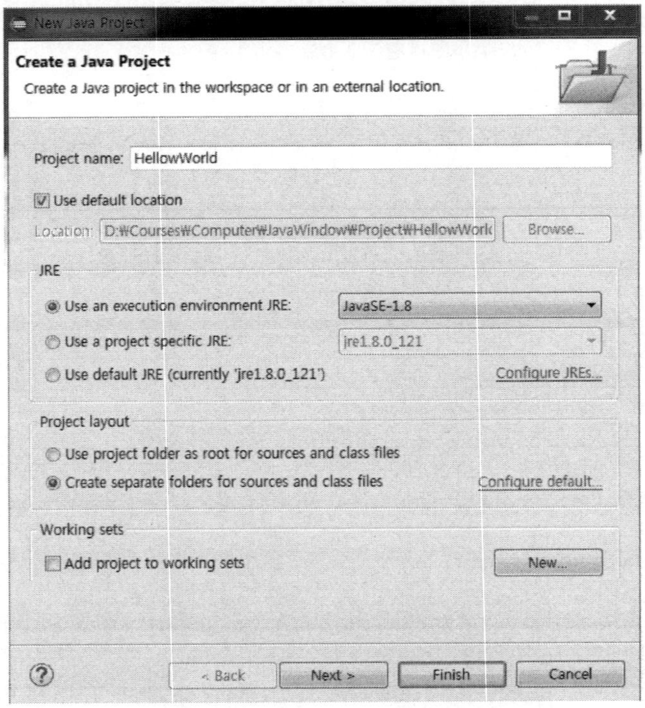

그림 1.16 간단한 자바 프로젝트 생성의 첫 팝업창

그림 1.17 HellowWorld 프로젝트의 생성된 폴더 내부 모습

의 의미를 폴더를 통해 이해하도록 한다. 그림 1.17에 나타난 폴더의 경로처럼 HellowWorld 프로젝트 폴더에는 src, bin 폴더 등이 생성된다.

패키지 익스플로러에 생성된 HellowWorld 프로젝트를 클릭하여 src 아이콘을 활성화 시킨 뒤에 마우스 우측 버튼을 이용하여 New → Class 버튼을 클릭하면 그림 1.18과 같은 화면이 나타난다. 메인 클래스의 이름을 만들어 주는 데 이 예제에서는 그림에 나타난 이름처럼 생성하기로 하자. Finish 버튼을 클릭한 뒤 그림 1.19의 코드 작성 화면에 나타난 소스코드로 코딩을 마무리 하도록 하자. 이후 저장 버튼을 클릭한 뒤에 run 메뉴의 run을 이용하여 컴파일을 하면 하단의 결과 화면에 결과가 생성되게 된다.

그림 1.18 HellowWorld 프로젝트에 메인 클래스를 만드는 과정

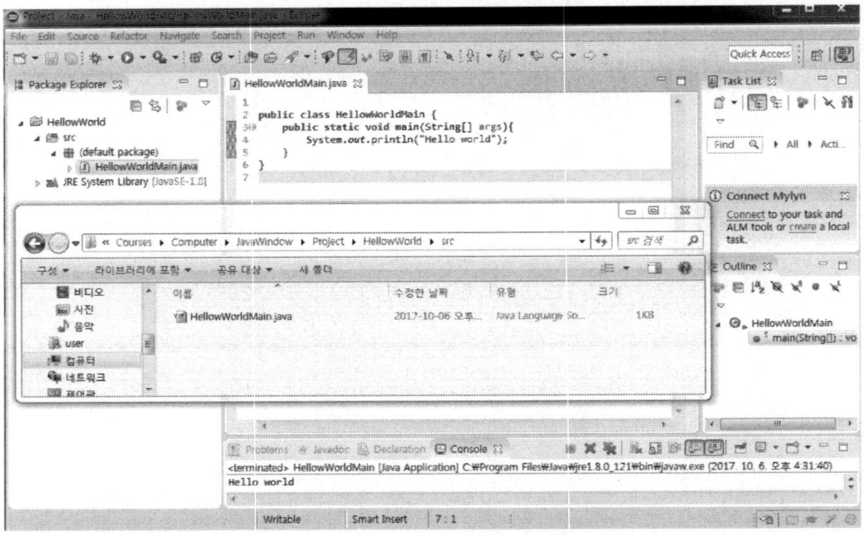

그림 1.19 완성된 HellowWorld 프로젝트의 모습

이클립스를 업데이트 하는 등의 이유로 기존의 이클립스의 재설치를 희망하는 경우, 이클립스가 설치된 디폴트 폴더 즉 "C:\Users\user\"의 하위 폴더인 .eclipse와 eclipse를 모두 삭제해 주고, 지금까지 설명된 내용을 참조하여 다시 설치를 진행하면 된다.

2장

객체지향 프로그래밍과 JAVA

본 책은 if문, for문, 함수 등의 기초적인 프로그래밍 지식이 있는 독자들이 윈도우 기반의 프로그램을 작성할 수 있도록 관련 문법과 예제 코드들을 제공한다. 프로그래밍 기초 문법들을 배우면서 독자들이 작성한 대부분의 프로그램은 검은 화면의 콘솔창에 printf나 println 등의 함수를 통해 프로그램의 실행 결과가 텍스트 기반으로 출력되었을 것이다. 본 책의 목표는 독자들이 window에서 실행되는 프로그램을 작성할 수 있도록 안내하는 것이며, Java를 포함한 대부분의 프로그래밍 언어에서 window를 출력하기 위한 문법은 객체지향 프로그래밍 개념들을 토대로 제공된다. 따라서 window 기반의 프로그래밍 문법을 익히기 위해서는 객체지향 프로그래밍에 대한 개념을 잘 알아야한다. 독자들이 다뤘던 언어가 C나 C++이었다면 객체지향 프로그래밍에 대한 개념 없이도 프로그램을 구현했을 것이고, Java나 C#을 다루었다면 독자들이 알든, 알지 못하든 객체지향 프로그래밍의 틀 안에서 프로그램을 구현했을 것이다.

2.1절에서는 기본적인 객체지향 프로그래밍의 개념을 설명하고, 객체지향 프로그래밍을 구현할 수 있도록 Java에서 제공하는 문법들을 간단한 소스 코드와 함께 설명한다.

2.1 객체지향 프로그래밍 개념

초기의 프로그래밍 언어는 프로그램의 실행 순서에 주목하여 설계되었기 때문에 절차적인 특성을 가졌다. 이러한 프로그래밍 패러다임을 절차적 프로그래밍(procedural programming)이라 하며, 대표적인 절차적 프로그래밍 언어로는 COBOL이나 C등이 있다. 절차적 프로그래밍은 비교적 규모가 작고 간단한 프로그램을 구현하기에는 용이하지만, 컴퓨터 기술의 발전에 따라 데이터의 크기와 프로그램의 복잡도가 커지면서 프로그램 생산성 하락이 초래되었다. 특히, 대규모 프로그램의 유지·보수가 어려워지면서 프로그래머들은 소스 코드의 재사용에 주목하였다. 이미 만들어져서 잘 구동하는 소스 코드를 새로운 프로그램에 맞게 수정하여 재사용할 수 있다면 프로그램 개발에 드는 비용과 시간을 줄일 수 있을 뿐 아니라 안정성에도 크게 기여할 수 있다는 것이다. 이렇게 객체지향 프로그래밍(object-oriented programming) 패러다임이 등장하였다.

객체지향 프로그래밍을 문자 그대로 해석하면 객체(object)를 중심으로 프로그램을 디자인하고, 그것을 프로그래밍언어로 구현하는 것이다. 절차적 프로그래밍이 프로그램의 실행 순서에 주목하였다면, 객체지향 프로그래밍은 '객체'라고 불리는 데이

터에 초점을 맞춘다. 컴퓨터 기술이 발전함에 따라 객체지향 프로그래밍의 개념도 점점 확대되어 객체지향 프로그래밍의 정의는 사람에 따라, 문서에 따라 조금씩 다르다. 그러나 객체지향 프로그래밍이라면 포함해야하는 개념들은 어느 정도 공통분모를 가지고 있다. 추상화(abstraction), 캡슐화(encapsulation), 계층구조(hierarchy), 다형성(polymorphism)이 객체지향 프로그래밍을 구성하는 주요 개념들이다.

추상화 추상화는 객체를 사용하는 입장에서 목적에 부합하기 위해 객체에서 제공하는 기능 외에 객체 내부에서 일어나는 연산이나 작업들을 알 필요가 없다는 것을 의미한다. 예를 들어, 우리는 식품을 적정 온도에 보관하기 위해 냉장고를 이용한다. 사용자 입장에서는 냉장고의 원리가 어떻게 되는 것인지, 온도를 유지하기 위해 필요한 기술은 무엇인지 알지 못한다고 해도 냉장고를 이용하는데 전혀 문제가 없다. 단지 냉장고에 전원을 연결하고, 영하의 온도에 보관해야하는 것들은 냉동실에, 냉장 온도에 보관해야하는 것들은 냉장실에 보관하면서 필요할 때마다 냉장고 문을 열어 식품들을 꺼내는 것으로 냉장고를 이용할 수 있다. 프로그램을 구성하는 코드도 마찬가지다. 프로그램에 구동에 필요한 기능들을 단위의 모듈(module)로 구현하고, 프로그래머는 핵심 기능만 호출(call)하면 모듈 내부에 저장하고 있는 데이터나 세부 작업들을 신경쓰지 않고 프로그램을 만들 수 있다. Java를 포함한 대부분의 객체지향 프로그래밍 언어에서는 클래스(class)와 객체(object)를 도입·활용하여 추상화를 지원하고 있다.

캡슐화 캡슐화는 객체의 데이터와 행위를 묶고, 객체 내부의 데이터나 행위 중 일부를 접근·수정할 수 없다는 것을 의미한다. 캡슐이라는 말처럼 약사가 환자의 증상에 맞게 조제하여 만든 캡슐은 그 안의 먹는다는 행위만으로 증상을 완화하거나 치료하는 효과가 있으며, 캡슐안에 있는 약재들을 임의로 바꾸어버리면 약의 효과가 없을 것이다. 프로그래밍에서도 마찬가지로 추상화가 충분히 도입된 객체라면 외부에서 사용할 수 있도록 노출시킨 기능이나 데이터 외에 다른 데이터나 기능을 외부에서 임의로 수정하거나 삭제하면 작업들이 비정상적으로 실행될 것이다. Java에서는 클래스 내부에 필드(field)와 메소드(method)를 이용하여 객체의 데이터와 행위를 묶을 수 있으며 public, private등의 접근 제한자(access modifier)를 이용하여 객체가 포함하고 있는 필드나 메소드에 접근 권한을 조절할 수 있다.

계층구조 계층 구조는 이미 구현된 클래스를 이용하여 기존 클래스에서 제공하는 기능에 추가적인 기능을 덧붙여서 새로운 클래스를 만들어 낼 수 있는 구조를 의미한다. 자동차의 기능을 구현한 Car라는 클래스에 하늘을 날 수 있는 기능을 추가한 FlyingCar 클래스를 만들었다고 가정해 보자. FlyingCar는 Car에서 제공하는 주행 기능뿐 아니라 하늘을 날 수 있는 비행기능도 갖추고 있다. 계층 구조 관점에서 Car를 슈퍼클래스(superclass), FlyingCar를 서브클래스(subclass)라 부르며 두 클래스간의 관계를 상속(inheritance) 관계라고 한다. Car에 이미 구현한 기능들을 FlyingCar에서 그대로 사용할 수 있기 때문에 부모 자식 간에 상속을 받는 것에 비유한 것이다. 이러한 계층 구조는 기존의 신뢰성 있고 안정적인 코드를 쉽게 재사용할 수 있도록 프로그래머를 지원한다.

다형성 다형성은 프로그래밍 언어에서 제공하는 데이터(변수, 상수, 함수, 객체 등)가 최초에 선언한 타입뿐 아니라 다양한 타입을 가질 수 있다는 것을 의미한다. 다형성을 이용하면 스택(stack)이나 큐(queue)와 같은 자료구조들을 특정 타입에 구애받지 않고 다양한 정수나 문자열 등의 다양한 타입에 대해서 사용할 수 있게 할 수도 있고, 수행 주체가 슈퍼클래스인지 서브클래스인지에 따라 동일한 이름의 메소드를 다르게 동작하게 할 수도 있다. 다형성을 실현하기 위한 개념으로는 오버로딩(overloading), 오버라이딩(overriding), 제네릭(generic), 서브 타이핑(subtyping) 등이 있으며 대부분의 객체지향 프로그래밍 언어에서는 다형성을 구현하기 위한 문법을 제공하고 있다.

2.2 클래스와 객체

객체지향 프로그래밍이라는 말에서 알 수 있듯이 객체지향의 가장 기반이 되는 개념은 객체다. 대부분의 객체지향 프로그래밍을 지원하는 언어에서는 객체가 중심이 되어 2.1절에서 설명한 추상화, 캡슐화, 계층구조, 다형성을 실현한다. 객체와 함께 필연적으로 따라오는 개념이 클래스이다. 클래스는 객체의 설계도에 해당하는 것으로 객체가 포함해야 할 데이터나 행위를 정의하고 있다. 어떤 자동차의 설계도와 재료가 있으면 동일 성능과 외형을 가진 자동차를 여러 대 생산할 수 있는 것처럼, 어떤 클래스를 정의하면 그에 맞는 객체를 프로그래머가 원하는 대로 선언할 수 있다. Java는 모든 프로그램이 클래스를 기반으로 구현되기 때문에 절차적 프로그래밍 방식으로 프로그램을 만들더라도 클래스 안에서 프로그램이 실행된다. 처음으로 다룬 언어가 Java인 독자는 클래스의 의미를 모르는 상태에서 프로그램 코드를 작성하던 것이 생각날 것이다. 이 절에서는 클래스를 구성하는 요소와 클래스를 객체로 활용하는 방법에 대해서 다룬다.

2.2.1 필드와 메소드

클래스를 구성하는 요소로는 필드(Field)와 메소드(Method)가 있다. 필드는 데이터를 넣기 위한 요소로 클래스에 소속된 변수라는 측면에서 멤버 변수라고도 부른다. 메소드는 클래스의 행위를 정의하기 위한 요소로 클래스에 소속된 함수라는 측면에서 멤버함수라고도 부른다. 아래의 코드는 학생을 추상화한 Student라는 클래스다. 실제 학생을 디자인하기 위한 요소는 아주 많지만 코드를 간략하게하기 위해 이름과 학번만을 포함하였다. Student 클래스의 필드는 name과 number이고 각각 문자열 타입(String)과 정수 타입(int)이다. 그리고 필드에 있는 값을 출력하기 위해 print라는 메소드를 정의하였다. print의 본문을 보면, 인자도 선언한 변수도 아닌 name과 number를 참조하고 있다. 이를 통해 메소드에서는 필드에 있는 값을 참조할 수 있다는 것을 알 수 있다.

다음의 코드는 Student를 구현한 것 뿐 아니라 Student가 가질 수 있는 데이터와 행위를 묶어서 구현하였다는 점에서 캡슐화를 보여주고 있다.

```
class Student {
    String name;
    int number;

    void printName() {
        System.out.println("Name : " + name);
    }

    void printNumber() {
        System.out.println("Number : " + number);
    }
}
```

2.2.2 인스턴스화

위와 같이 정의한 Student 클래스를 실제로 사용하기 위해서는 어떻게 해야할까? 앞에서 설명한대로 Student 클래스를 객체로 만들어야한다. 다음의 Java 코드에 Student 클래스와 MainClass 클래스가 있다. 이 코드를 실행하면 MainClass에 있는 main 메소드가 실행되며, main 메소드에서는 Student 클래스를 stu 객체로 만들고 stu에 할당된 필드에 데이터를 대입하고 printName과 printNumber 메소드를 실행한다.

```
class Student {
    String name;
    int number;
```

```
    void printName() {
        System.out.println("Name : " + name);
    }

    void printNumber() {
        System.out.println("Number : " + number);
    }
}

public class ObjectTest {
    public static void main(String[] args) {
        Student stu = new Student();
        stu.name = "Steven";
        stu.number = 1234;
        stu.printName();
        stu.printNumber();
    }
}
```

● **실행 결과**

```
Name : Steven
Number : 1234
```

main 메소드의 첫 줄에서 Student클래스를 이용하기 위해서 new 연산자를 이용하여 stu 객체를 만들고 있다. 이를 인스턴스(instance)화 라고 하며 특정 클래스의 정의를 따르는 객체를 만드는 것을 의미한다. new를 이용하여 인스턴스화된 stu는 Student에서 정의한 두 개의 필드 name, number와 두 개의 메소드 printName, printNumber를 포함하고 있다. 따라서 '.' 연산자를 이용하여 필드에 값을 대입하거나 메소드를 호출하는 것이 가능하다. 위의 코드에서 name에는 Steven, number에는 1234를 대입하였으므로 stu.printName()과 stu.printNumber()의 실행 결과는 이 값들이 반영되어 출력된다.

2.2.3 생성자

생성자(constructor)는 클래스가 인스턴스화 할 때 실행되는 특수한 메소드로, 주로 필드를 초기화(initialization)할 때 이용한다. 생성자의 메소드 시그니처(signature)에는 리턴타입을 명시하지 않으며 메소드 이름은 클래스 이름과 동일하다. 생성자의 인자(parameter)는 사용자가 원하는 대로 넣을 수 있다. 생성자가 실행되는 시점은 인스턴스화 할 때이며 인자를 전달하기 위해선 new 연산자 뒤에 명시되는 클래스명 뒤의 괄호에 값을 넣으면 된다. 다음의 코드는 Student 클래스에 생성자를 추가한 것이다.

```java
class Student {
    String name;
    int number;

    Student(String n, int num) {
        name = n;
        number = num;
    }

    void printName() {
        System.out.println("Name : " + name);
    }

    void printNumber() {
        System.out.println("Number : " + number);
    }
}

public class ConstructorTest {
    public static void main(String[] args) {
        Student stu = new Student("Steven", 1234);
        stu.printName();
        stu.printNumber();
    }
}
```

● 실행 결과

```
Name : Steven
Number : 1234
```

Student의 생성자는 문자열 타입과 정수 타입의 두 인자 n과 num을 전달 받으며 각 인자의 값을 필드 name, number에 대입한다. 즉, 생성자를 호출할 때 전달한 인자들의 값을 필드에 저장된다. main 메소드의 첫 줄에서 알 수 있듯이 stu를 인스턴스화하기 위한 new 연산자에서 Student뒤의 괄호 안에 "Steven"과 1234를 넣었다. 위와 같이 생성자에 인자를 전달하기 위해선 new 연산자와 함께 쓰는 클래스명 뒤의 괄호에 넣으면 된다.

2.2.4 객체의 인자 전달

객체를 메소드의 인자(parameter)로 전달하면 배열(array)을 인자로 전달할 때와 마찬가지로 참조에 의한 호출(call by reference)이 일어난다. 참조에 의한 호출은 값에 의한 호출(call by value)과 달리 인자로 전달한 인자의 참조(주소)값이 전달되므로 전달 받은 인자를 메소드 본문에서 변경하면 호출한 곳에서 변경 내용이 반영된다.

다음은 ObjectPassingTest의 func 메소드에 객체 obj를 인자로 전달하는 예제이다.

원래 1234였던 인자의 필드 값 n을 func 메소드 본문에서 4321로 변경하고 main 메소드에서 출력한 결과, obj.n의 값이 4321로 바뀌어서 나오는 것을 알 수 있다.

```
class MyClass {
    int n;
}

public class ObjectPassingTest {
    public static void main(String[] args) {
        MyClass obj = new MyClass();
        obj.n = 1234;
        System.out.println(obj.n);
        func(obj);
        System.out.println(obj.n);
    }
    static void func(MyClass o) {
        o.n = 4321;
    }
}
```

● **실행 결과**

```
1234
4321
```

2.3 상속

클래스 단위로 구현된 소스코드는 그 내부구현을 몰라도 사용할 수 있다는 장점이 있다. 하지만 때에 따라 이미 구현된 클래스를 그대로 쓰지 않고 기능을 확장하거나 추가해야할 경우가 있다. 이를 위해 이미 구현된 클래스 코드를 재작성하고 수정하는 방법이 있지만 비효율적일 뿐 아니라 재작성 중에 실수가 일어날 가능성이 있다. 객체지향 프로그래밍에서는 효율적으로 클래스 코드를 확장할 수 있도록 상속이라는 기능을 제공한다. 상속이라는 말은 사전적으로 친족관계에 있는 사람 사이에서 재산 등을 양도하는 것을 의미한다. 클래스간에 상속을 할 때 양도하는 것은 무엇일까? 당연히 필드와 메소드이다. A 클래스를 상속받은 B 클래스는 코드에 명시하지 않고도 A의 필드와 메소드를 온전히 사용할 수 있으며 B 클래스만의 필드와 메소드를 정의해서 쓸 수 도 있다. 이 때 A를 B의 슈퍼클래스(superclass), B를 A의 서브클래스(subclass)라고 한다. 2.3절에서는 Java에서 제공하는 클래스간의 상속 문법과 특성에 대해 다룬다.

2.3.1 extends 명령어

extends는 Java에서 클래스를 정의할 때 다른 클래스를 상속받기 위해서 사용하는 명령어이다. 클래스를 정의하는 구문에 'class 서브클래스명 extends 슈퍼클래스명'이라 쓰면 서브클래스는 슈퍼클래스와 상속 관계를 가지게 된다. 문자 그대로 서브클래스는 슈퍼클래스를 확장(extend)한다는 의미로 받아들일 수 있다.

다음 코드는 대학생을 나타내는 UnivStudent 클래스를 Student 클래스로부터 상속받는 예제다. UnivStudent는 슈퍼클래스인 Student의 필드 name과 number, 메소드 printName, printNumber를 포함하는 클래스가 된다. main 메소드에서 확인할 수 있듯이 UnivStudent를 인스턴스화한 stu 객체에는 UnivStudent의 필드인 GPA와 메소드인 printGPA뿐 아니라 Student의 필드, 메소드에도 접근 가능하다.

```
class Student {
    String name;
    int number;

    void printName() {
        System.out.println("Name : " + name);
    }

    void printNumber() {
        System.out.println("Number : " + number);
    }
}

class UnivStudent extends Student {
    double GPA;

    void printGPA() {
        System.out.println("GPA : " + GPA);
    }
}

public class InheritanceTest {
    public static void main(String[] args) {
        UnivStudent stu = new UnivStudent();
        stu.name = "Steven";
        stu.number = 1234;
        stu.GPA = 4.13;
        stu.printName();
        stu.printNumber();
        stu.printGPA();
    }
}
```

● **실행 결과**

```
Name : Steven
Number : 1234
GPA : 4.13
```

2.3.2 super 명령어

super 명령어는 서브클래스에서 슈퍼클래스를 명시적으로 접근하기 위해 사용하는 명령어다. 주로 슈퍼/서브클래스의 메소드 이름이 같아서 슈퍼클래스의 메소드라는 것을 명시하기 위해 사용하거나(메소드 오버로딩이라 하며 2.4절에서 자세히 다룬다.) 서브클래스의 생성자를 정의할 때 슈퍼클래스의 생성자를 호출할 때 사용된다. 슈퍼클래스의 멤버에 접근할 때는 super의 뒤에 .연산자를 붙여서 사용하고 슈퍼클래스의 생성자를 호출할 때는 super의 뒤에 괄호를 붙여서 사용하면 된다. 아래의 코드는 서브클래스인 UnivStudent의 생성자에서 슈퍼클래스의 생성자를 호출하기 위해 super 명령어를 사용한 예제이다.

```java
class Student {
    String name;
    int number;

    Student(String n, int num) {
        name = n;
        number = num;
    }

    void printName() {
        System.out.println("Name : " + name);
    }

    void printNumber() {
        System.out.println("Number : " + number);
    }
}


class UnivStudent extends Student {
    double GPA;

    UnivStudent(String n, int num, double gpa) {
        super(n, num);
        GPA = gpa;
    }

    void printGPA() {
        System.out.println("GPA : " + GPA);
    }
}

public class SuperTest {
    public static void main(String[] args) {
        UnivStudent stu = new UnivStudent("Steven", 1234, 4.13);
        stu.printName();
        stu.printNumber();
        stu.printGPA();
    }
}
```

● **실행 결과**

```
Name : Steven
Number : 1234
GPA : 4.13
```

2.4 다형성

다형성(polymorphism)은 '많은'을 뜻하는 단어 poly와 '변화', '형태'를 뜻하는 단어 morph를 합친 말로, 원래는 생물학에서 사용되는 용어이다. 컴퓨터 과학 분야에서는 프로그래밍 언어의 변수, 함수 등의 요소들이 동일한 이름을 가지지면서 다른 데이터 타입으로 변할 수 있도록 허용하는 객체지향 프로그래밍의 요소로 다형성이라는 용어가 사용된다. 예를 들어 원, 사각형, 삼각형은 서로 형태는 다르지만 화면에 그릴 수 있는 2차원 도형이라는 공통점이 있다. 따라서 draw라는 함수를 공통적으로 적용하여 화면에 그릴 수 있다면 draw 함수는 다형성에 의해 구현된다고 할 수 있다.

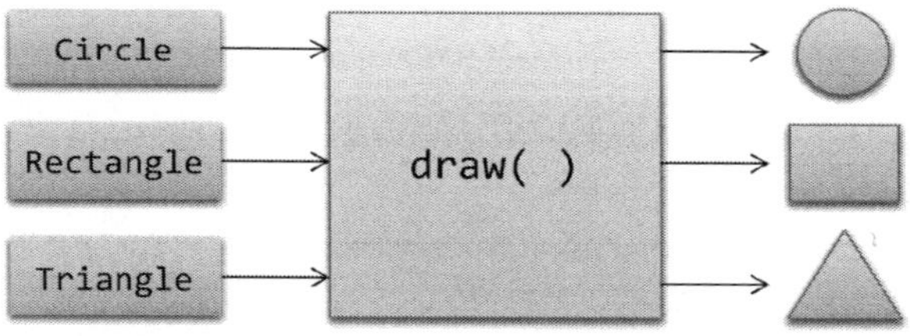

그림 2.1 다양한 도형이 draw라는 함수에 의해 그려짐

2.4절에서는 Java에서 다형성을 구현하는 요소들 중 대표적인 개념들인 오버로딩, 오버라이딩, 늦은 바인딩, 제네릭 타입, 추상 클래스, 인터페이스에 대해 알아본다. 이 개념들은 본 책에서 다룰 Java 코드에서 지속적으로 등장하므로 문법과 활용 목적에 대해 확실히 알아두자.

2.4.1 오버로딩

오버로딩(overloading)은 이름은 동일하지만 인자의 타입이나 인자의 개수가 다른 메소드를 유별하게 구현할 수 있도록 하는 개념이다. Java는 메소드를 호출하는 경우 메소드의 이름과 호출할 때 전달한 인자를 이용하여 메소드를 구분한다.

다음의 예제에서 MyAdd의 add 메소드는 int 타입의 두 인자를 더한 값을 리턴하거나, 정수 형태를 한 문자열 두 개를 인자로 받아 Interger.valueOf 메소드를 이용하여 정수로 변한 한 뒤, 두 수의 합을 문자열 타입으로 변환한 값을 리턴한다. 따라서 add 메소드에 정수 타입의 인자를 전달하든 문자열 타입의 인자(정수 모양을 띈)를 전달하든 두 수의 합을 리턴하게 된다. main 메소드에서는 동일하게 myadd.add라는 이름으로 호출하지만 인자로 전달한 변수의 타입에 따라 다른 메소드가 수행된다.

```
class MyAdd {
    int add(int a, int b) {
       return a+b;
    }

    String add(String a, String b) {
       int x = Integer.valueOf(a);
       int y = Integer.valueOf(b);
       return String.valueOf(x+y);
    }
}

public class OverloadingTest {
    public static void main(String[] args) {
        int a = 6, b = 4;
        String x = "6", y = "4";
        MyAdd myadd = new MyAdd();
        System.out.println(myadd.add(a, b));
        System.out.println(myadd.add(x, y));
    }
}
```

● **실행 결과**

```
10
10
```

2.4.2 오버라이딩

오버라이딩(overriding)은 상속 관계에 있는 클래스 간에 동일한 시그니처를 갖는 메소드를 재정의(redefinition)할 수 있는 개념을 말한다. 오버라이딩은 오버로딩과 달리 메소드 이름뿐 아니라 리턴 타입, 인자의 개수, 인자의 타입까지 동일한 경우에만 적용되는 개념이다. 오버라이딩된 메소드를 포함하는 서브클래스를 인스턴스화해서 오버라이딩된 메소드를 호출한 경우에는 동일한 시그니처를 갖는 슈퍼클래스의 메소드가 아닌 서브클래스의 오버라이딩된 메소드가 실행된다.

다음은 print 메소드를 갖는 SmallPrint 클래스와 SmallPrint를 상속하고 print 메

소드를 오버라이딩한 BigPrint 클래스 예제이다. print 메소드가 오버라이딩 되었기 때문에 main 메소드에서 print를 호출한 결과로 BigPrint에서 정의한 "HELLO"가 출력되는 것을 확인할 수 있다.

```
class SmallPrint {
    void print() {
       System.out.println("hello");
    }
}

class BigPrint extends SmallPrint {
    void print() {
       System.out.println("HELLO");
    }
}

public class OverridingTest {
    public static void main(String[] args) {
        BigPrint obj = new BigPrint();
        obj.print();
    }
}
```

● **실행 결과**

```
HELLO
```

2.4.3 늦은 결합

Java에서는 슈퍼클래스의 객체에 서브클래스의 생성자를 이용하여 인스턴스화 하는 것이 가능하다.(역은 불가능하다.) 이렇게 생성한 객체에 오버라이딩된 메소드가 있는 경우, 그 메소드를 호출하면 슈퍼클래스의 메소드와 서브클래스의 메소드 중 어떤 메소드가 실행될까? 이 때는 객체를 선언할 당시의 슈퍼클래스가 아닌 생성자를 호출한 서브클래스에서 정의한 메소드가 실행된다. 이것을 늦은 결합(late binding) 혹은 동적 결합(dynamic binding)이라 부른다.

다음은 2.4.2의 오버라이딩 예제에서 main 메소드를 약간 수정한 코드이다. SmallPrint 클래스 타입의 객체 obj에 BigPrint 클래스의 생성자를 이용하여 인스턴스화하고 print 메소드를 호출하였다. 실행 결과를 보면 hello가 아닌 HELOO가 출력되는 것을 알 수 있다. 이는 늦은 결합 특성 때문에 obj가 SmallPrint 클래스 타입이지만 BigPrint의 메소드가 실행되었기 때문이다.

```
class SmallPrint {
    void print() {
       System.out.println("hello");
```

```
    }
}

class BigPrint extends SmallPrint {
    void print() {
       System.out.println("HELLO");
    }
}

public class LateBindingTest {
    public static void main(String[] args) {
        SmallPrint obj = new BigPrint();
        obj.print();
    }
}
```

● **실행 결과**

```
HELLO
```

2.4.4 제네릭 타입

제네릭 타입은 데이터 타입을 인자화(parameterize)하여 클래스에 사용할 타입을 정적으로 결정하는 것이 아닌 인스턴스화 할 때 결정되는 타입을 의미한다. 문법적으로는 클래스를 정의할 때 꺽쇠(< >) 안에 제네릭 타입으로 이용할 임의의 이름을 적어주고, 클래스 본문에서 해당 이름으로 타입을 대신하여 작성하면 제네릭 타입이 포함된 클래스를 만들 수 있다. 그 후 이 클래스를 인스턴스화 할 때 생성자 뒤의 꺽쇠 안에 타입을 명시하면 된다. 이때, 기본 타입(primitive data type)은 사용할 수 없으니 기본 타입의 클래스 버전인 integer 등으로 적어 주어야함을 명심하자.

다음은 제네릭 타입을 포함한 클래스 예제이다. 정수와 문자열 타입으로 생성한 객체들에 각각 해당 타입의 필드가 포함되어 있음을 확인할 수 있다.

```
class GData<T> {
    T data;

    GData(T v) {
        data = v;
    }

    void print() {
        System.out.println(data);
    }
}

public class GenericTypeTest {
    public static void main(String[] args) {
```

```
        GData<Integer> intData= new GData<Integer>(10);
        GData<String> stringData = new GData<String>("Hello");
        intData.print();
        stringData.print();
    }
}
```

● **실행 결과**

```
10
HELLO
```

2.4.5 추상 클래스

추상 클래스(abstract class)는 대표적인 추상 타입(abstract type)[1] 중 하나로, 인스턴스화 할 수 없는 클래스이다. 인스턴스화 할 수 없는 클래스를 어떻게 사용하며 어떤 존재 의의가 있을까? 추상 클래스를 상속받은 서브클래스는 추상 클래스가 아니기 때문에 객체화가 가능하다. 추상 클래스는 실체는 없지만 디자인상 상위 계층에 있는 클래스를 모델링하기 위해 존재한다. 추상 클래스는 문법적으로 추상 메소드(abstract method)를 1개 이상 가져야 하며 클래스 선언부에 'abstract'라는 키워드가 붙는다. 추상 메소드는 본문이 없고 시그니처만 존재하는 메소드로, 시그니처 앞에 'abstract'라는 키워드가 붙는다. 추상 클래스는 그 자체만으로는 쓸모없기 때문에 이를 상속 받은 서브클래스 또한 정의되어야 하며 추상 메소드의 본문이 포함되어야만 한다.

추상 클래스의 필요성을 알아보기 위해 장기 게임을 만드는 것으로 예를 들어보자. 장기에는 차(車), 마(馬), 졸(卒) 등 다양한 장기말이 존재한다. 장기 말들은 장기판위를 움직인다는 공통점이 있지만 말의 종류마다 다른 규칙으로 장기판을 움직인다. 이런 특징을 고려하였을 때, 장기 말들을 각각 구현하는 것보다 '이동한다(move)'라는 메소드를 가진 장기말 슈퍼클래스를 정의하고 이를 상속한 각각의 장기말 서브클래스에서 각 말의 규칙에 맞는 메소드를 구현하는 것이 효과적이다. 이때 장기말 수퍼클래스는 장기판에 실재(實在)하는 것은 아니기 때문에 인스터스화할 대상이 되는 클래스는 아니다.

다음은 이동수단을 표현한 추상 클래스 Vehicle과 이를 상속 받은 Bike와 Car 클래스이다. abstract라는 키워드와 본문이 정의되어 있지 않다는 것을 통해 Vehilce의 accelerate가 추상 메소드라는 것을 알 수 있다. 자전거와 자동차는 둘 다 가속할 수 있지만 가속 능력이 다르기 때문에 각각의 서브클래스의 추상 메소드 accelerate를 구현 내용을 다르게 하였다. main 메소드에서 bike와 car의 메소드 accelerate에 동

1) 추상 타입 : 인스턴스화 할 수 없는 타입. 즉, 해당 타입의 객체를 생성할 수 없다.

일한 인자를 넣었지만 출력결과가 다르다는 것을 확인할 수 있다. 또한 Vehicle은 추상 클래스이기 때문에 Vehicle을 타입으로하는 객체를 생성할 수 없음에 유의하자.

```
abstract class Vehicle {
    int speed;

    Vehicle() {
        speed = 0;
    }

    abstract void accelerate(int v);
}

class Bike extends Vehicle {
    void accelerate(int v) {
        speed = speed + v;
    }
}

class Car extends Vehicle {
    void accelerate(int v) {
        speed = speed + v*10;
    }
}

public class AbstractClassTest {
    public static void main(String[] args) {
        // Vehicle vehicle = new Vehicle();
        Bike bike = new Bike();
        Car car = new Car();

        bike.accelerate(10);
        car.accelerate(10);

        System.out.println(bike.speed);
        System.out.println(car.speed);
    }
}
```

● **실행 결과**

```
10
100
```

2.4.6 인터페이스

인터페이스(interface)는 추상 클래스의 극단적인 형태로, 어떤 클래스가 특정 메소드들을 반드시 구현하도록 강제하기 위해 도입한 추상 타입(abstract type)이다. 인터페이스의 형태는 문법적으로는 클래스와 유사하고 필드는 상수로만 사용할 수 있으며 메소드는 본문이 없이 시그니처만 존재한다. 즉, 인터페이스의 메소드는 모두 추상 메소드 이다. 그렇다면 메소드의 본문은 어디에 정의할까? 바로 인터페이스를 구현(implement)하는 클래스에서 정의한다. 즉, 어떤 인터페이스를 구현하는 클래스는 반드시 인터페이스에 포함된 메소드의 본문을 명시해야한다. 또한, 인터페이스의 존재 목적상 인터페이스를 구현한 메소드는 반드시 public 접근자이어야 한다.

다음은 인터페이스 Vehicle 와 이를 구현한 클래스 Car 예제이다. 이동수단을 인터페이스 Vehicle로 정의하고 메소드 시그니처로 move와 stop을 명시하였다. Vehicle을 인터페이스로 갖는 클래스들은 반드시 move와 stop을 구현해야한다. Car에서 move는 인자로 받은 v의 10배 만큼 속도가 올라가며 stop은 속도가 0이 되도록 본문을 작성하였다. main 메소드에서 move와 stop을 호출하고 speed를 출력한 결과, 예상한대로 100과 0이 출력되는 것을 알 수 있다.

```
interface Vehicle {
    void accelerate(double v);
    void stop();
}

class Car implements Vehicle {
    int speed;

    public void accelerate(int v) {
        speed = speed + v;
    }

    public void stop() {
       speed = 0;
    }
}

public class InterfaceTest {
    public static void main(String[] args) {
        Car mycar = new Car();

        mycar.accelerate(10);
        System.out.println(mycar.speed);

        mycar.accelerate(20);
        System.out.println(mycar.speed);

        mycar.stop();
        System.out.println(mycar.speed);
    }
}
```

● 실행 결과

```
10
30
0
```

본 책에서 주로 접할 인터페이스는 키보드와 마우스의 동작을 감지하는 리스너(listener)이다. 키보드와 마우스 입력을 이용하여 수행하는 명령은 프로그램에 따라 다르지만 알고 싶은 키보드와 마우스의 동작은 정해져 있다. 이러한 점을 고려하여 Java에서는 키보드/마우스 입력을 처리하기 위해 어떤 키를 눌렀는지, 마우스를 어디에 클릭했는지 등을 인터페이스의 메소드 시그니처로 정의하였다. 그렇기 때문에 사용자 입력을 필요로 하는 프로그램들은 이러한 리스너 인터페이스들을 implements하는 클래스를 만들고 리스너에 정의된 메소드를 구현하는 것으로 키보드/마우스 입력을 받을 수 있다.

3장

Swing 프로그래밍 기초

앞선 단원들에서 자바 언어의 특성과 복습해 보았다. 이번 단원에서는 자바 GUI 프로그래밍을 위해 주로 사용하게 될 Swing이라는 GUI 위젯 툴킷에 대해 알아보고 이를 어떻게 활용하는지 그 기초를 다뤄보기로 한다.

3.1 Swing, AWT 소개

본 단원에서 소개될 Swing과 AWT는 GUI[2] 위젯 툴킷의 한 종류이다. GUI 위젯이란 버튼, 스크롤 바, 텍스트 상자 등과 같이 프로그램에서 사용자와 상호작용을 도우는 시각적인 구성요소들을 일컫는다. GUI 위젯 툴킷은 이러한 GUI 위젯들을 프로그램에서 활용할 수 있도록 라이브러리와 API를 제공해주는 개발 도구이다. 최신 버전의 JDK에는 Swing, AWT가 모두 기본적으로 포함되어있기 때문에 추가적인 설치나 설정 없이 두 툴킷을 활용할 수 있다.

Swing과 AWT는 자바를 이용하여 GUI 프로그래밍을 할 때 필수적인 툴킷이다. 그러나 두 툴킷은 서로 대부분의 기능을 공유하기 때문에 하나의 프로그램에 서로를 혼용하여 사용하는 경우는 거의 없으며, 용도와 목적에 따라 Swing을 이용하기도 하고, AWT를 이용하기도 한다. 그렇다면 각자의 용도에 어떤 툴킷이 더 적합한지 판단하기 위해 각각에 대해 알아보도록 하자.

3.1.1 AWT(Abstract Window Toolkit)

AWT는 1995년 처음 자바에 포함되어 배포되었다. 이를 통해 앞서 소개하였던 버튼, 텍스트 상자, 체크박스 등의 위젯을 활용하여 GUI 프로그래밍이 가능해졌다. AWT는 플랫폼[3]이 자체적으로 포함하고 있는 위젯의 형태를 그대로 가져와서 표현한다. 따라서 같은 프로그램이라도 윈도우 운영체제에서 실행했을 때의 위젯 모양과 크기, 리눅스 운영체제에서 실행했을 때의 모양과 크기 등이 각각 다르게 나타난다. 이러한 특징으로 인해 해당 플랫폼에서 만들어진 다른 프로그램과의 호환성이 높다는 장점도 있지만, 프로그래머가 원하는 화면의 형태를 유지하기 힘들다는 특징은 단점으로 지적되었다. 이러한 AWT의 단점을 극복하기 위하여 JDK 1.2 버전부터 Swing이 개발되어 JDK에 포함되었다.

2) Graphical User Interface : 그래픽 사용자 인터페이스
3) 프로그램이 실행되고 있는 환경을 의미한다. 넓은 의미로 운영체제를 포함하기도 한다.

3.1.2 Swing

앞서 서술한 AWT의 단점을 보완하기 위해, 1996년부터 Swing이 개발되기 시작하였고, 1998년 JDK 1.2 버전에 포함되면서 정식으로 지원하기 시작했다. Swing은 AWT와 달리 각각의 위젯을 표현할 때 해당 플랫폼에서 정의하는 형태를 가져오는 것이 아니라 자바에서 자체적으로 정의한 형태를 사용하기 때문에 플랫폼 독립적인 특성을 지닌다. 즉 윈도우 운영체제, 리눅스 운영체제, 맥 OS 등의 서로 다른 플랫폼에서도 같은 버전의 JDK가 설치되어있다면 정확히 똑같은 형태로 위젯이 표현되어, 플랫폼을 고려하지 않고 구현할 수 있다는 장점이 있다. 또한 AWT처럼 해당 플랫폼의 위젯 형태를 메모리로 불러오는 시간이 절약되기 때문에 성능 면에서도 유리하다고 평가되고 있다. 앞으로 다루게 될 예제들은 주로 Swing을 활용하여 구현되며, 각 예제들을 다루기 전에 3.2절에서 Swing 툴킷의 기초를 다뤄보도록 하자.

3.2 Swing 툴킷 기초

Swing의 클래스들은 총 18개의 패키지로 구성되어 있으며, javax로 표현되는 자바 확장 패키지에 포함되어 있다. 그 중 앞으로 다룰 예제에서 반복적으로 사용되는 대표적인 클래스들을 소개하고자 한다. Swing의 클래스 중 일부에서 알파벳 'J'로 시작하는 이름을 발견할 수 있는데, 이들은 AWT에 포함된 클래스와 대응되는 Swing 버전의 클래스들이다. 예를 들어 Swing의 JFrame 클래스는 AWT의 Frame 클래스와 대응된다. 최근의 JDK는 AWT와 Swing의 상호호환성이 개선되어 Swing의 JFrame 내부에 JPanel 대신 AWT의 Panel 클래스를 구성하는 등의 혼용이 일부 가능하지만, 제공되는 기능에 조금씩 차이가 있기 때문에 일반적으로 두 툴킷을 서로 혼용하지 않는 것을 권장한다.

3.2.1 JFrame 클래스

예제 3.1 JFrame을 이용하여 창 두 개를 생성하는 프로그램

```
import javax.swing.JFrame;

public class Class3_1 {
    public static void main(String[] args) {
        JFrame frame1 = new JFrame("First frame");
        JFrame frame2 = new JFrame("Second frame");

        frame1.setSize(500, 100);
        frame2.setSize(500, 200);
```

```
        frame1.setResizable(false);

        frame1.setLocation(0, 0);
        frame2.setLocation(400, 400);

        frame1.setVisible(true);
        frame2.setVisible(true);

        frame1.setDefaultCloseOperation(JFrame.EXIT_ON_CLOSE);
    }
}
```

GUI를 이용하는 프로그램은 최소한 하나 이상의 윈도우 창을 가진다. 이 윈도우 창이 자바에서는 '프레임(Frame)'이라는 이름으로 통용되며, 이를 표현한 클래스가 스윙의 JFrame 클래스(AWT의 Frame 클래스)이다. JFrame 객체 하나가 창 하나를 표현하게 되며, 여러 개의 JFrame 객체를 생성하여 하나의 자바 프로그램에 여러 개의 창이 나타나도록 구현할 수도 있다. JFrame 클래스를 그대로 이용하는 경우도 있고, 용도에 따라 JFrame을 상속하는 클래스를 생성하여 추가 기능을 구현하기도 한다.

예제 3.1은 JFrame 클래스를 활용하여 두 개의 창을 생성하여 각각 다른 위치에 다른 크기를 가지도록 하는 프로그램이다. Swing에 포함된 클래스를 추가할 때 java.swing이 아니라 javax.swing임을 주의하여 예제 3.1과 같이 Class3_1을 작성해 보자. frame1, frame2 라는 JFrame 객체를 생성하였고 창의 이름을 설정할 수 있는 생성자를 사용하여 "First frame", "Second frame" 이라는 창 이름을 부여하였다. 기본 생성자를 포함하여 다른 종류의 생성자에 대해 더 자세히 알아보려면 오라클에서 제공하는 api[4]를 참고할 수 있다. JFrame의 여러 멤버 메소드 중, 예제 3.1에서 사용된 setSize(), setResizable(), setLocation(), setVisible(), setDefaultCloseOperation() 메소드에 대해 알아보도록 하자.

setSize(int x, int y) : 프레임(창)의 크기를 픽셀 단위로 설정할 수 있게 하는 메소드이다. 첫 번째, 두 번째 인자는 각각 프레임의 가로, 세로 길이를 의미한다. 예제에서는 frame1의 크기를 가로 500 픽셀, 세로 100 픽셀로 설정하였고, frame2의 크기를 가로 500 픽셀, 세로 200 픽셀로 설정하였다.

setResizable(boolean is_resizable) : setSize() 메소드를 통해 프레임의 크기를 조절할 수 있지만, 크기가 해당 값으로 고정되는 것은 아니다. 즉 setSize() 메소드가 호출된 후, 사용자가 프로그램을 사용하면서 임의로 프레임의 크기를 조절할 수 있으며, 이를 방지하고 고정된 크기를 사용되게 하려면 setResizable() 메소드를 통해

4) https://docs.oracle.com/javase/7/docs/api/javax/swing/JFrame.html

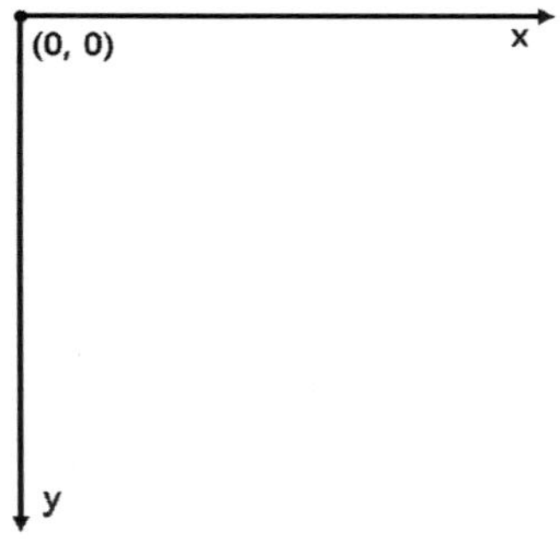

그림 3.1 자바 GUI 프로그램에서의 2차원 좌표 표현

크기를 고정해야 한다. 기본적으로 JFrame 객체는 사용자가 임의로 크기를 재조정할 수 있도록 설정되어 있으며, setResizable() 메소드를 통해 그 기능을 활성화, 비활성화할 수 있다. 인자에 false 값을 넣으면 크기 재조정이 비활성화된다.

setLocation(int x, int y) : 프레임(창)의 위치를 설정할 수 있는 메소드이다. 첫 번째 인자는 x축(가로축) 위치, 두 번째 인자는 y축(세로축)의 위치이다. 예제에서는 frame1의 위치를 (0, 0)으로 설정하고 있는데, 많은 독자들이 화면의 좌측 하단에 frame1이 위치할 것이라고 예상할 것이다. 그러나 이클립스 상에서 예제를 실행해 보면 frame1은 좌측 상단에 나타나게 된다. 이는 그림 3.1에서 보는 바와 같이 자바에서 사용하는 2차원 좌표계의 세로축 방향이 위에서 아래이기 때문이다. 수학에서 일반적으로 사용하는 방향과 반대이기 때문에 setLocation() 메소드를 사용할 때 혼동하지 않도록 주의하여야 한다.

setVisible(boolean is_visible) : JFrame 객체 하나를 생성할 때마다 프레임이 하나씩 생성되지만, 기본적으로 창이 보이지 않게 설정되어 있기 때문에 setVisible() 메소드를 이용하여 프레임이 화면에 나타나도록 할 수 있다. 인자에 true 값을 전달하면 해당 프레임이 화면에 나타나게 된다. 이후 setVisible() 메소드를 다시 호출하여 인자에 false를 전달하면 프레임을 화면에서 제거할 수 있다.

3.2.2 JPanel 클래스와 Color 클래스

그림 3.2는 5단원에서 다루게 될 오목 프로그램의 실행 예시를 보여주고 있다. 프레임의 상단에는 오목판이 나타나 있고, 하단에는 'New game' 버튼과 'Undo 1 step' 버튼이 있다. 이와 같이 하나의 프레임을 여러 개의 구역으로 분할하여 각 구역에서 서로 다른 화면을 보여주어야 하는 경우가 종종 있으며, 이렇게 분할된 구역을 자바에서는 패널이라 칭한다. Swing에서는 패널을 JPanel이라는 클래스로 구분하고 있

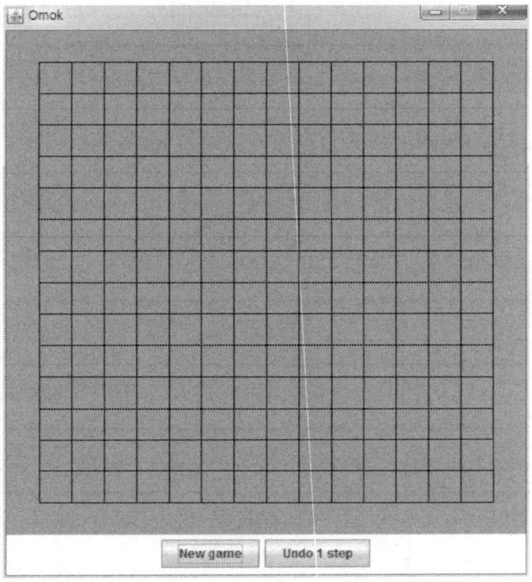

그림 3.2 오목 예제 실행 예시

다. 예제 3.2에서는 앞서 배운 JFrame을 통해 프레임을 만든 뒤, 프레임 안에 4개의 JPanel을 생성하여 서로 다른 색으로 보여주고 있다. 프레임과 마찬가지로 패널도 기본적으로 직사각형의 형태를 가지며, setSize() 메소드와 setBackground() 메소드를 통해 그 크기와 색을 정하여 구분하였다. JPanel은 다양한 멤버 메소드를 포함하고 있지만, 우선 예제 3.2에서 사용한 두 메소드에 대해서 알아보기로 하자.

예제 3.2 4개의 패널을 포함하는 프레임

```
import javax.swing.JFrame;
import javax.swing.JPanel;

import java.awt.Color;

public class Class3_2 {
    public static void main(String[] args) {
        JFrame frame = new JFrame("Example3-2");
        frame.setSize(300, 300);
        frame.setVisible(true);
        frame.setDefaultCloseOperation(JFrame.EXIT_ON_CLOSE);

        JPanel panel1 = new JPanel();
        JPanel panel2 = new JPanel();
        JPanel panel3 = new JPanel();
        JPanel panel4 = new JPanel();

        panel1.setSize(50, 50);
        panel2.setSize(100, 100);
        panel3.setSize(150, 150);
        panel4.setSize(200, 200);
```

```
        panel1.setBackground(Color.RED);
        panel2.setBackground(Color.GREEN);
        panel3.setBackground(Color.BLUE);
        panel4.setBackground(Color.YELLOW);

        frame.add(panel1);
        frame.add(panel2);
        frame.add(panel3);
        frame.add(panel4);
    }
}
```

setSize(int x, int y) : JFrame에서와 동일하게 JPanel의 크기를 조절할 수 있게 해주는 메소드이다. 첫 번째 인자가 가로 크기, 두 번째 인자가 세로 크기를 의미한다.

setBackground(Color c) : JPanel의 배경색을 지정하게 하는 메소드이다. 인자로 Color 클래스의 객체가 사용되는데, 이 Color 객체를 통해 배경색을 전달하게 된다.

앞서 설명한대로, setBackground() 메소드의 인자에 해당하는 Color 클래스는 AWT나 Swing에서 색을 나타낼 때 사용한다. 배경색이나, 생성되는 선, 원, 사각형 등 도형의 색을 지정할 때도 사용된다. Color 클래스는 기본적으로 0부터 255까지의 값을 가지는 4개의 정수를 저장하고 있는데, 이들은 각각 색을 표현하기 위해 필요한 빛의 삼원색(RGB)의 강도와 불투명도를 나타내는 값이며 그 범위는 0부터 255까지이다. 예를 들어 빨강, 초록, 파랑 모두 255의 강도를 가진 Color 객체는 흰색을 표현하며, 모두 0의 강도를 가진 Color 객체는 검정색을 표현한다. Color 클래스에서 저장하는 또 하나의 정보는 불투명도(Opacity)이다. 불투명도의 값이 높을수록 다른 객체와 겹쳐졌을 때 해당 색이 더욱 진하게 나타난다. 불투명도가 255인 경우 겹쳐진 다른 객체가 해당 객체의 뒤에 있는 경우 겹쳐진 객체는 전혀 보이지 않게 된다. 반대로 불투명도의 값이 0인 경우에는 RGB 값에 상관없이 해당 색이 보이지 않고 완전히 투명한 색이 된다.

Color 클래스도 다양한 멤버 메소드를 제공하는데, Color 클래스의 객체가 프로그램 실행 과정에서 다른 색으로 바뀌는 경우는 많이 없기 때문에 생성자를 통해 색을 부여하는 방법에 대해 간단히 다뤄보도록 하자.

Color(int r, int g, int b) : 정수 인자 3개를 받는 생성자는 RGB 값을 각각 입력받아 색을 표현한다. 각 인자의 타입은 정수(int)이지만 0~255 이외 범위의 값을 전달하면 컴파일 과정에서 예외가 발생한다. 이 생성자를 통해 Color 객체를 생성하면 불투명도가 최대값인 255로 설정된다.

Color(int r, int g, int b, int a) : 정수 4개를 받는 생성자는 RGB 값과 함께 불투

명도를 추가로 입력받는다. 불투명도 또한 마찬가지로 정수 타입이지만 0~255 범위의 값을 입력받는다.

위 두 개의 생성자 말고도 float 타입의 인자를 입력받는 생성자도 있으며, 위에 소개한 생성자와 동일하지만 입력 값의 범위가 0~255 대신 0.0f~1.0f로 주어진다. 그 외의 사용법은 위의 생성자와 동일하기 때문에 프로그래머의 기호에 따라 원하는 생성자를 사용할 수 있다. 예제 3.2에서는 Color의 생성자를 통해 객체를 생성하는 대신에 미리 정의되어 있는 스태틱 변수인 Color.RED, Color.GREEN, Color.BLUE, Color.YELLOW 를 통해 각 패널들의 배경색을 지정하였다.

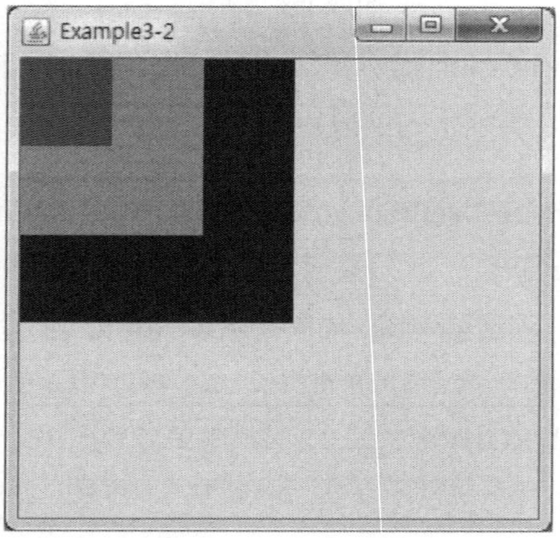

그림 3.3 예제 3.2 실행화면

3.2.3 Layout 클래스

오목 예시에서는 프레임을 수직 방향으로 나누었지만 수평 방향으로 나누거나 또 다른 형태로 화면을 분할해야하는 경우도 있을 것이다. 화면을 어떤 방향으로 나눌 것인지는 레이아웃(Layout) 클래스를 통해 조절할 수 있다. 구역을 나누는 형태와 방법에 따라 BorderLayout, BoxLayout, CardLayout, FlowLayout, GridBagLayout, GridLayout, GroupLayout, SpringLayout 등의 다양한 클래스가 제공되는데, 모든 종류의 레이아웃을 다루기에는 이 책의 범위를 벗어나기 때문에 예제 3.3에서 BoxLayout 클래스를 소개한 후, 나머지 레이아웃에 대해서는 추후 각 단원에서 필요에 따라 다루기로 하자. 위 8개의 기본적인 레이아웃 외에도 프로그래머가 레이아웃을 직접 정의하거나 다양한 레이아웃을 제공하는 서드 파티(Third party) 라이브러리를 활용할 수도 있다.

BoxLayout : 예제 3.2에서는 레이아웃의 설정 없이 4개의 패널들을 프레임에 추가하였기 때문에 모든 패널들이 원점(0, 0)에 위치한 모습을 보인다. 예제 3.3에서는 BoxLayout을 이용하여 가로 방향 또는 세로 방향으로 패널들을 나누어 정렬시켜보도록 하자.

예제 3.3 BoxLayout 예제

```
import java.awt.Container;
import java.awt.Dimension;
import java.awt.Color;

import javax.swing.JFrame;
import javax.swing.JPanel;
import javax.swing.BoxLayout;

public class BoxLayoutExample {
    public static void main(String[] args) {
        JFrame frame = new JFrame("Box Layout example");

        frame.setVisible(true);
        frame.setDefaultCloseOperation(JFrame.EXIT_ON_CLOSE);
        frame.setSize(500, 500);

        Container container = frame.getContentPane();
        container.setLayout(new BoxLayout(container,
BoxLayout.X_AXIS));

        JPanel panel1 = new JPanel();
        JPanel panel2 = new JPanel();
        JPanel panel3 = new JPanel();
        JPanel panel4 = new JPanel();

        container.add(panel1);
        container.add(panel2);
        container.add(panel3);
        container.add(panel4);

        panel1.setPreferredSize(new Dimension(50, 50));
        panel2.setPreferredSize(new Dimension(100, 100));
        panel3.setPreferredSize(new Dimension(150, 150));
        panel4.setPreferredSize(new Dimension(200, 200));

        panel1.setBackground(Color.red);
        panel2.setBackground(Color.green);
        panel3.setBackground(Color.blue);
        panel4.setBackground(Color.yellow);
    }
}
```

Component 클래스와 Container 클래스 : BoxLayout 의 사용법을 설명하기에 앞서, setLayout() 메소드를 호출하는 주체인 Container 클래스와 그에 대응되는 Component 클래스에 대해 다뤄보도록 하자. Component 클래스는 버튼, 레이블 등

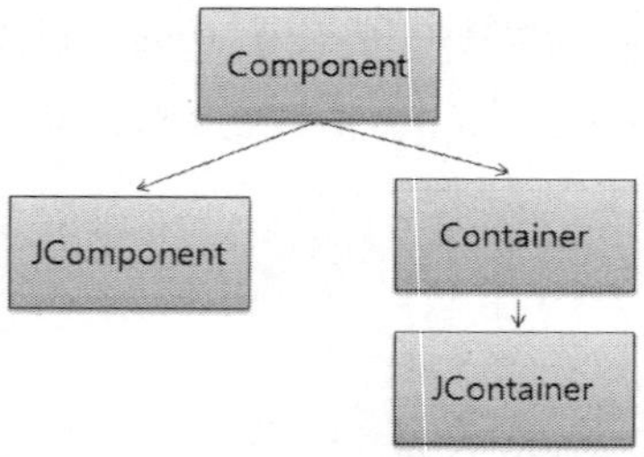

그림 3.4 Component와 Container의 상속 계통도

의 사용자 인터페이스에 관련된 기본적인 객체들을 표현하는 최상위 클래스이다. Swing에서는 JComponent가 Component 클래스를 상속하고 있다. Container 클래스 또한 이러한 Component 클래스를 상속하는 클래스 중 하나이며, Container 클래스는 다른 Component 들이 포함될 수 있는 클래스이다. 앞서 학습하였던 JFrame, JPanel 등이 JContainer 클래스를 상속하고 있으며, 이는 다시 Container를 상속하고 있다. 그림 3.4는 Component, Container, JComponent, JContainer 클래스의 상속 계통도를 보여주고 있다.

예제 3.3에서는 JFrame 객체의 안쪽 영역에 레이아웃을 설정하기 위해서 getContentPane() 메소드를 통해 Container 객체를 불러오고 있다. 이 객체에서 setLayout() 메소드를 호출함으로써 레이아웃을 최종적으로 설정할 수 있다. setLayout() 메소드를 호출하면서 BoxLayout의 생성자를 통해 레이아웃을 설정해 주고 있는데, 이 생성자의 첫 번째 인자는 레이아웃을 설정할 컨테이너, 두 번째 인자로는 BoxLayout의 방향을 입력한다. 방향에는 아래의 4가지의 방향이 있는데, 예제에서는 그 중 BoxLayout.X_AXIS를 사용하였다.

BoxLayout.X_AXIS 와 BoxLayout.Y_AXIS : BoxLayout을 X_AXIS로 설정하면 컨테이너에 속한 컴포넌트들이 왼쪽에서 오른쪽으로, 즉 가로로 배열되고, Y_AXIS로 설정하면 컨테이너에 속한 컴포넌트들이 세로로 배열된다. X_AXIS와 Y_AXIS는 컨테이너에서 설정된 범위를 무시하고 가로 또는 세로로 방향을 고정한다.

BoxLayout.LINE_AXIS와 BoxLayout.PAGE_AXIS : BoxLayout을 LINE_AXIS로 설정한 경우 컨테이너의 방향 설정에 따라 컴포넌트들이 배열된다. 컨테이너의 ComponentOrientation 속성이 가로로 설정된 경우 컨테이너에 속한 컴포넌트들도 가로로 설정되며, PAGE_AXIS를 사용한 경우에는 반대 방향인 세로로 배열된다.

예제 3.3에서 생성한 4개의 패널에서 setPreferredSize() 메소드를 호출하여 가로, 세로 크기를 각각 50, 100, 150, 200으로 설정하였고 setBackground() 메소드를 통하여 각각 Color.red, Color.green, Color.blue, Color.yellow 의 색상을 부여하였다. 레이아웃의 설정이 없었다면 그림 3.3(예제 3.2)처럼 정사각형 4개가 겹쳐 보이는 형

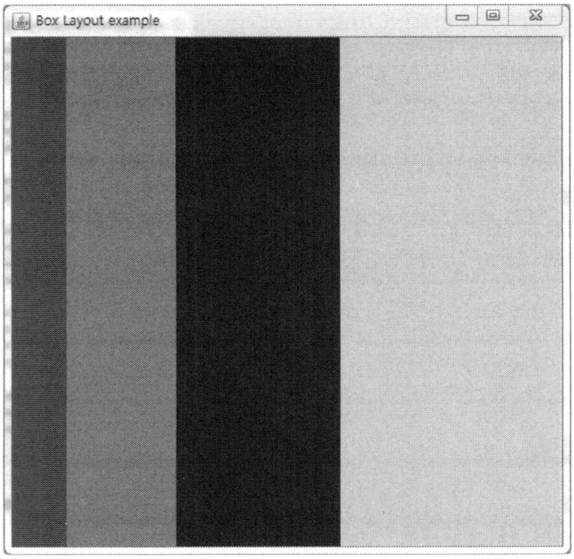

그림 3.5 예제 3.3 실행화면

태가 되지만, BoxLayout을 사용하였기 때문에 그림 3.4처럼 패널들이 가로 방향으로 나열됨을 볼 수 있다. 프레임의 크기는 설정한 대로 가로, 세로 각각 500 픽셀이지만 각 패널들의 세로 크기는 프레임의 크기인 500픽셀로 고정되었으며, 가로 크기는 픽셀크기가 그대로 반영된 것이 아니라 그 상대 크기를 적용하면서 프레임을 가득 채우는 모습니다. 추후 BoxLayout을 사용할 때도 이처럼 컴포넌트들의 크기가 프레임의 크기에 따라 설정한 값과 달라질 수 있음을 유의해야 한다. 그림 3.5는 예제 3.3에서 BoxLayout의 방향을 Y_AXIS로 수정한 후 실행한 모습이다.

예제를 통하여 레이아웃을 설정해 컨테이너에 여러 컴포넌트들을 배치하는 것을 학습해 보았다. 컨테이너도 컴포넌트의 일종이기 때문에 프레임 뿐만 아니라 패널에도 레이아웃을 설정하여, 패널을 더 작은 단위의 구역으로 나누는 것도 가능하다. 더 자세한 활용 방법은 추후 예제를 통해 다뤄보도록 하자.

3.2.4 paint() 메소드와 repaint() 메소드

프레임이나 패널의 배경색을 지정하는 것 외에도 Component 클래스를 상속하거나 Component 클래스를 상속하고 있는 다른 클래스를 상속하는 경우에, paint() 메소드와 repaint() 메소드를 활용하면 Component 내부에 직선, 원, 사각형 등의 다른 구성요소들을 그릴 수 있다. paint() 메소드와 repaint() 메소드에 대해 소개한 후, 이를 이용한 예제를 다뤄보도록 하자.

- **paint(Graphics g)** : Component 클래스를 상속한 경우 해당 클래스에서 paint() 메소드를 오버라이드하여 재정의할 수 있으며, 인자로 전달받는 Graphics 객체를 통해 구성요소를 그릴 수 있다. 다양한 멤버 메소드를 포함하고 있는데 그 중 자주 사용되는 대표적인 메소드는 아래와 같다.

- **setColor(Color c)** : Graphics 객체를 통해 그려지는 구성요소의 색을 지정한다. 단 그려지는 모든 구성요소의 색상에 적용되는 것이 아니고, setColor() 메소드가 호출된 이후에 그려지는 구성요소에만 해당 색상이 적용된다. 예제 3.4에서 보는 바와 같이 g.setColor(Color.white)를 호출함으로써 ①번 코드는 흰색으로 그려지며, ②번 코드는 g.setColor(Color.red)가 호출된 다음 작성되었기 때문에 붉은 색으로 표현된다.

- **drawLine(int x1, int y1, int x2, int y2)** : 직선을 그리는 메소드이다. 좌표 (x1, x2), (x2, y2)를 잇는 직선이 그려진다. 선의 굵기를 조절하는 인자는 없기 때문에 굵은 선을 그리고 싶은 경우 drawLine() 메소드를 여러번 호출하거나 fillRect() 메소드 등을 활용하여야 한다. 선의 색은 위에서 서술하였듯 setColor() 메소드를 활용하여 부여하면 된다.

- **drawRect(int x, int y, int width, int height)** : 직사각형을 그리는 메소드이다. x, y 인자를 설정하여 직사각형이 그려질 시작 위치를 설정하고, width, height를 설정하여 너비와 높이를 각각 설정할 수 있다. drawRect() 메소드를 통해 그려지는 직사각형은 속이 비어있는 윤곽선만 있는 사각형이며, 사각형 내부에 색이 있는 직사각형을 그리고 싶은 경우 후술할 fillRect() 메소드를 활용하면 된다.

예제 3.4 **setColor() 메소드 예제**

```
g.setColor(Color.white);
g.fillRect(0, 0, 500, 500); …①

g.setColor(Color.red);
g.fillRect(50, 50, 50, 50); …②
```

- **drawOval(int x, int y, int width, int height)** : 원 또는 타원을 그릴 때는 drawOval() 메소드를 활용한다. drawRect() 메소드와 인자는 비슷하며, width, height 가 같은 값인 경우 원이 된다. drawRect() 메소드와 마찬가지로 원의 내부에는 색이 없고 윤곽선말 그려진다.

- **fillRect(int x, int y, int width, int height)** : drawRect() 메소드와 같이 직사각형

을 그리는 메소드이지만, 직사각형의 내부에 색을 채우는 형태로 직사각형을 그린다. 내부의 색은 앞서 배운 setColor() 메소드를 통해 결정할 수 있다.

예제 3.5 도형 그리기 예제

```java
import javax.swing.JFrame;
import java.awt.Graphics;
import java.awt.Color;

public class PaintExample extends JFrame {
    PaintExample(String title) {
        super(title);
    }

    public static void main(String[] args) {
        PaintExample frame = new PaintExample("Frame paint example");

        frame.setSize(250, 250);
        frame.setVisible(true);
        frame.setDefaultCloseOperation(JFrame.EXIT_ON_CLOSE);

        frame.paint(frame.getGraphics());
    }

    public void paint(Graphics g) {
        g.setColor(Color.white);
        g.fillRect(0, 0, 250, 250);

        g.setColor(Color.red);
        g.drawRect(50, 50, 50, 50);

        g.setColor(Color.green);
        g.drawOval(150,  50,  50,  50);

        g.setColor(Color.yellow);
        g.fillRect(50,  150,  50,  50);

        g.setColor(Color.blue);
        g.fillOval(150,  150,  50,  50);
    }
}
```

- **fillOval(int x, int y, int width, int height)** : drawOval() 메소드처럼 타원을 그리는 메소드지만, fillRect() 메소드처럼 도형 내부에 색을 채우는 형태로 그려진다. 마찬가지로 setColor() 메소드를 통해 타원의 색을 결정할 수 있다.

예제 3.5는 위에서 배운 drawRect(), drawOval(), fillRect(), fillOval() 등의 메소드를 활용하여 화면에 도형을 그리는 예제이다. 메인 메소드의 마지막에 프레임의 paint() 메소드를 직접 호출하여 도형을 그리고 있다. 이 때 paint() 메소드는 Graphic 객체 인자를 필요로 하는데, JFrame의 getGraphics() 메소드를 통해 해당 객체를 호출할 수 있다.

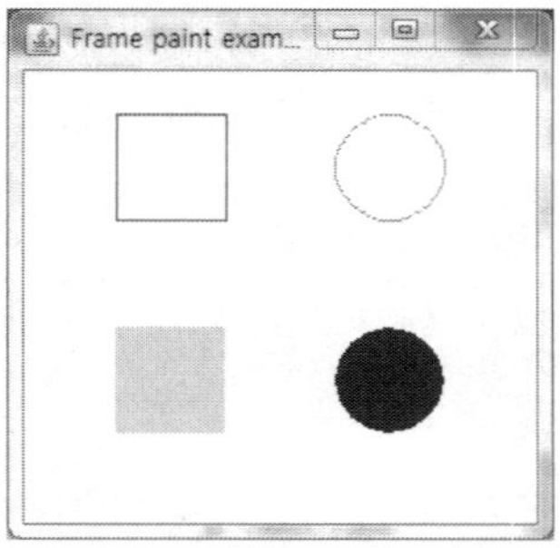

그림 3.6 예제 3.5 실행 예시

그림 3.6은 예제 3.5를 실행한 결과를 나타내고 있다. 지정한 색에 맞게 해당 도형들이 그려지고 있음을 확인할 수 있다. 그 밖에도 Graphics 클래스에서 다양한 메소드들을 제공하고 있는데, 추후 예제에서 필요에 따라 다루기로 하자.

repaint() : Graphics 의 멤버 메소드들을 활용하여 각종 도형을 그릴 수 있음을 배웠다. 일반적으로 도형의 위치가 이동하거나 색이 바뀌는 등 프로그램의 목적에 따라 화면이 다시 그려져야 하는 경우가 많은데, 이 때 paint() 메소드를 메인 메소드에서 다시 호출하여 새롭게 그리는 것도 가능하지만 repaint() 메소드를 호출하는 방법도 제공하고 있다. repaint() 메소드의 주요 기능은 paint() 메소드에 정의된 내용을 다시 화면에 갱신하는 것이기 때문에 겉보기에 paint() 메소드를 직접 호출하는 것과 큰 차이가 없어보이지만, repaint() 메소드의 경우 쓰레드를 따로 사용하여 화면을 갱신하기 때문에 성능이나 안정성을 고려하였을 때 repaint() 메소드를 쓰는 것이 권장된다.

예제 3.6 paint() 메소드와 repaint() 메소드 예제

```
import javax.swing.JFrame;
import java.awt.Graphics;
import java.awt.Color;

public class FramePaint extends JFrame {

    private static int xval = 0;

    Frame_Paint(String title) {
        super(title);
    }

    public static void main(String[] args) {
        Frame_Paint frame = new Frame_Paint("Frame paint example");

        frame.setSize(500, 500);
        frame.setVisible(true);
        frame.setDefaultCloseOperation(JFrame.EXIT_ON_CLOSE);
```

```
        while(true) {
            xval += 2;

            if(xval == 250) {
                xval = 0;
            }

            frame.repaint();

            try {
                Thread.sleep(100);
            }
            catch(Exception e) {
                // do nothing
            }
        }
    }

    public void paint(Graphics g) {
        g.setColor(Color.white);
        g.fillRect(0, 0, 500, 500);

        g.setColor(Color.red);
        g.fillRect(xval,  50,  50,  50);
    }
}
```

예제 3.6는 paint() 메소드와 Graphics 클래스의 메소드를 활용하여 사각형이 움직이는 모습을 보여주는 프로그램이다. while 반복문이 반복적으로 계속 실행되면서 0.1초마다 변수 xval 의 값을 2씩 더한다. 이 때 컴퓨터가 0.1초를 기다리도록 하는 것은 Thread.sleep(int) 메소드를 활용하여 구현하였고, 인자로 전달되는 데이터는 다음 코드가 실행되기 전까지 얼마나 기다릴 것인지를 밀리초로 표현한다. xval의 값이 250에 도달하면 다시 0으로 초기화되는데, 이 변수가 paint() 메소드에서 붉은 사각형의 x 좌표로 사용되면서 사각형의 위치를 조금씩 움직이게 한다.

그림 3.7은 예제 3.6을 실행한 모습이다. 프로그램을 실행하면 그림 3.7의 왼쪽 화면과 같이 사각형이 왼쪽에 그려지게 되지만 시간이 지남에 따라 사각형이 오른쪽으로 조금씩 이동하는 것을 확인할 수 있다.

3.2.5 JButton

JFrame, JPanel 외에도 Swing에서 버튼, 체크박스, 텍스트 등의 위젯들을 그릴 수 있도록 다양한 클래스들을 제공하고 있다. 이번 절에서는 화면에 버튼을 구성할 수 있게 하는 JButton 클래스에 대해 대표적으로 다뤄보도록 하고, 다른 클래스에 대해서는 필요에 따라 추후 알아보도록 하자.

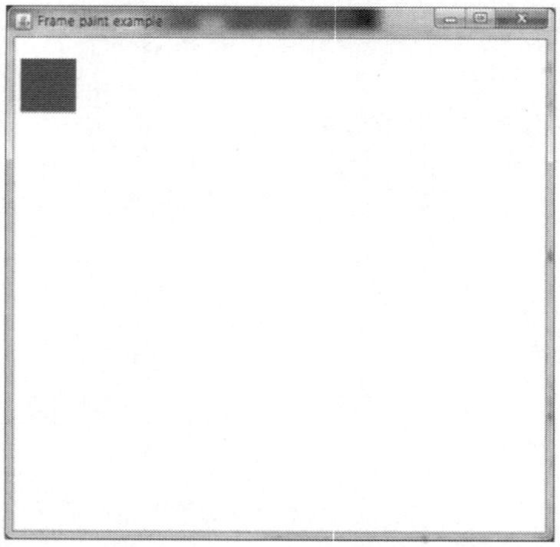

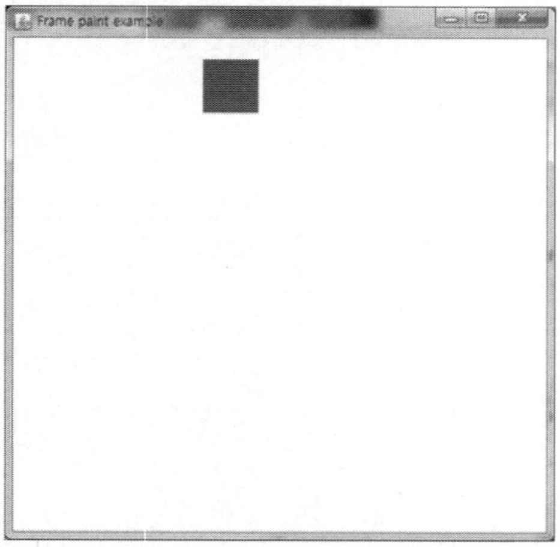

그림 3.7 예제 3.6의 실행 예시

JButton 객체 하나가 버튼 하나를 의미하며, 여러 개의 버튼을 화면에 구성하려면 여러 개의 JButton 객체를 생성해야 한다. 특정 컨테이너에 버튼을 추가하려면 컨테이너 클래스의 멤버 메소드인 add(Component)를 통해 버튼을 추가하면 된다. 버튼을 눌렀을 때의 이벤트는 ActionListener 클래스를 버튼에 추가하여 처리할 수 있다. 그 밖에 JButton 객체에서 주로 사용되는 생성자(JButton(String)), setText(), addActionListener() 메소드를 알아본 후 버튼을 사용한 간단한 예제를 다뤄보도록 하자.

JButton(String) : 문자열을 인자로 입력받는 생성자이며, 문자열은 버튼에 표시되는 텍스트를 의미한다. 입력받은 문자열에 맞춰서 버튼의 크기가 조절되기 때문에 문자열을 입력하지 않으면 최소 크기의 버튼이 생성된다.

setText(String) : 버튼에 표시되는 텍스트를 입력할 수 있도록 하는 메소드이다. setText() 메소드를 통해 수정된 텍스트의 길이에 따라 버튼의 크기가 유동적으로 변한다.

addActionListener(ActionListener) : 버튼이 화면에 그려지기만 하고 버튼을 눌렀을 때 아무 효과가 없다면 버튼을 추가하는 의미가 없을 것이다. addActionListener() 메소드를 통해 이벤트 리스너를 버튼에 추가할 수 있으며, 입력받는 ActionListener를 정의하여 버튼이 눌렸을 때 프로그램이 어떤 동작을 할지 정의할 수 있다. 자세한 사용법은 예제 3.7에서 확인할 수 있다.

예제 3.7 JButton 사용 예제

```
import javax.swing.JFrame;
import java.awt.Dimension;
import javax.swing.*;
import javax.swing.BoxLayout;
```

```
import java.awt.Color;
import java.awt.Container;
import java.awt.event.*;;

public class Button_Example {
    public static void main(String[] args) {
        JFrame frame = new JFrame("Button example");

        frame.setSize(500, 500);
        frame.setVisible(true);
        frame.setDefaultCloseOperation(JFrame.EXIT_ON_CLOSE);

        Container container = frame.getContentPane();
        container.setLayout(new BoxLayout(container,
BoxLayout.Y_AXIS));

        JPanel panel1 = new JPanel();
        JPanel panel2 = new JPanel();

        panel1.setBackground(Color.white)

        container.add(panel1);
        container.add(panel2);

        JButton button1 = new JButton("button 1");
        JButton button2 = new JButton("button 2");

        panel2.add(button1);
        panel2.add(button2);

        frame.paintComponents(frame.getGraphics());

        button1.setText("Red");
        button2.setText("Green");

        button1.addActionListener
        (
            new ActionListener()
            {
                public void actionPerformed(ActionEvent event)
                {
                    panel1.setBackground(Color.red);
                }
            }
        );

        button2.addActionListener
        (
            new ActionListener()
            {
                public void actionPerformed(ActionEvent event)
                {
                    panel1.setBackground(Color.green);
                }
            }
        );
    }
}
```

예제 3.7은 JButton을 활용해 버튼을 사용하는 프로그램이다. 프레임을 하나 생성하여 앞서 배운 BoxLayout을 적용하였고, 위 아래로 panel1과 panel2가 배치되도록 하였다. panel1에는 다른 컴포넌트가 포함되지 않고, 우선 배경색을 흰색으로 지정한 뒤, JButton 객체인 button1과 button2를 만들어 각각 텍스트를 'Red'와 'Green'으로 지정해 주었다. 그리고 두 버튼을 panel2에 추가하여 화면의 하단에 보일 수 있도록 구상하였다. 프레임 객체에서 구성요소들을 그리도록 하는 paintComponents()를 호출하고 있는데, 이를 통해 버튼이 화면상에 그려지게 된다. paintComponents() 메소드를 실행하지 않으면 기본적으로 버튼은 보여지지 않게 되고, 프레임의 창 크기를 변경하는 순간 paintComponents() 메소드가 자동으로 호출되기 때문에 버튼이 보이게 된다. 따라서 프로그램 시작시부터 버튼이 보이게 하려면 메인 메소드에서 paintComponents() 메소드를 호출하여야 한다.

예제 3.7의 마지막 부분에서 button1과 button2에 각각 addActionListener() 메소드를 이용하여 이벤트 리스너를 추가하였다. 이를 통해 button1을 클릭하였을 때 panel1의 배경색을 빨간색으로, button2를 클릭하였을 때는 panel2의 배경색을 초록색으로 바뀌도록 구현하였다.

그림 3.8은 예제 3.7의 실행 예시를 보여주고 있다. 왼쪽에 있는 그림이 프로그램을 처음 시작했을 때의 모습을 보여주며, 가운데 그림은 왼쪽 버튼(button1)을 클릭했을 때 상단 패널의 배경색이 빨간색으로 바뀌는 모습을 보여주고 있다. 마찬가지로 오른쪽 버튼(button2)을 클릭했을 대 상단 패널의 배경색이 초록색으로 바뀜을 확인할 수 있다.

3단원에서 AWT, Swing에 대한 간단한 소개와 Swing의 대표적인 클래스 및 이를 이용한 간단한 예제 프로그램들을 다뤄보았다. Swing에는 앞서 소개한 클래스들 외에도 18개의 패키지가 포함되어 있으며 각 패키지에 다양한 용도의 클래스들이 속해 있다. 추후 단원에서 앞으로 다루게 될 예제들을 통해 좀 더 많은 클래스에 대해 다뤄보도록 하자. 18개 패키지의 세부 목록 및 상세 내용은 오라클의 공식 홈페이지를 통해 확인할 수 있다.

그림 3.8 예제 3.7의 실행 예시

4장

하노이의 탑

지금 대부분의 운영체제는 GUI(Graphic User Interface) 기반의 인터페이스를 제공하며 어플리케이션들은 윈도우(window)라고 하는 틀 안에서 실행된다. 이 윈도우 안에는 텍스트뿐 아니라 도형들을 그릴 수 있으며 키보드와 마우스 등의 입력장치를 이용하여 상호작용할 수 있다.

본 장에서는 유명한 게임인 하노이의 탑을 Java로 구현하면서 기본적인 윈도우 프로그램을 만들어보고 그 안에 있는 도형을 키보드나 마우스를 이용하여 상호작용하는 방법에 대해서 배워보도록 한다.

하노이의 탑은 세 개의 막대기(rod) 중 하나의 막대기에 원판(disk)이 놓여있고 비어있는 막대기중 하나에 모든 원판을 옮기는 퍼즐 게임이다. 이때 원판은 한 번에 한 개만 옮길 수 있으며, 원판에는 크기가 정해져 있어서 모든 원판은 반드시 더 큰 원판 위로만 옮길 수 있다는 조건이 있다. 하노이의 탑은 컴퓨터 과학적인 관점에서 재귀 호출(recursive call) 방법으로 해결할 수 있는 대표적인 예제이기 때문에 알고리즘을 배운 독자들에게는 친숙할 것이다.

4장에서 다룰 하노이의 탑 프로그램에서는 사용자는 원판을 마우스로 드래그 하여 원판들을 움직일 수 있고 좌측 상단에는 원판을 움직인 횟수가 출력되어 사용자는 원판을 다 옮길 때까지 몇 번을 움직였는지 알 수 있게 하였다.

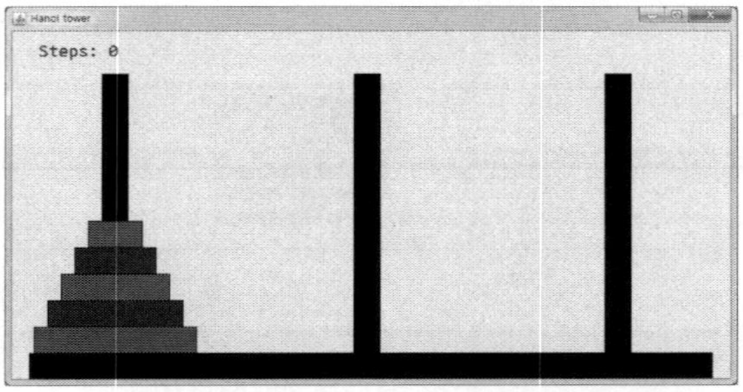

그림 4.1 하노이의 탑 초기 화면

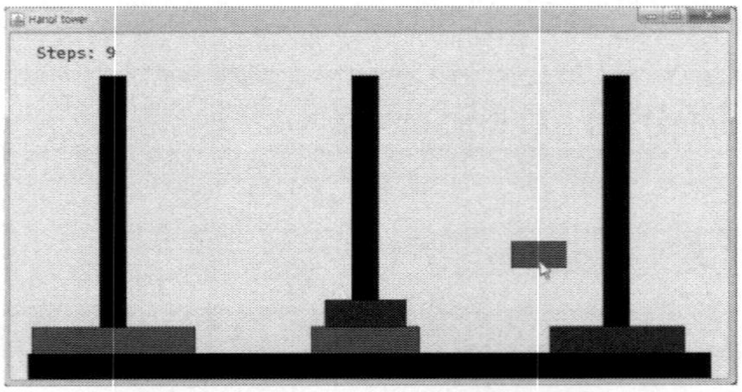

그림 4.2 하노이의 탑 진행 화면

그림 4.3 모든 원판을 옮긴 결과 화면

앞으로의 절에서는 최종 프로그램을 만들기 위한 과정을 단계적으로 보여준다. 4.1절에서는 초기화면을 구성하기 위한 프로그램을 만들고 4.2절에서는 간단한 키보드 입력을 통해 원판을 이동할 수 있도록 구현한다. 4.3절에서는 마우스 클릭을, 4.4절에서는 마우스 드래그 입력을 추가하여 프로그램을 완성해본다.

4.1 1단계 프로그램 : 초기 화면 그리기

1단계 프로그램은 기본적인 화면을 그리는 프로그램이다. 하노이의 탑 첫 번째 화면은 막대기 3개와 가장 왼쪽 막대기에 놓여있는 5개의 원판이다. 원판의 경우 마우스 동작에 따라 움직이며 규칙에 따라 놓여야하기 때문에 그것들을 염두에 두고 코드를 만들어 보자.

각 막대기에는 원판을 놓을 수 있으며 다른 막대기로 이동할 수 있다. 즉, 막대기 클래스 Rod를 정의하고 Rod의 필드로 디스크 클래스인 Disk의 배열을 가지도록 정의할 수 있다. Rod와 Disk는 논리적으로만 존재하는 것이 아니고 화면 위에 그려져야하기 때문에 위치 정보를 가지고 있어야한다. 또한 Disk는 서로 다른 크기를 가지기 때문에 디스크의 크기를 정의할 수 있는 필드를 포함해야 한다. 본 코드에서는 level 필드를 정의하여 각 Disk가 1부터 5까지의 값을 가지도록 하였다.

각 도형들의 위치 관계는 그림 4.4와 같다. 800 × 400 화면에 맞게 크기를 부여하였으며 주목해야 할 것은 원판의 level이 낮아질 때마다(크기가 작아질 때마다) 크기가 15씩 작아진다는 점이다. 지금까지 논의된 내용을 바탕으로 프로그램을 작성해보자.

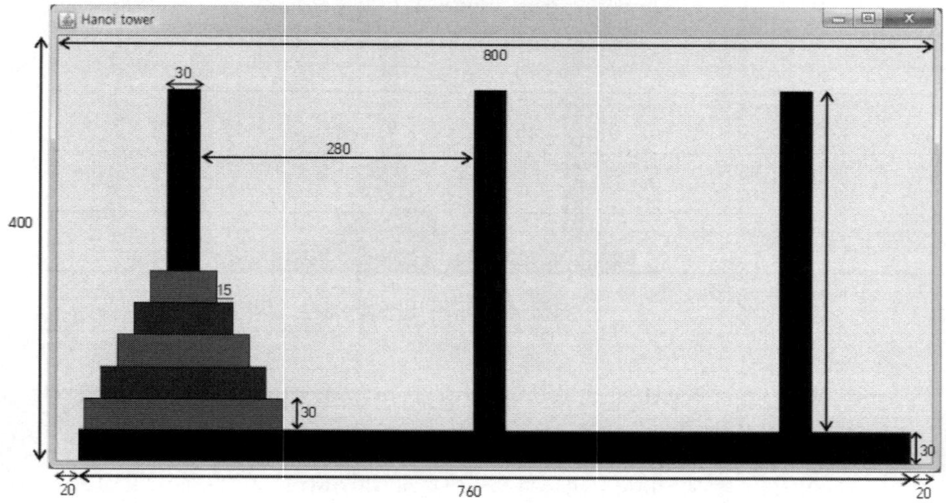

그림 4.4 도형들의 위치 관계

4.1.1 빈 윈도우 띄우기

아무 그림이 없는 빈 윈도우를 띄우기 위해 main 메소드가 포함된 HanoiTower 클래스와 그림을 그릴 JComponent 클래스를 상속받은 Canvas 클래스를 작성한다.

메인 메소드에서는 JFrame 클래스 객체를 생성하고, 윈도우를 손쉽게 종료하기 위해, setDefaultCloseOperation 메소드를 이용하여 윈도우 우측 상단의 X 버튼을 누르면 윈도우가 종료되는 동작을 추가한다. Canvas 클래스의 객체를 생성하고 그림이 그려질 캔버스의 크기를 800 × 400으로 고정하기 위해 setPreferredSize 메소드에 Dimension 클래스 타입의 값을 이용한다. 이후, getContentPane().add 메소드를 이용하여 캔버스를 윈도우에 추가하고 pack 메소드로 캔버스 사이즈에 맞게 윈도우 사이즈를 조절한다. 마지막으로 setVisible 메소드를 호출하여 윈도우가 화면에 나타나도록 한다. HanoiTower 클래스 코드는 다음과 같다.

```java
import javax.swing.JFrame;
import java.awt.Dimension;

public class HanoiTower {
    public static void main(String[] args) {
        JFrame window = new JFrame();
        window.setDefaultCloseOperation(JFrame.EXIT_ON_CLOSE);
        window.setTitle("Hanoi tower");

        Canvas canvas = new Canvas();
        canvas.setPreferredSize(new Dimension(800,400));
        window.pack();
        window.getContentPane().add(canvas);
        window.setVisible(true);
    }
}
```

아직 윈도우에는 아무 그림이 그려지지 않으므로 Canvas 클래스는 JComponent를 상속 받을 뿐 본문은 비어있는 채로 둔다. Canvas 클래스의 코드는 다음과 같다.

```java
import javax.swing.JComponent;

public class Canvas extends JComponent {

}
```

HanoiTower 클래스의 메인 메소드를 실행하면 그림 4.5와 같이 빈 윈도우가 출력된다.

그림 4.5 빈 위도우 결과 화면

4.1.2 텍스트 및 바닥 그림 출력하기

하노이의 탑을 구성하는 화면은 크게 움직인 횟수를 나타내는 텍스트, 바닥, 세 개의 막대기, 다섯 개의 원판으로 구성된다. 이중 가장 단순한 도형인 텍스트와 바닥을 출력해보자. main 메소드는 수정할 필요가 없기 때문에 HanoiTower 클래스는 그대로 두고, Canvas 클래스에 paint 메소드를 오버라이딩 해야한다.

paint 메소드로 그림을 그리기 위해서는 인자로 전달되는 Graphics 클래스의 여러 메소드를 활용하면 된다. 텍스트를 출력할 때는 setFont 메소드로 폰트를 설정한 뒤, drawString 메소드로 내용을 출력하면 된다. drawString 메소드에서는 출력할 텍스트 내용과 텍스트가 출력될 위치를 인자로 전달하면 된다. 움직인 회수는 steps라는 정수형 필드를 정의하여 사용하였으며 생성자에서 0으로 초기화 하였다. 바닥 도형을 그릴 때는 setColor 메소드를 이용하여 색을 설정하고 fillRect 메소드를 이용하여 바닥 도형을 그린다. fillRect는 사각형의 좌측 상단(left-top) 꼭지점의 x, y좌표와 사각형의 너비(width), 높이(height)를 인자로 받아 색칠된 사각형을 그리는 메소드이다. 수정된 Canvas 클래스의 코드는 아래와 같다.

```
import javax.swing.JComponent;
import java.awt.Graphics;
import java.awt.Font;
import java.awt.Color;

public class Canvas extends JComponent {
    int steps;

    Canvas() {
        steps = 0;
    }

    public void paint(Graphics g) {
        g.setFont(new Font("Consolas", Font.PLAIN, 20));
        g.drawString("Steps: " + Integer.toString(steps),30, 30);
        g.setColor(Color.BLACK);
        g.fillRect (20, 370, 760, 30);
    }
}
```

수정된 코드를 실행하면 그림 4.6와 같이 텍스트와 바닥 도형이 출력되는 것을 확인할 수 있다.

그림 4.6 텍스트와 바닥 도형 결과 화면

4.1.3 막대 그리기

막대를 그릴 때는 바닥 도형을 그릴 때처럼 paint 메소드에 fillRect 메소드를 호출하여 일일이 그릴 수도 있다. 하지만 막대에는 원판이 놓이고 막대 사이에 원판이 서로 이동해야하기 때문에 막대에 대한 클래스를 정의하는 것이 필요하다. 이번 단계에서는 막대를 표현해는 Rod를 디자인하고 그에 맞는 그림을 그려본다.

Rod 클래스에는 아직 원판이 놓이지 않으므로 그림을 그릴 위치의 좌표 값이 저장된 필드와 draw 메소드만을 정의해본다. 필드 centerX, centerY는 막대기의 위치 좌표를 정의하며 막대기 윗변의 중점을 기준으로 설정한다. 생성자에서 위치 좌표 값을 인자로 받아 centerX와 centerY를 초기화 한다. draw 메소드에서는 fillRect 메소드를 이용하여 막대기 사각형을 그린다. Rod 클래스의 코드는 아래에서 확인할 수 있다.

```
import java.awt.Graphics;

public class Rod {
    int centerX, centerY;

    Rod (int x, int y) {
        centerX = x;
        centerY = y;
    }

    void draw(Graphics g) {
        g.fillRect (centerX-15, 50, 30, 320);
    }
}
```

Rod 클래스에 있는 정보를 이용하여 그림을 그리기 위해 Canvas 클래스의 필드에 추가시킨 뒤, Rod 객체 생성과 paint 메소드에서 Rod 객체의 draw 메소드를 호출시킨다. 막대기는 총 세 개가 있으므로 배열을 이용하여 관리한다. 수정된 Canvas 클래스 코드는 다음과 같다.

```
import javax.swing.JComponent;
import java.awt.Graphics;
import java.awt.Font;
import java.awt.Color;

public class Canvas extends JComponent {
    int steps;
    Rod[] rods;

    Canvas() {
        steps = 0;

        rods = new Rod[3];
        rods[0] = new Rod(115, 370);
        rods[1] = new Rod(395, 370);
        rods[2] = new Rod(675, 370);
    }

    public void paint(Graphics g) {
        g.setFont(new Font("Consolas", Font.PLAIN, 20));
        g.drawString("Steps: " + Integer.toString(steps),30, 30);
        g.setColor(Color.BLACK);
        g.fillRect (20, 370, 760, 30);

        rods[0].draw(g);
        rods[1].draw(g);
        rods[2].draw(g);
    }
}
```

수정된 코드의 실행 화면은 그림 4.7과 같다.

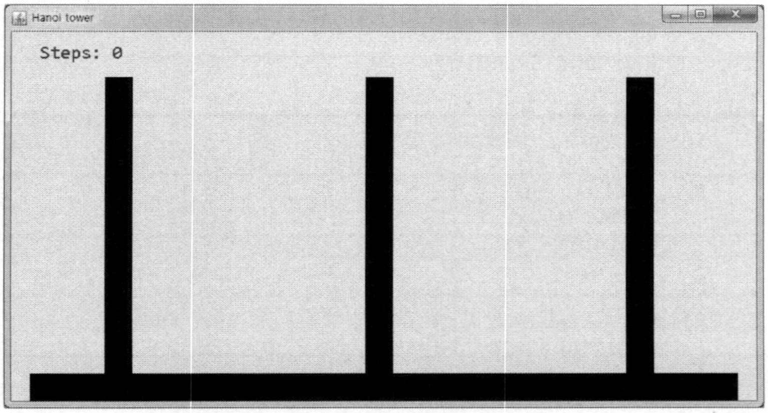

그림 4.7 막대 출력 화면

4.1.4 원판 그리기

원판을 그리기 위해 Disk 클래스를 구현해본다. 원판은 항상 어떤 막대 위에 놓여있기 때문에 Disk 객체는 Rod 클래스의 필드로 관리된다. 원판을 정의하기 위해서는 원판끼리 비교할 크기 값과 그림을 그릴 메소드가 필요하다. 따라서 Disk 클래스에는 비교에 활용되는 필드 level과 level에 맞게 사각형을 그릴 draw 메소드를 정의한다.

level은 5개의 원판이 크기에 따라 1부터 5까지의 값을 갖도록 정수 타입으로 선언한다. draw 메소드에서는 원판이 그려질 위치 좌표 값을 계산하기 위해 원판의 중안 상단의 좌표 값을 인자로 받는다. 원판이 그려지는 좌표의 기준점인 좌측 상단 좌표 값은 원판의 너비와 원판의 위치에 따라 달라진다. 원판의 너비는 level이 1 작아질 때마다 30씩 작아지므로 기준점의 x 좌표 값은 원판의 중심에서 너비의 절반을 뺀 값이 된다.

그림 4.8에서 원판 좌표 값의 상관관계를 확인할 수 있다.

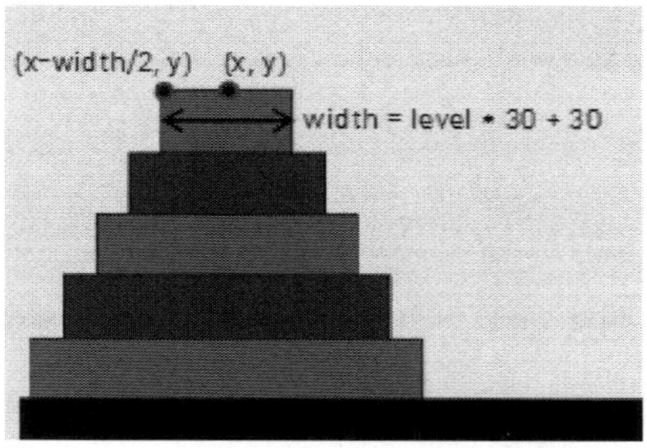

그림 4.8 원판 좌표 값의 상관관계

사용자의 편의를 위해 level이 짝수인 원판은 파랗게, 홀수인 원판은 빨갛게 그린 뒤, drawRect 함수를 호출하여 검은색 테두리를 그렸다. Disk 클래스의 코드는 다음과 같다.

```
import java.awt.Color;
import java.awt.Graphics;

public class Disk {
    int level;

    Disk(int n) {
        level = n;
    }

    void draw(Graphics g, int x, int y) {
        if (level % 2 == 0)
            g.setColor(Color.BLUE);
        else
            g.setColor(Color.RED);

        int width = level * 30 + 30;
        g.fillRect (x - width/2, y, width, 30);
        g.setColor(Color.BLACK);
        g.drawRect(x - width/2, y,  width, 30);
    }
}
```

Rod 클래스의 필드에 Disk 배열인 disks와 현재 막대기에 놓인 원판의 개수를 저장할 diskNum을 추가한다. 또한 좌측에 있는 막대에 원판들이 초기 배치되기 때문에 이를 위한 init 메소드가 추가된다. init 메소드에서 disks에 1부터 5까지의 level을 가진 Disk 객체들이 인스턴스화 된다. draw 메소드에서는 원판들을 그리기 위해 disks의 draw 메소드를 호출한다. 이때 원판의 중앙 상단 좌표값을 계산하여 인자로 전달한다. 수정된 Rod 클래스의 코드는 다음에서 확인할 수 있다.

```
import java.awt.Graphics;

public class Rod {
    int centerX, centerY;
    Disk[] disks;
    int diskNum;

    Rod (int x, int y, int n) {
        centerX = x;
        centerY = y;
        disks = new Disk[n];
    }
```

```
    void init(int n) {
        diskNum = n;
        for(int i=0; i<diskNum; i++)
            disks[i] = new Disk(diskNum-i);
    }

    void draw(Graphics g) {
        g.fillRect (centerX-15, 50, 30, 320);
        for(int i=0; i<diskNum; i++) {
            int y = centerY - 30 * (i + 1);
            disks[i].draw(g, centerX, y);
        }
    }
}
```

마지막으로 Canvas 클래스에서 첫 번째 막대에 초기 원판을 배치하도록 첫 번째 rods객체에 init 메소드를 호출하는 부분을 추가한다.

```
...
public class Canvas extends JComponent {
    ...

    Canvas() {
        ...
        rods[0].init(5);
    }

    public void paint(Graphics g) {
        ...
    }
}
```

수정된 코드를 실행하면 그림 4.9과 같이 원판이 출력되는 것을 확인할 수 있다.

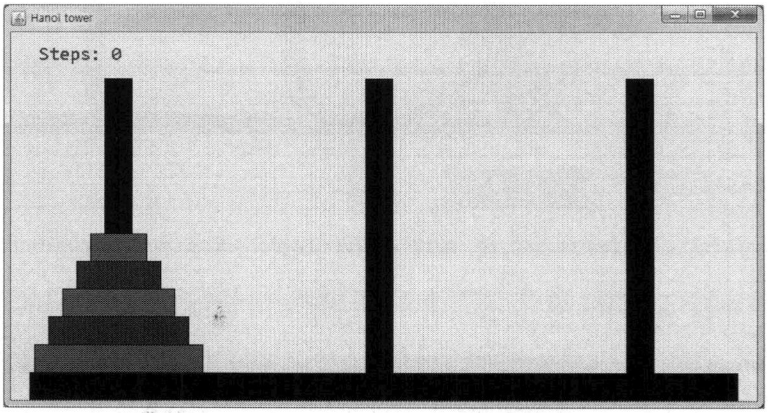

그림 4.9 1단계 프로그램 실행 화면

4.2 2단계 프로그램 : 키보드로 원판 이동시키기

두 번째 단계에서는 Disk들이 규칙에 맞게 위치를 이동할 수 있도록 논리를 구현하고 키보드를 이용해 조작해본다. Disk들은 Rod 클래스의 필드로 존재하며 가장 위에 있는 것만 이동 가능하다. 코드 관점에서 Disk 객체의 이동을 생각해보면 Disk를 이동하는 것은 rods에 있는 disks의 가장 바깥쪽(인덱스가 가장 큰 배열 값)에 있는 disk 객체를 이동하고자 하는 rods로 복사한 뒤, 원래 위치에 있던 Disk는 삭제하는 것이다. 그림 4.10에서 원판을 이동시킨 후의 disks 배열의 상태를 확인할 수 있다.

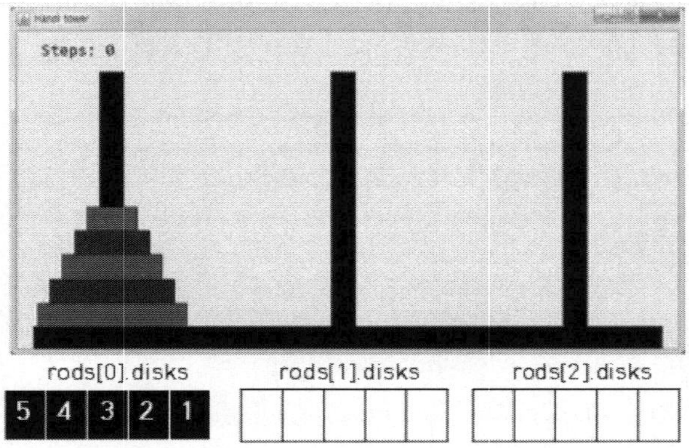

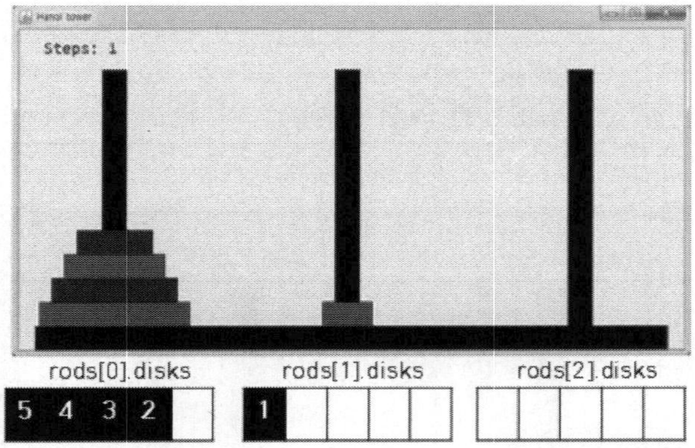

그림 4.10 원판을 이동시킨 후의 disk 배열

또한 원판이 이동할 때는 반드시 크기가 더 큰 원판 위에만 원판을 놓을 수 있다는 규칙이 있기 때문에 배열에서 Disk들을 추가할 때 level의 값을 if문을 통해 확인하는 구문이 필요하다. 그리고 원판이 이동하는 것을 확인할 수 있도록 간단한 키보드 입력을 추가해본다. 키보드로 상호작용하는 윈도우 프로그램을 Java로 구현하기 위해서는 KeyListener 인터페이스를 implement하는 클래스를 구현해야한다.

키보드 입력을 위한 KeyListener 인터페이스

Java의 JFrame을 상속받아 만든 윈도우에 키보드 입력을 추가하고 싶을 때는 키보드 이벤트를 처리할 수 있는 KeyListener 인터페이스를 구현하는 클래스를 정의한 뒤, 인스턴스화 하여 JFrame 객체에 추가하면 된다.

KeyListener 인터페이스를 이용하여 키보드 입력을 구현할 때 import 해야 할 파일은 java.awt.event.KeyListener와 java.awt.event.KeyEvent이다. KeyListener 인터페이스에서 void keyPressed(KeyEvent e)를 오버라이딩하면, 키보드를 입력할 때마다 입력한 키의 정보가 KeyEvent 타입의 e 객체에 전달되어 프로그램의 목적에 맞게 처리할 수 있다. 어떤 키가 눌렸는지 알기 위해서는 KeyEvent 클래스의 getKeyCode 메소드를 호출하면 알 수 있는데, 이 메소드에서 리턴하는 code는 정수 타입 값으로 어떤 키가 어떤 코드로 매핑되는지는 미리 확인하거나 println 함수 등을 이용해 확인해야한다. 아래의 표에서 자주 사용되는 키와 코드를 확인할 수 있다.

키	코드	키	코드	키	코드	키	코드
a	65	n	78	1	49	←	37
b	66	o	79	2	50	↑	38
c	67	p	80	3	51	→	39
d	68	q	81	4	52	↓	40
e	69	r	82	5	53	Enter	10
f	70	s	83	6	54	Shift	15
g	71	t	84	7	55	Ctrl	17
h	72	u	85	8	56	Alt	18
i	73	v	86	9	57	Space	32
j	74	w	87	0	58	Home	36
k	75	x	88	[	91	End	35
l	76	y	89	]	93	PageUp	33
m	77	z	90	₩	92	PageDn	34

4.2.1 Rod 클래스

원판이 이동될 때마다 Rod 클래스의 필드 disks에 변동이 생긴다. disks의 객체가 추가·삭제할 수 있는 메소드가 필요하며(add, remove) 구현의 편의를 위해 막대에 원판이 있는지를 확인하는 isEmpty 메소드와 가장 위에 놓인 원판을 확인하는 top 메소드를 구현한다. Rod 클래스의 추가된 부분은 다음과 같다.

```
...
public class Rod {
    ...
    boolean isEmpty() {
        if (diskNum > 0)
            return false;
        else
            return true;
    }

    Disk top() {
        if (!isEmpty())
            return disks[diskNum-1];
        else {
            Disk d = new Disk(-1);
            return d;
        }
    }

    boolean add(Disk d) {
        if (isEmpty()) {
            disks[diskNum++] = d;
            return true;
        }
        else if (disks[diskNum-1].level > d.level) {
            disks[diskNum++] = d;
            return true;
        }
        else
            return false;
    }

    boolean remove() {
        if (!isEmpty()) {
            disks[--diskNum] = null;
            return true;
        }
        else
            return false;
    }
}
```

4.2.2 Canvas 클래스

프로그램의 구조상 키보드 입력을 반영하려면 Canvas 클래스에 Rod 클래스의 Disk를 이동시키는 메소드가 있어야한다. 4.2.1에서 구현한 Rod 클래스의 메소드들을 활용하여 src번째 막대의 최상단 원판을 dst번째 막대로 이동하는 moveDisk 메소드를 구현하였다.

```
...
public class Canvas extends JComponent {
    ...
    void moveDisks(int src, int dst) {
```

```
        if (!rods[src].isEmpty()) {
            Disk temp = rods[src].top();
            if (rods[dst].add(temp)) {
                rods[src].remove();
                steps++;
            }
        }
    }
}
```

4.2.3 myKeyListener 클래스

키보드 입력을 위한 클래스로, KeyListener 인터페이스를 implements한 클래스이다. 2단계 프로그램에서는 키보드 1,2,3,4,5,6에 막대기간 원판을 이동시키는 메소드를 매핑시켰다. moveDisk를 호출 후 repaint를 호출해야 이동된 원판이 새로 그려진다.

```
import java.awt.event.KeyEvent;
import java.awt.event.KeyListener;

class myKeyListener implements KeyListener {

    Canvas canvas;

    myKeyListener(Canvas c) {
        canvas = c;
    }

    public void keyPressed(KeyEvent e) {
        if (e.getKeyCode() == 49 ) {
            canvas.moveDisks(0, 1);
            canvas.repaint();
        }
        else if (e.getKeyCode() == 50 ) {
            canvas.moveDisks(1, 0);
            canvas.repaint();
        }
        else if (e.getKeyCode() == 51 ) {
            canvas.moveDisks(0, 2);
            canvas.repaint();
        }
        else if (e.getKeyCode() == 52 ) {
            canvas.moveDisks(2, 0);
            canvas.repaint();
        }
        else if (e.getKeyCode() == 53 ) {
            canvas.moveDisks(1, 2);
            canvas.repaint();
        }
        else if (e.getKeyCode() == 54 ) {
            canvas.moveDisks(2, 1);
            canvas.repaint();
        }
    }
```

```
    public void keyReleased(KeyEvent e) {}

    public void keyTyped(KeyEvent e) {}
}
```

4.2.4 HanoiTower 클래스

키보드 리스너와 JFrame를 연결하기 위해 4.2.3에서 만든 리스너 클래스를 인스턴스화 한 뒤, window 객체에 추가한다.

```
...
public class HanoiTower {

    public static void main(String[] args) {
        ...
        myKeyListener key_listener = new myKeyListener(canvas);
        window.addKeyListener(key_listener);
    }
}
```

수정된 코드를 실행하면 키보드 1, 2, 3, 4, 5, 6를 누를 때마다 원판이 이동하는 것을 확인할 수 있다.

4.3 3단계 프로그램 : 마우스 클릭으로 원판 이동시키기

세 번째 단계에서는 마우스를 이용하여 원판을 이동할 수 있도록 구현해본다. 원판이 이동될 출발 막대와 도착 막대를 클릭하면 원판이 이동되는 방식이다. 키보드 입력을 이용하여 이동할 때와 달리 클릭하는 위치에 따라 어떤 막대기를 선택했는지 체크하는 부분이 필요하며 첫 번째 클릭을 했을 때는 출발 막대가 선택되고 그 상태에서 목적지 막대를 선택했을 때 원판이 이동한다는 점에 유의하자.

마우스 클릭에 따른 프로그램의 상태변화를 요약하면 다음과 같다.

1. 첫 번째 클릭
   1) 막대가 있는 위치에 클릭한 경우
      - 막대에 원판이 있으면 해당 막대는 출발 막대로 설정된다.
      - 막대에 원판이 없으면 아무 일도 일어나지 않는다.
   2) 막대가 없는 위치에 클릭한 경우
      - 아무 일도 일어나지 않는다.

2. 두 번째 클릭

1) 출발 막대가 아닌 막대를 클릭한 경우
   - 도착 막대에 원판이 없거나 출발 막대의 맨 위 원판보다 큰 원판이 있으면 도착 막대로 원판이 이동하고 출발 막대가 설정해제가 된다.
   - 도착 막대에 출발 막대의 맨 위 원판보다 작은 원판이 있으면 이동이 일어나지 않으며 출발 막대가 설정해제가 된다.
2) 출발 막대를 클릭한 경우
   - 이동이 일어나지 않으며 출발 막대가 설정해제가 된다.
3) 막대가 없는 위치에 클릭한 경우
   - 출발 막대 설정이 유지된다.

프로그램을 실행하고 원판을 옮길 출발 막대의 원판을 클릭하면 상단 텍스트에 선택한 막대의 인덱스가 출력된다. 이 상태에서 도착 막대를 클릭하면 출발 막대의 최상단 원판이 도착 막대로 이동하게 된다. 물론, 원판이 이동할 수 없는 조건이면 원판은 이동하지 않게 해야 한다. 그림 4.11에서 원판이 이동하는 모습을 확인할 수 있다. 이제 이를 구현하기 위한 코드를 살펴보도록 하자. 마우스 이벤트를 감지하기 위

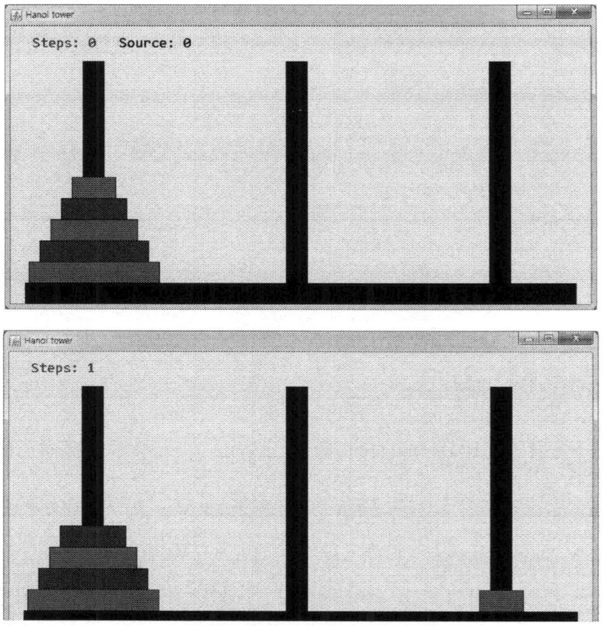

그림 4.11 첫 번째 막대의 원판을 출발 막대로 지정한 후 세 번째 막대를 도착 막대로 지정한 후의 화면

해서는 MouseListener 인터페이스를 구현하는 마우스 리스너 클래스를 작성해야함

에 유의하자.

마우스 입력을 위한 MouseListner 인터페이스

Java의 JFrame을 상속받아 만든 윈도우에 마우스 입력을 추가하고 싶을 때는 마우스 클릭 이벤트를 처리할 수 있는 MouseListener 인터페이스를 구현하는 클래스를 정의한 뒤, 인스턴스화 하여 JFrame 객체에 추가하면 된다.

KeyListenser 인터페이스를 구현할 때와 유사하게 MouseListner를 구현할 때는 java.awt.event.MouseListener와 java.awt.event.MouseEvent를 import 해야한다. MouseListener 인터페이스에서 void mousePressed(MouseEvent e)를 오버라이딩하면, 마우스를 클릭할 때 마다 해당 mousePressed 메소드가 호출된다. mousePressed 메소드의 본문에서 객체 e의 getX 메소드와 getY 메소드를 호출하면 마우스로 클릭한 좌표 값을 얻어올 수 있다.

4.3.1 Rod 클래스

마우스로 클릭한 위치 정보를 인자로 받아 어떤 막대가 클릭되었는지 확인하는 boundCheck 메소드를 구현한다. 이 프로그램에서는 막대의 중심으로부터 120픽셀 안쪽으로 클릭한 경우 해당 막대가 선택되도록 하였다.

```
...
public class Rod {
    ...
    boolean boundCheck(int x) {
        if (Math.abs(centerX-x) < 120)
            return true;
        else
            return false;
    }
}
```

4.3.2 Canvas 클래스

원판을 이동할 때 출발 막대와 도착 막대가 명확한 2단계 프로그램과 달리 3단계 프로그램은 사용자가 어떻게 클릭하느냐에 따라 원판이 이동할 수도 있고 이동하지 않을 수도 있다. 이를 반영하기 위해 Canvas 클래스에 2단계 프로그램을 위해 구현한 moveDisk 메소드 대신 출발 막대를 지정하는 첫 번째 클릭과 도착 막대를 지정하는 두 번째 클릭을 구분하기 위해 firstClick 메소드와 secondClick 메소드를 추가한다.

firstClick 메소드에서는 마우스 리스너로부터 사용자가 클릭한 x 좌표 값을 받아 어떤 막대를 클릭했는지 계산하고 정수 타입 필드 src에 저장한다. secondClick 메소드에서는 사용자가 클릭한 x좌표 값을 받아 어떤 막대를 클릭했는지 계산한 뒤, 출발 막대에서 도착 막대로 원판이 이동 가능한 경우 원판을 이동시킨다. 사용자가 막대를 제대로 클릭했는지 시각적으로 보여주기 위해 이동한 횟수 옆에 출발 막대의 인덱스를 출력하게 하였다.

```
...
public class Canvas extends JComponent {
    ...
    int src;
    Disk temp;

    Canvas() {
        ...
        src = -1;
    }

    public void paint(Graphics g) {
        ...
        if (src != -1)
            g.drawString("src: " + Integer.toString(src),150, 30);
    }

    void moveDisks(int src, int dst) { }

    public boolean firstClicked(int x) {
        for(int i=0; i<3; i++) {
            if (rods[i].boundCheck(x)) {
                if (!rods[i].isEmpty())
                    src = i;
                return true;
            }
        }
        return false;
    }

    public boolean secondClicked(int x) {
        if (src == -1)
            return false;

        for(int i=0; i<3; i++) {
            if (rods[i].boundCheck(x)) {
                if (i != src) {
                    temp = rods[src].top();
                    rods[src].remove();
                    if (rods[i].add(temp)) {
                        steps++;
                        src = -1;
                    }
                    else {
                        rods[src].add(temp);
                        src = -1;
```

```
                }
                return true;
            }
        }
    }
    return false;
    }
}
```

4.3.3 myMouseListener 클래스

MouseLisenter 인터페이스의 mousePressed 메소드를 오버라이딩하면 마우스 클릭 이벤트를 감지 할 수 있다. myMouseListner 클래스에서는 이 메소드를 오버라이딩 하여 사용자가 클릭한 위치의 x좌표 값을 받고 boolean 타입 필드 clicked를 이용하여 첫 번째 클릭인지 두 번째 클릭인지를 확인하고 각 클릭에 맞게 firstClick 혹은 secondClick 메소드를 호출하였다. 마우스 클릭 이외의 동작은 별다른 구현이 필요 없으므로 나머지 메소드들은 본문을 비워도 무방하다.

```
import java.awt.event.MouseEvent;
import java.awt.event.MouseListener;

public class myMouseListener implements MouseListener {
    Canvas canvas;
    boolean clicked;

    myMouseListener(Canvas c) {
        canvas = c;
        clicked = false;
    }

    public void mousePressed(MouseEvent e) {
        int x = e.getX();

        if (!clicked) {
            if (canvas.firstClicked(x)) {
                canvas.repaint();
                clicked = true;
            }
        }

        else if (clicked) {
            if (canvas.secondClicked(x)) {
                canvas.repaint();
                clicked = false;
            }
        }
    }

    public void mouseClicked(MouseEvent e) {}

    public void mouseReleased(MouseEvent e) {}
```

```
    public void mouseEntered(MouseEvent e) {}

    public void mouseExited(MouseEvent e) {}
}
```

4.3.4 HanoiTower 클래스

키보드 리스너 대신 마우스 리스너를 window에 추가시키는 구문이 추가된다.

```
...
public class HanoiTower {

    public static void main(String[] args) {
        ...
        myKeyListener key_listener = new myKeyListener(canvas);
        window.addKeyListener(key_listener);
        myMouseListener m_listener = new myMouseListener(canvas);
        window.addMouseListener(m_listener);
    }
}
```

수정한 코드를 실행하면 3단계 프로그램을 즐길 수 있다.

4.4 4단계 프로그램 : 마우스 드래그로 원판 이동시키기

마지막 4단계 프로그램에서는 마우스 드래그를 이용하여 원판을 이동할 수 있도록 구현해 보도록 한다. 마우스 드래그로 원판을 이동하면서 고려해야할 사항은 크게 두 가지이다. 첫 번째는 출발 막대의 원판을 드래그 하는 순간 출발 막대에 놓인 원판이 사라지며 도착 막대에 마우스를 놓을 때 마우스 포인터 위에 있던 원판이 이동한다는 것이다. 두 번째는 원판을 이동하는 동안 해당 원판이 마우스 포인터를 따라 함께 움직인다는 것이다. 그림 4.12에서 확인할 수 있듯이, 마우스 위에 level이 1인 원판이 있으며 각 막대에는 나머지 네 개의 원판이 놓여있다.

마우스 드래그 이벤트를 감지하기 위해서는 MouseListener 인터페이스뿐 아니라 MouseMotionListener 인터페이스를 추가로 implements하도록 클래스를 수정해야 한다. 그 클래스에서 마우스 버튼을 눌렀을 때와 놓았을 때의 동작을 각각 구현해본다. 3단계 프로그램에서 4단계 프로그램을 작성하기 위해 수정해야할 곳은 Canvas 클래스, HanoiTower 클래스, myMouseListener 클래스이다.

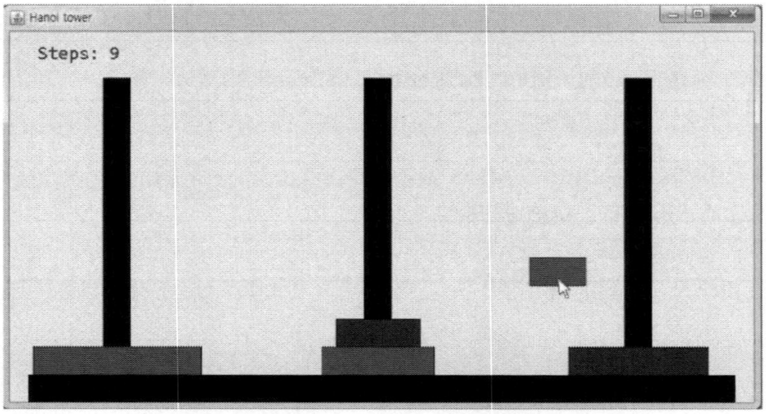

그림 4.12 드래그를 이용하여 원판이 이동 중인 화면

4.4.1 Cavas 클래스

Canvas 클래스에서는 마우스 포인터를 따라 원판을 그리기 위해 마우스의 위치를 가져오는 getCursor 메소드와 마우스를 눌렀을 때 원판을 가져오는 checkPressed 메소드, 마우스를 놓았을 때 원판을 놓는 checkReleased 메소드를 구현한다. 3단계 프로그램의 firstClick, secndClick 메소드와 다른 점은 마우스를 클릭하는 순간 출발 막대의 원판이 마우스 포인터를 따라 움직여야하기 때문에 원판의 삭제가 첫 클릭때 이루어진다는 점이다. 또한 마우스를 따라 이동 중인 원판이 그려져야 하는 부분이 필요하다.

```
...
public class Canvas extends JComponent {
    ...
    int cursor_x, cursor_y;

    Canvas() {
        ...
        src = -1;
    }

    public void paint(Graphics g) {
        ...
        if (src != -1)
            g.drawString("src: " + Integer.toString(src),150, 30);
            temp.draw(g, cursor_x, cursor_y-40);
    }

    public boolean firstClicked(int x) { }
    public boolean secondClicked(int x) { }

    public void getCursor(int x, int y) {
```

```
        cursor_x = x;
        cursor_y = y;
    }

    public void checkPressed() {
        for(int i=0; i<3; i++) {
            if (rods[i].boundCheck(cursor_x)) {
                if (!rods[i].isEmpty()) {
                    src = i;
                    temp = rods[src].top();
                    rods[src].remove();
                    return;
                }
            }
        }
    }

   public void checkReleased() {
        if (src == -1)
            return;
        for(int i=0; i<3; i++) {
            if (rods[i].boundCheck(cursor_x)) {
                if (i != src) {
                    if (rods[i].add(temp)) {
                        steps++;
                        src = -1;
                        return;
                    }
                }
            }
        }
        rods[src].add(temp);
        src = -1;
        return;
    }
}
```

4.4.2 myMouseListener 클래스

마우스 드래그 이벤트를 감지하기 위해서는 MouseMotion 인터페이스를 추가로 implements 해주고 마우스를 클릭할 때의 MousePressed 메소드, 마우스를 드래그 중일 때의 MouseDragged 메소드, 마우스를 놓을 때의 MouseReleased 메소드를 각각 구현한다. 마우스가 드래그 중일 때 Canvas 클래스의 getCurosr 메소드를 이용해 마우스 포인터 위치를 계속 업데이트 해줘야 함을 유의하자.

```
...
import java.awt.event.MouseMotionListener;

public class myMouseListener implements MouseListener, MouseMotionListener {
    Canvas canvas;
```

```
    boolean clicked;

    myMouseListener(Canvas c) {
        canvas = c;
        clicked = false;
    }

    public void mousePressed(MouseEvent e) {
        int x = e.getX();
        int y = e.getY();

        if (!clicked) { }
        else if (clicked) { }

        canvas.getCursor(x, y);
        canvas.checkPressed();
        canvas.repaint();
    }

    public void mouseDragged(MouseEvent e) {
        int x = e.getX();
        int y = e.getY();
        canvas.getCursor(x, y);
        canvas.repaint();
    }

    public void mouseReleased(MouseEvent e) {
        int x = e.getX();
        int y = e.getY();
        canvas.getCursor(x, y);
        canvas.checkReleased();
        canvas.repaint();
    }

    public void mouseClicked(MouseEvent e) {}
    public void mouseMoved(MouseEvent e) {}
    public void mouseEntered(MouseEvent e) {}
    public void mouseExited(MouseEvent e) {}
}
```

4.4.3 HanoiTower 클래스

HanoiTower 클래스에는 MouseMotionListener만 추가하면 된다.

```
...
public class HanoiTower {

    public static void main(String[] args) {
        ...
        window.addMouseMotionListener(m_listener);
    }
}
```

이것으로 4단계 프로그램이 완성된다. 4.5절에서 전체 코드를 확인해볼 수 있다.

4.5 전체 코드 소개

4.5.1 Disk 클래스

```
import java.awt.Color;
import java.awt.Graphics;

public class Disk {
    int level;

    Disk(int n) {
        level = n;
    }

    void draw(Graphics g, int x, int y) {
        if (level % 2 == 0)
            g.setColor(Color.BLUE);
        else
            g.setColor(Color.RED);

        int width = level * 30 + 30;
        g.fillRect (x - width/2, y, width, 30);
        g.setColor(Color.BLACK);
        g.drawRect(x - width/2, y,  width, 30);
    }
}
```

4.5.2 Rod 클래스

```
import java.awt.Graphics;

public class Rod {
    int centerX, centerY;
    Disk[] disks;
    int diskNum;

    Rod (int x, int y, int n) {
        centerX = x;
        centerY = y;
        disks = new Disk[n];
    }

    void init(int n) {
        diskNum = n;
        for(int i=0; i<diskNum; i++)
            disks[i] = new Disk(diskNum-i);
    }

   void draw(Graphics g) {
        g.fillRect (centerX-15, 50, 30, 320);
        for(int i=0; i<diskNum; i++) {
            int y = centerY - 30 * (i + 1);
```

```
            disks[i].draw(g, centerX, y);
        }
    }

    boolean isEmpty() {
        if (diskNum > 0)
            return false;
        else
            return true;
    }

    Disk top() {
        if (!isEmpty())
            return disks[diskNum-1];
        else {
            Disk d = new Disk(-1);
            return d;
        }
    }

    boolean add(Disk d) {
        if (isEmpty()) {
            disks[diskNum++] = d;
            return true;
        }
        else if (disks[diskNum-1].level > d.level) {
            disks[diskNum++] = d;
            return true;
        }
        else
            return false;
    }

    boolean remove() {
        if (!isEmpty()) {
            disks[--diskNum] = null;
            return true;
        }
        else
            return false;
    }

    boolean boundCheck(int x) {
        if (Math.abs(centerX-x) < 120)
            return true;
        else
            return false;
    }
}
```

4.5.3 Canvas 클래스

```
import javax.swing.JComponent;
import java.awt.Font;
import java.awt.Graphics;
```

```java
import java.awt.Color;

public class Canvas extends JComponent {
    int steps;
    Rod[] rods;
    int src;
    Disk temp;
    int cursor_x, cursor_y;

    Canvas() {
        rods = new Rod[3];
        rods[0] = new Rod(115, 370, 5);
        rods[1] = new Rod(395, 370, 5);
        rods[2] = new Rod(675, 370, 5);

        rods[0].init(5);
        steps = 0;
        src = -1;
    }

    public void paint(Graphics g) {
        g.setFont(new Font("Consolas", Font.PLAIN, 20));
        g.drawString("Steps: " + Integer.toString(steps),30, 30);
        g.setColor(Color.BLACK);
        g.fillRect (20, 370, 760, 30);

        rods[0].draw(g);
        rods[1].draw(g);
        rods[2].draw(g);

        if (src != -1)
            temp.draw(g, cursor_x, cursor_y-40);
    }

    public void checkPressed() {
        for(int i=0; i<3; i++) {
            if (rods[i].boundCheck(cursor_x)) {
                if (!rods[i].isEmpty()) {
                    src = i;
                    temp = rods[src].top();
                    rods[src].remove();
                }
            }
        }
    }

    public void checkReleased() {
        if (src == -1)
            return;
        for(int i=0; i<3; i++) {
            if (rods[i].boundCheck(cursor_x)) {
                if (i != src) {
                    if (rods[i].add(temp)) {
                        steps++;
                        src = -1;
                        return;
                    }
                }
```

```
            }
        }
        rods[src].add(temp);
        src = -1;
        return;
    }

    public void getCursor(int x, int y) {
        cursor_x = x;
        cursor_y = y;
    }
}
```

4.5.4 HanoiTower 클래스

```
import javax.swing.JFrame;
import java.awt.Dimension;

public class HanoiTower {

    public static void main(String[] args) {
        JFrame window = new JFrame();
        window.setDefaultCloseOperation(JFrame.EXIT_ON_CLOSE);
        window.setTitle("Hanoi tower");

        Canvas canvas = new Canvas();
        canvas.setPreferredSize(new Dimension(800,400));

        window.getContentPane().add(canvas);
        window.pack();

        window.setVisible(true);
        myMouseListener m_listener = new myMouseListener(canvas);
        window.addMouseListener(m_listener);
        window.addMouseMotionListener(m_listener);
    }
}
```

5장

오목

이번 단원에서는 Swing을 이용하여 오목 게임을 구현해 본다. 대중적인 게임이기 때문에 대부분의 독자들이 오목이라는 게임에 대해 이미 충분히 알고 있겠지만, 5.1절에서 오목에 대한 간단한 소개와 프로그램에 어떤 기능이 포함될지를 다룬 후, 5.2절에서 오목 프로그램의 단계별 구현을 다루도록 한다.

5.1 오목 프로그램 소개

오목은 바둑과 같이 19X19 또는 15X15 크기의 격자 모양 바둑판에서 흑돌과 백돌을 번갈아 놓아가며 진행하는 게임이다. 흑돌과 백돌을 바둑판에 번갈아 놓는다는 점은 바둑과 유사하지만, 승리 조건과 적용되는 규칙이 다르다. 오목에서는 어느 한 쪽이 다섯 개의 돌을 가로, 세로 또는 대각선 방향으로 연속적으로 놓게 되면 승리하게 된다. 공식 경기에서는 흑이 먼저 놓으면서 생기는 유리함을 보상하기 위해 흑이 특수한 형태로는 돌을 놓지 못하도록 제한[5]하기도 한다. 그러나 이번 예제에서는 그런 제한을 구현하지 않고 승리조건만 충족하면 게임이 종료되도록 프로그램을 구현하고자 한다.

그림 5.1은 이번 단원에서 완성할 오목 프로그램의 실행 예시를 보여주고 있다. 공식 경기에서 사용하는 15X15 크기의 바둑판이 화면에 표시되며, 검정색 돌과 흰

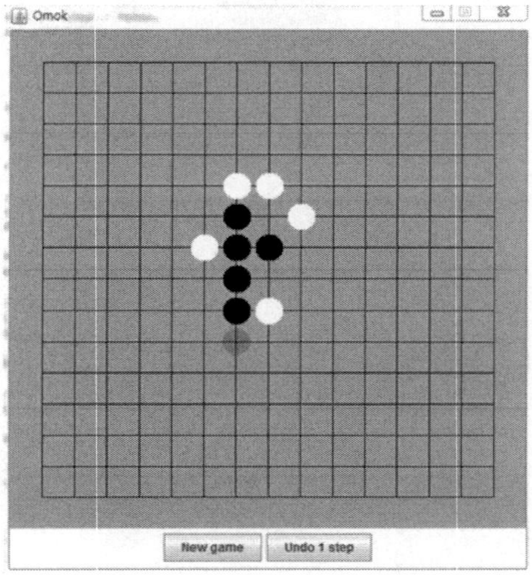

그림 5.1 오목 프로그램 실행 예시

5) 여섯 개 이상의 돌을 나란히(육목) 놓지 못하게 하거나 양쪽 방향에 상대 돌이 없는 연속된 세 개의 돌을 두 방향에서 동시에 만드는 수(삼삼) 등을 금지한다.

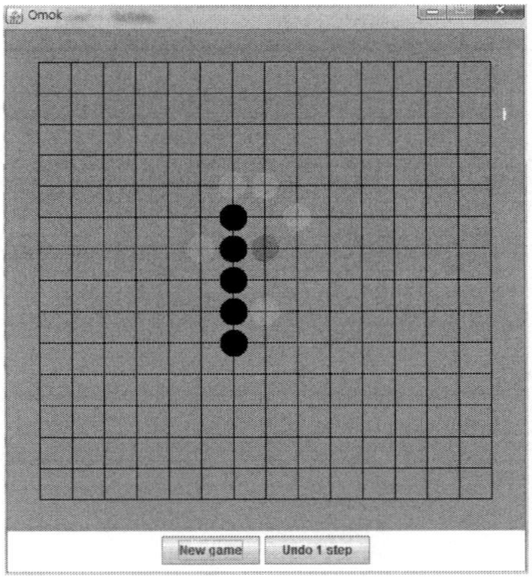

그림 5.2 오목 프로그램 승리 화면

색 돌이 나타나 있다. 그림에서는 흑과 백이 각각 5번씩 돌을 놓은 상황이며, 가장 아래에 보이는 투명한 흑돌은 마우스 커서[6]가 있는 자리에 흑돌이 놓일 위치를 반투명한 색으로 보여주고 있다. 바둑판 아래에는 또 하나의 패널이 있어서 'New game' 버튼과 'Undo 1 step' 버튼이 있다. 'New game' 버튼은 게임을 처음부터 시작하게 하는 버튼이며, 'Undo 1 step' 버튼은 한 수를 무를 수 있게 하는 기능이다. 'Undo 1 step' 버튼을 반복적으로 누르면 놓인 돌을 역순으로 여러 번 무르게 한다.

그림 5.2는 그림 5.1의 상황에서 흑이 한 수를 더 두어 승리한 모습을 보여주고 있다. 그림에서와 같이 승리 조건을 충족하게 하는 다섯 개 이외의 돌들을 반투명하게 표현하여 다섯 개의 돌을 강조하고 있다. 5.2절에서는 그림 5.1과 그림 5.2에서 볼 수 있었던 오목의 핵심 기능을 위주로 예제를 구현해 나가고자 한다. 4단원에서 다루었던 하노이의 탑과 마찬가지로 복잡한 알고리즘이 포함되어있는 것이 아니기 때문에 손쉽게 진행해갈 수 있을 것이다.

5.2 프레임, 패널 생성 및 레이아웃 설정

4단원에서 하노이 탑 프로그램을 구현할 때는 전체 프로그램을 5단계의 구현 순서로 나누어 세부 기능을 구현하는 방법으로 진행하였다. 이번 단원에서는 큰 단계 구분

6) 캡처 프로그램이 동작할 때 마우스 커서가 없어지는 문제 때문에 그림 5.1에는 마우스 커서의 모습이 보이지 않는다.

없이 프레임 구현부터 시작하여 세부 기능을 차례로 추가하여 프로그램이 완성되도록 구현해보도록 하자.

예제 5.1 Omok 클래스

```
import javax.swing.*;
import java.awt.*;

public class Omok extends JFrame
{
    // panels
    private static JPanel grid_panel;
    private static JPanel control_panel;

    public Omok()
    {
        // set title
        this.setTitle("Omok");

        // panels
        grid_panel = new JPanel();
        control_panel = new JPanel();

        // set layout
        GridBagLayout gridbag = new GridBagLayout();
        GridBagConstraints grid_gridbag_const = new
GridBagConstraints();
        GridBagConstraints control_gridbag_const = new
GridBagConstraints();

        // gridbag settings
        grid_gridbag_const.gridx = 0;
        grid_gridbag_const.gridy = 0;
        control_gridbag_const.gridx = 0;
        control_gridbag_const.gridy = 1;

        // add panels
        this.add(grid_panel);
        this.add(control_panel);

        // register gridbag constraints
        gridbag.setConstraints(grid_panel, grid_gridbag_const);
        gridbag.setConstraints(control_panel, control_gridbag_const);

        grid_panel.setPreferredSize(new Dimension(500, 500));
        grid_panel.setBackground(Color.red);

        control_panel.setPreferredSize(new Dimension(500, 50));
        control_panel.setBackground(Color.green);

        this.setLayout(gridbag);
        this.setLocationRelativeTo(null);

        this.setDefaultCloseOperation(JFrame.EXIT_ON_CLOSE);

        this.setResizable(false);
        this.setVisible(true);
```

```
    }

    public void paint(Graphics g)
    {
        grid_panel.repaint();
        control_panel.repaint();
        pack();
    }

    public static void main(String[] args)
    {
        Omok omok = new Omok();
    }
}
```

가장 먼저 프레임을 생성한 후 레이아웃을 설정하여 그림 5.1, 5.2에서 본 바와 같이 상단에는 오목판이 그려지는 패널, 하단에는 버튼이 위치할 패널로 활용해 보자.

예제 5.1에서 하나의 프레임에 두 개의 패널을 위아래로 나열하는 Omok 클래스의 내용을 보여주고 있다. 멤버 필드에는 프레임에 포함될 두 개의 JPanel 객체인 grid_panel과 control_panel을 선언하고 있다. 기능을 추가함에 따라 다른 변수들이 필드에 추가될 것이다.

Omok 클래스의 생성자에서 프레임의 레이아웃 설정과 패널의 크기 및 배경색 지정을 해주고 있는데, 이번 예제에서는 GridBagLayout을 활용하여 레이아웃을 설정하고자 한다. GridBagLayout은 그리드라는 개념을 통해 구성요소를 어떻게 배치할지를 관리하는 레이아웃이다. 해당 컨테이너(Container)의 영역을 M×N 개의 그리드로 세분화한 뒤 구성요소들을 특정 그리드에 배치하도록 하는 방식이다. 오목 예제에서는 프레임을 두 개의 구역으로 나누어 위아래로 패널을 배치하고자 하는데, 앞서 배운 BoxLayout 등을 활용해도 되지만 GridBagLayout을 이용하면 좀 더 세부적인 설정이 가능하기 때문에 GridBagLayout을 활용하기로 한다. 이번 예제에서는 프레임을 위, 아래 두 구역으로 구분하기 때문에 그리드는 가로 1칸, 세로 2줄로 구성한다. 즉 1×2(가로로 한 칸, 세로로 두 줄)의 그리드를 형성한 후 각각의 그리드에 grid_panel과 control_panel을 추가하도록 하자.7)

Omok 클래스의 생성자의 첫 부분에서 프레임의 이름을 "Omok"으로 설정해 주고 있다. Omok 클래스가 JFrame 클래스를 상속하고 있어 this 키워드를 통해 setTitle() 메소드를 호출하고 있다.8) 또한 멤버 필드로 선언된 두 패널들을 기본 생성자를 통해 초기화한 후 add() 메소드를 이용하여 프레임에 추가하였다.

7) 패널의 이름 grid_panel 과 GridBagLayout 의 Grid 는 같은 단어이지만 서로 관련이 없음을 유의하자. 오목판이 가로, 세로 격자(grid) 무늬로 표현되기 때문에 오목판이 그려질 패널의 이름을 grid_panel이라 칭한 것이며, 레이아웃의 이름과는 관련이 없다.

8) this 키워드를 생략해도 되지만, 코드의 가독성을 위해 this 키워드를 통해 멤버 메소드를 호출한다.

다음으로 프레임의 레이아웃을 설정하기 위해 GridBagLayout 객체인 gridbag, GridBagConstraints 객체인 grid_gridbag_const, control_gridbag_const를 선언한 후 초기화하였다. GridBagConstraints 클래스는 GridBagLayout을 활용하여 레이아웃을 설정할 때, 특정 그리드에 추가되는 컴포넌트에 레이아웃과 관련된 설정값을 넘겨줄 때 사용되는 클래스이다. 따라서 grid_panel과 control_panel에 각각 사용될 GridBagConstraints 객체 두 개를 선언 및 초기화한 것이다.

다음 네 개의 줄에서 grid_gridbag_const 객체와 control_gridbag_const 객체의 설정값을 입력하고 있다. 두 패널의 gridx 값과 gridy 값을 설정해주고 있는데, gridx는 해당 컴포넌트가 가로 방향으로 몇 번째 칸에 위치해야 하는지를 알려주는 값이며, gridy는 해당 컴포넌트가 세로 방향으로 몇 번째 줄에 위치할지를 알려주는 값이다. 두 변수 모두 배열의 인덱스와 마찬가지로 0의 값이 첫 번째 칸(또는 첫 번째 줄)을 의미한다.[9] grid_panel은 프레임의 상단에 위치해야하기 때문에 gridx와 gridy에 각각 0의 값을 대입하였다. 두 번째 패널인 control_panel의 경우 첫 번째 칸, 두 번째 줄에 위치하도록 설정해야하기 때문에 gridx에는 0의 값을, gridy에는 1의 값을 대입하였다. 이와 같이 설정하면 정상적으로 grid_panel이 프레임의 상단에, control_panel이 프레임의 하단에 위치하는 것을 확인할 수 있을 것이다.

그림 5.3은 GridBagConstraints의 설정을 어떻게 하느냐에 따라 두 패널이 다르게 배치될 수 있음을 보여주고 있다. 그림의 첫 번째 줄에서 왼쪽에 보이는 결과는 GridBagConstraints를 의도된 대로 설정하였을 때의 실행 결과를 보여주고 있다. 붉은색 배경의 패널이 grid_panel이며 우리의 의도에 맞게 프레임의 상단에 위치하고 있다. 마찬가지로 초록색 배경으로 표시되고 있는 control_panel도 의도된 대로 프레임의 하단에 표시되고 있다. 그림에서 첫 번째 줄의 오른쪽에 보이는 결과는 control_panel의 GridBagConstraints을 설정할 때 gridy 값을 0으로 설정했을 때의 실행 결과를 나타내고 있다. 즉 grid_panel과 control_panel이 같은 그리드에 위치하도록 한 것인데, 그림에서 보는 바와 같이 control_panel과 grid_panel이 겹쳐진 상태로 배치되고 있음을 확인할 수 있다. 그림의 두 번째 줄에 보이는 결과는 control_panel의 gridx 값에 1을, gridy 값에 0을 대입한 결과이다. 두 패널 모두 gridy 값은 0이고, gridx 값이 각각 0과 1로 구분되어 있기 때문에 두 패널이 위 아래로 배치되는 것이 아니라 좌우로 배치되고 있다. 그림 5.3의 마지막 결과에서는 control_panel의 gridx와 gridy에 모두 1의 값을 대입한 모습을 보여주고 있다. grid_panel이 (0, 0)에 위치하도록 되어있고 control_panel이 (1, 1)에 위치하도록 설정하였기 때문에 전체적으로 프레임에 2X2 크기의 그리드가 형성되었고

9) 음수의 값을 입력해도 컴파일 오류나 런타임 오류가 발생하지는 않고, 0을 입력한 것과 같이 작동된다.

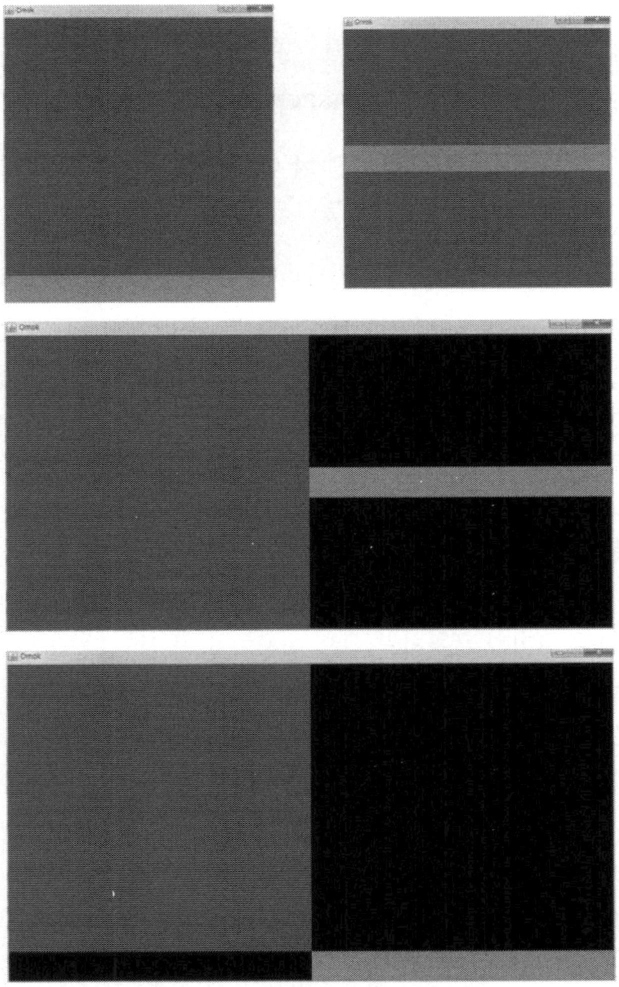

그림 5.3 GridBagConstraints 설정에 따른 결과

control_panel이 우측 하단에 배치된 모습이다. 또한 마지막 그림에서 알 수 있듯이, 각 그리드의 크기는 고정된 형태가 아니라 소속된 컴포넌트의 크기에 맞게 가변적으로 바뀐다. 물론 GridBagConstraints를 통해 모든 그리드의 크기가 동일하도록 설정하는 것도 가능하다.

두 개의 GridBagConstraints 객체에 해당 패널에 맞는 설정 값을 적용한 후 GridBagLayout의 멤버 메소드인 setConstraints() 메소드를 통해 grid_panel과 control_panel에 해당 GrigBagConstraints 객체를 등록한다. 그 후 setPreferredSize() 메소드를 이용하여 grid_panel과 control_panel의 크기를 각각 500X500 픽셀, 500X50 픽셀로 설정하고 있다. 여기서 setPreferredSize() 메소드는 Dimension 객체를 인자로 사용하고 있기 때문에 Dimension 객체의 생성자를 활용하여 가로, 세로 크기

그림 5.4 setSize() 메소드를 활용하여 패널의 크기를 설정한 결과

를 전달하고 있다.

참고로 패널의 크기를 결정하는 멤버 메소드로는 setSize(), setPreferredSize(), setMinimumSize(), setMaximumSize() 등 다양한 메소드가 있다. 일반적으로 고정된 크기로 설정되길 원하는 경우에는 setPreferredSize() 메소드를 활용하며, 최소 크기를 명시해야 하는 경우에는 setMinimumSize() 메소드를, 최대 크기를 명시해야 하는 경우에는 setMaximumSize() 메소드를 활용한다. setSize() 메소드 또한 크기를 설정하는 메소드이지만, 일반적으로 해당 컨테이너에 적용된 레이아웃 클래스가 소속된 컴포넌트들의 크기를 자동으로 조절할 때 내부적으로 호출되는 메소드가 setSize() 메소드이기 때문에 프로그래머가 직접 setSize() 메소드를 이용하여 해당 컴포넌트의 크기를 조절하는 것은 권장되지 않는다. 즉 setSize()를 통해 패널의 크기를 설정하였더라도, 이후 프로그램이 실행되면서 컨테이너의 레이아웃 클래스에 의해 다른 크기로 설정되어 의도되지 않은 실행결과를 얻을 수도 있다.

그림 5.4는 setPreferredSize() 대신 setSize() 메소드를 이용하여 두 패널의 크기를 설정한 결과를 보여주고 있다. setSize()를 통해 grid_panel은 500X500 픽셀, control_panel은 500X50 픽셀로 설정하였음에도, GridBagLayout의 컴포넌트 크기 조절 규칙에 따라 패널의 최소 크기를 가지도록 재설정되었음을 확인할 수 있다. 레이아웃의 종류마다 소속된 컴포넌트의 크기를 설정하는 규칙이 다르기 때문에 사용하는 레이아웃의 특성을 숙지한 후 컴포넌트들의 크기와 배치를 설정하여야 원하는 결과를 얻을 수 있을 것이다. 예컨대 BoxLayout에서 컨테이너의 방향이 수직 방향으로 설정된 경우, 컴포넌트의 너비는 소속된 컨테이너에 맞게 자동으로 변경되므로 위에 언급된 메소드들로 너비를 설정하는 것은 의미가 없게 된다. 반면 GridBagLayout에서는 setPreferredSize()로 설정된 크기는 그대로 유지되기 때문에 이번 예제에서는 setPreferredSize() 메소드를 활용하여 패널들의 임시 크기를 설정하였다.

두 패널의 크기를 설정한 후, 패널들이 프레임에 적절히 배치되었는지 확인하기 위하여 setBackgroundColor() 메소드로 grid_panel에는 붉은색 배경을, control_panel에는 초록색 배경을 부여하였다. 또한 setLayout() 메소드를 활용하여 gridbag 객체를 프레임의 레이아웃으로써 최종적으로 등록하였고, setLocationRelativeTo() 메소드로 프로그램이 실행되면 프레임이 화면 중앙에 위치하도록 설정하였으며, setResizable() 메소드와 setVisible() 함수를 이용하여 사용자가 창 크기를 조절하는 것을 방지하고

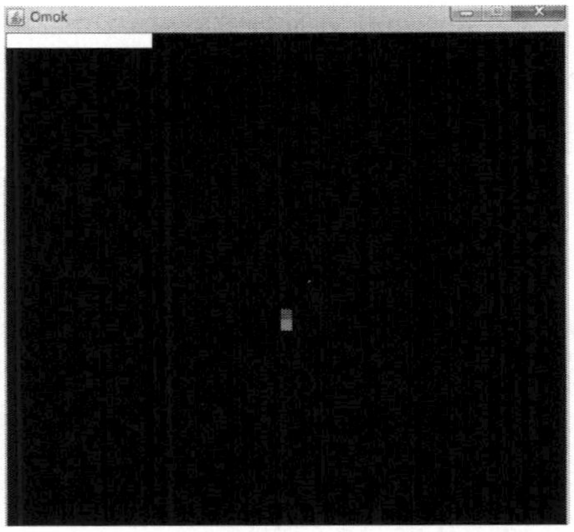

그림 5.5 setSize() 메소드를 통하여 프레임의 크기를 설정한 결과

프레임이 화면에 출력되도록 설정하였다.

paint() 메소드에서는 grid_panel과 control_panel의 repaint() 메소드를 호출하여 두 패널의 배경색이 그려지도록 하였다. 다음으로 pack() 메소드를 통해서 프레임의 크기를 소속된 컴포넌트에 맞게 재조정하고 있다. pack() 메소드를 호출하지 않으면 프레임의 크기에 대한 정보가 주어지지 않기 때문에 가능한 최소의 크기를 가지게 되며, 그 실행 결과는 그림 5.4의 결과와 유사하게 된다. setPreferredSize()를 사용하는 경우에도 마찬가지 결과를 보이며, setSize()를 사용하는 경우 프레임의 크기는 원하는 크기로 설정할 수 있지만 소속된 컴포넌트들의 크기가 그림 5.5에서 보는 바와 같이 의도와 다르게 적용됨을 확인할 수 있다.

그림 5.6은 5.2.1절에서 완성한 프로그램의 최종 결과를 보여주고 있다. 하나의 프

그림 5.6 5.2절 예제 실행 결과

레임을 생성하였고, GridBagLayout을 통해 프레임을 상단, 하단으로 나누었으며 두 패널을 구분하기 위하여 상단의 grid_panel은 붉은색으로 하단의 control_panel은 초록색으로 설정하였다.

5.3 grid_panel에 오목판을 그리기

5.3.1 grid_panel 기본틀 구성하기

5.2절에서 오목판이 그려지게 될 grid_panel과 버튼이 놓여질 control_panel을 배치해 보았다. 이번 절에서는 그 중 grid_panel에 그려지는 오목판을 그릴 수 있도록 코드를 확장하고자 한다. 우선 코드의 복잡도를 낮추고 기능 별로 분리하기 위해 grid_panel을 JPanel 클래스를 상속하는 별개의 클래스 GridPanel로 분리하도록 하자.

예제 5.2 GridPanel 클래스

```
import javax.swing.*;
import java.awt.*;

public class GridPanel extends JPanel
{
    // values related to panel size
    public static int width;
    public static int height;

    // colors
    private static Color bg_color;

    public GridPanel()
    {
        width = 500;
        height = 500;

        // initialize colors
        bg_color = new Color(216, 163, 125);
    }

    public void paint(Graphics g)
    {
        // draw a rectangle to render background color
        g.setColor(bg_color);
        g.fillRect(0, 0, width, height);
    }
}
```

예제 5.2에서 분리된 GridPanel 클래스의 초기 버전을 보여주고 있다. JPanel 클래스를 상속하게 하여 너비, 높이를 설정하기 위해 두 int 변수 width, height를 선언하였다. 생성자에서 너비와 높이는 임시로 앞선 예제와 동일하게 500 픽셀의 크기를 갖도록 설정하였다. 오목판을 그리기에 앞서 일반적으로 오목판이나 바둑판은 나무판이기 때문에 나무의 색과 비슷한 색을 설정하기 위하여 Color의 객체인 bg_color를 선언하였다. GridPanel의 생성자 내부에서 Color 생성자를 통해 초기화하고 있는데, r, g, b 값으로 각각 216, 163, 125를 입력하였다.[10] 또한 paint() 메소드에서 fillRect() 메소드를 활용하여 패널 전체를 bg_color의 색상으로 채웠다.

예제 5.3 수정된 Omok 클래스

```
import javax.swing.*;

...

public class Omok extends JFrame
{

    ...

    // panels
    private static JPanel grid_panel;
    private static GridPanel grid_panel;

    ...

    public Omok()
    {
        ...

        // panels
        grid_panel = new JPanel();
        grid_panel = new GridPanel();

        ...

        grid_panel.setBackground(Color.red);

        ...

    }
}
```

예제 5.3은 예제 5.2의 GridPanel 클래스를 활용하기 위하여 앞서 작성하였던 Omok 클래스를 수정한 사항을 나타내고 있다. JPanel의 객체로 선언되었던 grid_panel을 GridPanel 클래스로 선언 및 초기화하였고, grid_panel의 내부 paint()

10) 웹사이트 https://www.w3schools.com/colors/colors_picker.asp 에 접속하면 원하는 색상의 r, g, b 값이 어떤 값인지 확인해볼 수 있다. 본 책에서는 저자가 임의로 오목판의 색을 갈색 계통의 색으로 설정하였다.

그림 5.7 grid_panel 배경색 적용 결과

메소드에서 배경색을 그려주고 있기 때문에 배경색을 따로 설정하는 것이 불필요하므로 setBackground() 메소드를 통해 배경을 붉은색으로 설정해주던 부분을 삭제하였다.

예제 5.4 수정된 GridPanel 클래스

```
import javax.swing.*;
import java.awt.*;

public class GridPanel extends JPanel
{
    // values related to panel size
    public int width;
    public int height;
    public int num_col;
    public int num_row;

    // pixels per grid
    public static int pix_per_grid;

    ...

    public GridPanel()
    public GridPanel(int row, int col, int pix_grid)
    {
        num_row = row;
        num_col = col;

        pix_per_grid = pix_grid;
        width = 500;
        height = 500;
```

```
        ...

        // set size
        int fill_x = (num_col + 1)*(pix_per_grid + 1) + 1;
        int fill_y = (num_row + 1)*(pix_per_grid + 1) + 1;
        this.setPreferredSize(new Dimension(fill_x, fill_y));
    }

    public void paint(Graphics g)
    {
        // draw a rectangle to render background color
        g.setColor(bg_color);
        g.fillRect(0, 0, width, height);
        int fill_x = (num_col + 1)*(pix_per_grid + 1) + 1;
        int fill_y = (num_row + 1)*(pix_per_grid + 1) + 1;
        g.fillRect(0, 0, fill_x, fill_y);

        // draw horizontal lines
        for(int i = 1; i <= num_row; i++)
        {
            g.setColor(Color.black);

            int x1 = pix_per_grid + 1;
            int y1 = i*(pix_per_grid + 1);
            int x2 = num_col*(pix_per_grid + 1);
            int y2 = i*(pix_per_grid + 1);
            g.drawLine(x1, y1, x2, y2);
        }

        // draw vertical lines
        for(int i = 1; i <= num_col; i++)
        {
            g.setColor(Color.black);

            int x1 = i*(pix_per_grid + 1);
            int y1 = pix_per_grid + 1;
            int x2 = i*(pix_per_grid + 1);
            int y2 = num_row*(pix_per_grid + 1);
            g.drawLine(x1, y1, x2, y2);
        }
    }
}
```

예제 5.2, 예제 5.3을 작성하여 프로그램을 실행한 결과는 그림 5.7과 같다. 그림 5.6과 패널의 배치, 프레임과 패널의 크기 등은 동일하지만 의도된 대로 배경색이 갈색으로 그려지고 있음을 확인할 수 있다.

5.3.2 오목판 격자 그리기

다음으로 grid_panel에 오목판 격자를 그려서 실제로 오목판의 형태가 되도록 코드를 확장해 보자.

예제 5.4는 GridPanel 클래스에서 격자를 그리도록 수정한 코드를 보여주고 있다.

우선 기존에 width와 height 변수를 통해 패널의 크기를 조절하던 부분을, num_row, num_col, pix_per_grid 변수를 통해 조절하도록 수정하고자 한다. num_row 변수는 오목판이 세로로 몇 칸이 있는지, num_col 변수는 가로로 몇 칸이 있는지 알려주는 변수이며, pix_per_grid는 격자 한 칸이 몇 픽셀의 크기인지를 설정해 주는 변수이다. 이 세 변수는 Omok 클래스에서 초기값을 설정한 다음 GridPanel 클래스의 생성자 인자를 통해서 입력받도록 하자. 수정 전에는 fillRect(0, 0, width, height) 코드로 배경색을 설정하였는데, 이번에는 패널의 가로 크기, 세로 크기를 num_col, num_row, pix_per_grid 변수를 사용하여 계산한 후 각각 fill_x, fill_y 변수에 대입하여 사용하고 있다. 이렇게 계산된 fill_x, fill_y 변수를 setPreferredSize(), fillRect() 메소드의 인자에 입력하여 패널의 크기를 설정하고 배경색을 앞서 설정한 bg_color로 지정해 주고 있다.

추가로, paint() 메소드에서 가로, 세로로 그어지는 격자를 검정색의 선분으로 그리는 코드를 추가하였다. 가로선, 세로선을 각각 for 반복문을 통해 그려주고 있는데, 이 때 앞서 설정하였던 pix_per_grid, num_col, num_row 변수를 활용하여 두 선분이 그려질 시작점과 종료점의 좌표를 계산하고 있다. 이 때 실제로 격자가 그려지는 부분 외에 오목판의 여백도 pix_per_grid만큼 가지도록 계산하였다. 자세한 계산식은 예제 5.4를 참고하도록 하자.

예제 5.5 수정된 Omok 클래스 2

```
import javax.swing.*;

...

public class Omok extends JFrame
{
    // number of columns and rows
    private static final int NUM_COLUMN = 15;
    private static final int NUM_ROW = 15;
    private static final int PIXEL_PER_GRID = 35;

    ...

    public Omok()
    {

        ...

        // panels
        grid_panel = new GridPanel();
        grid_panel = new GridPanel(NUM_ROW, NUM_COLUMN,
PIXEL_PER_GRID);

        ...

        grid_panel.setPreferredSize(new Dimension(500, 500));
```

```
        ...
    }
    ...
}
```

예제 5.5는 GridPanel 클래스의 수정사항에 맞게 변경된 Omok 클래스를 보여주고 있다. 우선 GridPanel 클래스에서 num_col, num_row, pix_per_grid 변수를 사용하고 있기 때문에 주 클래스인 Omok 클래스에서 이 변수들에 값을 부여하도록 하자. 프로그램이 실행되는 도중에 값이 변경되지 않는 변수들이기 때문에 final 키워드를 사용하여 각각 NUM_COLUMN, NUM_ROW, PIXEL_PER_GRID 라는 이름의 int 형 변수를 선언하였고, NUM_COLUMN과 NUM_ROW에는 15[11]의 값을, PIXEL_PER_GRID 변수에는 35의 값을 부여하였다. 선언한 세 변수를 수정한 GridPanel의 생성자에 인자로 전달하였다. 또한 GridPanel 클래스의 생성자에서 setPreferredSize() 메소드로 크기를 설정해주고 있기 때문에 Omok 클래스에서 grid_panel의 크기를 설정하는 코드는 삭제하였다.

그림 5.8은 예제 5.4와 예제 5.5를 적용한 프로그램을 실행한 모습이다. 의도한대

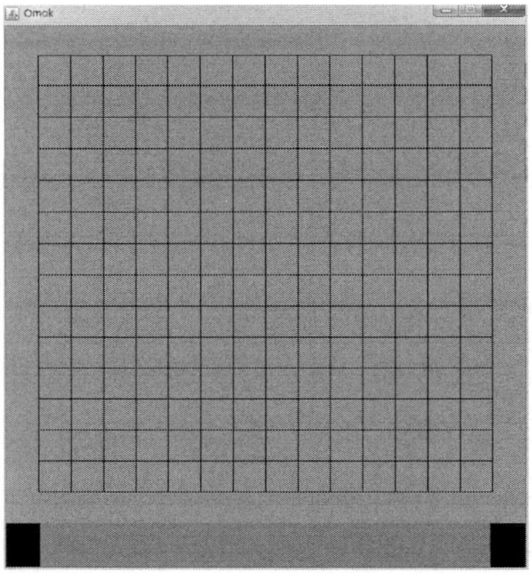

그림 5.8 grid_panel에 격자가 그려진 모습

11) 바둑판은 일반적으로 19X19의 크기를 가지고 있는데, 오목의 경우 공식적인 경기에서는 15X15 크기의 오목판을 사용한다. 물론 이 프로그램에서는 해당 변수들의 값을 수정하여 우리가 원하는 크기의 오목판을 만드는 것도 가능하다.

로 grid_panel에 15X15 크기의 격자가 그려지고 있는 것을 확인할 수 있다. 그러나 control_panel의 너비가 grid_panel의 너비와 일치하지 않아서 하단에 검정색 여백이 생긴 것을 확인할 수 있다. 치명적인 오류는 아니지만 프로그램의 미관을 위하여 두 패널의 너비를 일치시키도록 하자. 우선 grid_panel의 너비는 GridPanel의 클래스 내부에서 결정되기 때문에 frame_width라는 static 변수를 Omok 클래스에 선언한 후, GridPanel 클래스에서 패널의 넓이를 계산할 때 frame_width 변수도 같이 설정하도록 하여 control_panel의 너비를 frame_width로 변경하도록 하자.

예제 5.6 수정된 Omok 클래스 3

```
import javax.swing.*;

...

public class Omok extends JFrame
{

    ...

    // frame width
    private static int frame_width;

    public static int get_frame_width()
    {
        return frame_width;
    }

    public static void set_frame_width(int input)
    {
        frame_width = input;
    }

    public Omok()
    {

        ...

        control_panel.setPreferredSize(new Dimension(500, 50));
        control_panel.setPreferredSize(new Dimension(frame_width,
50));

        ...

    }

    ...

}
```

예제 5.6에서 frame_width 변수를 추가한 Omok 클래스의 코드를 보여주고 있다. frame_width 변수가 private 변수이기 때문에 GridPanel 클래스 등의 외부 메소드에서 접근할 수 있도록 두 개의 public 메소드 get_frame_width(), set_frame_width()를 구현하였다. 이후 control_panel의 크기를 설정해주는 부분에서 frame_width가 패널의 너비로 전달되고 있는데, 해당 코드가 호출되기 전에 GridPanel이 생성자를 통해 frame_width의 값을 설정해 주도록 설정하여야 한다. 예제 5.7에서 확인할 수 있듯이 frame_width의 값은 GridPanel 클래스의 생성자에서 결정되기 때문에 control_panel의 크기를 설정하기 전에 GridPanel의 생성자가 먼저 호출되어야 한다. 본 책의 흐름을 그대로 따라온 독자라면 코드의 순서를 그대로 사용하여도 큰 문제가 없을 것이다. 현재 코드에서는 Omok 클래스의 생성자에서 control_panel을 설정해주고 있는데, 추후 control_panel을 별개의 클래스로 분리하면서 그 생성자를 통해 크기를 조절하도록 하자.

예제 5.7 수정된 GridPanel 클래스 2

```
import javax.swing.*;
import java.awt.*;

public class GridPanel extends JPanel
{
    ...

    public GridPanel(int row, int col, int pix_grid)
    {

        ...

        // set the frame width to value of fill_x
        Omok.set_frame_width(fill_x);

        ...

    }

    ...

}
```

예제 5.7에서는 수정된 GridPanel 클래스에서 Omok 클래스의 static 변수인 frame_with를 set_frame_with() 메소드를 통해 설정해주고 있다. 앞서 계산한 fill_x는 패널의 너비값을 가지고 있고, 패널 너비가 프레임 전체의 너비가 되어야 하므로 fill_x를 프레임의 너비로 설정해주고 있다. 여기서 설정한 frame_width 변수가 예제 5.6에서 control_panel의 너비를 설정할 때 사용된다.

그림 5.9은 예제 5.6과 예제 5.7의 수정사항을 반영해 두 패널의 너비를 일치시킨 다음 프로그램을 실행했을 때의 결과를 보여주고 있다. 그림 5.8에서처럼 검은색 여백이 표시되지 않고 있음을 보여주고 있다.

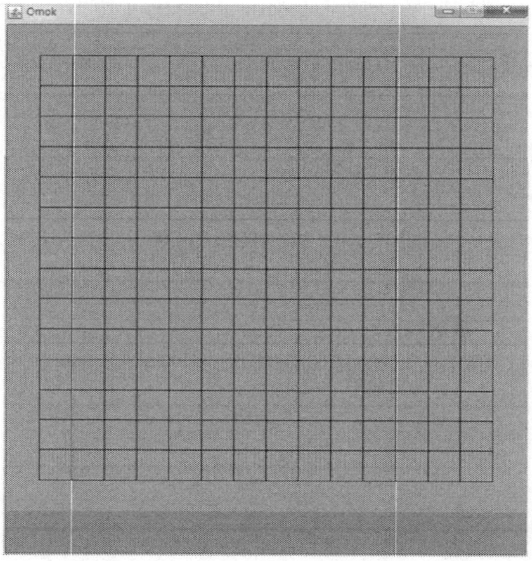

그림 5.9 control_panel과 grid_panel의 너비가 일치한 모습

5.4 control_panel 꾸미기

다음 단계로, control_panel의 배경색을 흰 색으로 설정한 후, 필요한 버튼을 control_panel에 배치해 보도록 하자. 이후 control_panel과 관련된 코드의 양이 늘어날 것이기 때문에 ControlPanel이라는 클래스로 분리하여 작업해 보도록 하자.

예제 5.8 ControlPanel 클래스

```
import javax.swing.*;
import java.awt.*;

public class ControlPanel extends JPanel
{
    // height of the panel
    private final int HEIGHT = 40;

    // buttons
    private JButton new_game_button;
    private JButton undo_button;

    public ControlPanel()
    {
        // set panel size
        setPreferredSize(new Dimension(Omok.get_frame_width(),
HEIGHT));
```

```
        // initialize buttons
        new_game_button = new JButton("New game");
        undo_button = new JButton("Undo 1 step");

        // add buttons to panel
        this.add(new_game_button);
        this.add(undo_button);

        setOpaque(false);
        setVisible(true);
    }

    public void paint(Graphics g)
    {
        // background
        g.setColor(Color.white);
        g.drawRect(0,  0,  Omok.get_frame_width(),  HEIGHT);

        // paint buttons
        this.paintComponents(g);
    }
}
```

예제 5.8에서 새로 분리해낸 ControlPanel 클래스의 코드를 보여주고 있다. GridPanel과 마찬가지로 JPanel 클래스를 상속하였고, 패널의 너비는 Omok 클래스의 static 변수 frame_width를 통해 설정되기 때문에 따로 변수를 두지 않았다. 패널의 높이는 HEIGHT라는 final 변수로 설정해주고 있는데, 40 픽셀의 값을 부여하였다. 이는 패널 안에 들어갈 버튼의 기본 크기를 고려하여 적당히 임의로 값을 부여한 것이다. 또한 JButton 객체인 new_game_button과 undo_button을 멤버 필드로 선언하였다. 각각 새 게임을 시작(New game)하는 버튼과 한 수 무르기(Undo 1 step) 버튼으로 활용될 것이다.

기존의 Omok 클래스의 생성자에서 ControlPanel의 크기와 배경색을 지정해 주던 부분을 각각 ControlPanel 클래스의 생성자와 paint() 메소드로 옮겨왔다. 우선 생성자에서 setPreferredSize() 메소드를 통해 높이와 너비를 설정해주고 있다. 앞서 언급했던 바와 같이 너비는 Omok의 static 메소드인 get_frame_width() 메소드를 통해 호출하였고, 높이는 final int 변수인 HEIGHT를 호출하여 적용하였다. new_game_button과 undo_button 객체를 각각 "New Game", "Undo 1 step"이라는 텍스트로 초기화하였다. 마지막으로 paint() 메소드에서는 setColor() 메소드로 Graphics 객체 g의 색을 흰색으로 설정한 다음 drawRect() 메소드로 흰색 배경을 패널에 그렸다. 또한 버튼이 패널에 추가되었기 때문에 paint() 메소드에 paintComponents() 메소드를 불러주고 있다. paintComponents() 메소드가 추가된 버튼들을 직접 그려주는 메소드이기 때문에 paint() 메소드가 호출되면서 동시에 호출되도록 해두었다.

예제 5.9 수정된 Omok 클래스 4

```
import javax.swing.*;

...

public class Omok extends JFrame
{

    ...

    private static JPanel control_panel;
    private static ControlPanel control_panel;

    public Omok()
    {

        ...

        control_panel.setPreferredSize(new Dimension(frame_width,
50));

        control_panel.setBackground(Color.green);

        ...

    }

    ...

}
```

예제 5.9에서 추가된 ControlPanel을 사용하도록 변경된 Omok 클래스의 수정사항을 보여주고 있다. JPanel 클래스로 선언하였던 control_panel을 ControlPanel 클래스로 선언하도록 수정하였고, 기존의 패널 크기를 설정하던 부분과 배경색을 지정하던 코드가 ControlPanel 클래스에서 구현되었기 때문에 Omok 클래스에서는 제외하였다. 이 변경사항을 적용하여 프로그램을 실행하면 다음 그림 5.10과 같은 결과가 나타난다. grid_panel에 오목판이, control_panel에는 두 버튼이 그려지는 모습을 확인할 수 있다.

5.5 버튼 기능 구현하기

기본적인 프로그램의 외관은 완성되었지만, 현재까지는 플레이어가 오목판 위를 클릭하거나 버튼을 클릭했을 때 아무 동작도 수행하지 않는다. 이벤트 리스너를 통해 플레이어의 동작과 상호작용하도록 프로그램을 확장하여야 하며, 그 첫 번째 단계로

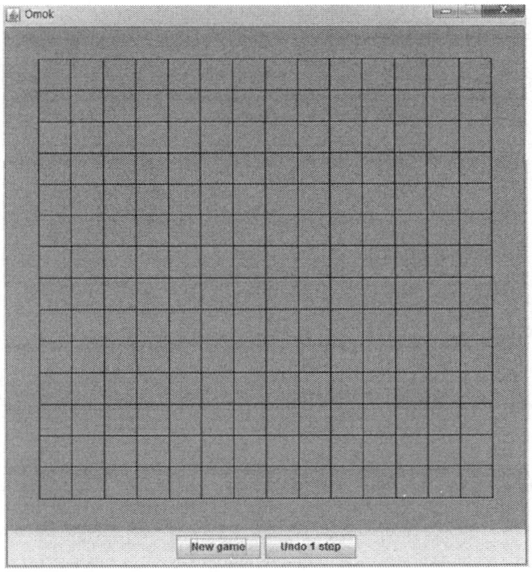

그림 5.10 control_panel에 버튼을 추가한 모습

오목판 위에서 마우스를 움직이면 돌이 놓여질 위치를 투명하게 보여주는 기능을 구현해 보자. 이벤트 리스너에 포함되는 메소드들의 구현 내용이 길어질 것으로 예상되므로, GridPanelListener 라는 클래스를 별도로 만들어 마우스 리스너 인터페이스를 구현해 보도록 한다.

예제 5.10 GridPanelListener 클래스

```
import java.awt.event.*;

public class GridPanelListener implements MouseMotionListener
{
    public GridPanel the_caller;

    public GridPanelListener(GridPanel caller)
    {
        the_caller = caller;
    }

    public void mouseMoved(MouseEvent e)
    {
        int X = e.getX();
        int Y = e.getY();
        int col;
        int row;

        col = pixel_to_grid(X);
        row = pixel_to_grid(Y);

        the_caller.shadow_x = col;
        the_caller.shadow_y = row;
```

```java
        the_caller.repaint();
    }

    public void mouseDragged(MouseEvent e)
    {
        // do nothing
    }

    public int pixel_to_grid(int pixel)
    {
        int pix_per_grid = the_caller.pix_per_grid;
        return (pixel - pix_per_grid/2)/(pix_per_grid + 1) + 1;
    }
}
```

예제 5.10은 새로 구현한 GridPanelListener 클래스의 내용을 보여주고 있다. 돌이 놓여질 위치를 투명하게 표시하기 위하여 마우스 포인터의 움직임을 읽어들이는 MouseMotionListener를 구현하는 클래스이다. MouseMotionListener 인터페이스를 구현하고 있는데, 이 인터페이스는 mouseMoved() 메소드와 mouseDragged() 메소드의 정의가 필요하다. 각각 프로그램 상에서 마우스 포인터가 움직여졌을 때, 또는 마우스를 통해 드래그를 했을 때 발생하는 이벤트를 처리하는 함수이다. 오목 프로그램에서는 드래그를 사용하는 동작이 필요하지 않기 때문에 메소드를 선언하기만 하고 내용을 따로 정의하지 않았다[12]. mouseMoved() 메소드를 통해서 마우스 포인터가 오목판 위를 움직일 때 돌이 놓여질 위치를 반투명하게 보여줄 수 있도록 하려고 한다. 이를 위하여 예제 5.11에서 확인할 수 있는 것처럼 GridPanel 클래스에 shadow_x, shadow_y라는 변수를 정의하여, 현재 마우스 포인터가 오목판의 어떤 칸을 가리키는지를 이벤트 리스너에서 확인하여 GridPanel 클래스로 정보를 넘겨주도록 하였다. 추후 예제 5.11을 분석하면서 shadow_x, shadow_y를 활용하여 어떻게 반투명한 바둑돌을 표현하는지 확인하도록 하자.

예제 5.11 수정된 GridPanel 클래스 3

```java
import javax.swing.*;
import java.awt.*;

public class GridPanel extends JPanel
{
    ...

    // listener
    public GridPanelListener grid_panel_listener;
```

12) MouseMotionListener를 구현하는 클래스가 반드시 정의해야 하는 메소드이기 때문에 내용을 정의할 필요가 없어도 해당 메소드를 선언하여야 한다. 선언하지 않으면 컴파일 에러가 발생한다.

```
    // shadow coordinate
    public static int shadow_x;
    public static int shadow_y;

    ...

    public GridPanel(int row, int col, int pix_grid)
    {

        ...

        // event listeners
        grid_panel_listener = new GridPanelListener(this);
        this.addMouseMotionListener(grid_panel_listener);

        // initialize shadow coordinates
        shadow_x = 0;
        shadow_y = 0;

        ...

    }

    public void paint(Graphics g)
    {

        ...

        // test if shadow should be drawn
        boolean shadow_test = (this.shadow_x > 0)
            && (this.shadow_y > 0)
            && (this.shadow_x <= num_col)
            && (this.shadow_y <= num_row);

        // draw shadow stone
        if(shadow_test)
        {
            // color
            Color the_color = new Color(0, 0, 0, 50);

            draw_stone(this.shadow_x, this.shadow_y, g, the_color);
        }
    }

    public void draw_stone(int i, int j, Graphics g, Color input_color)
    {
        int x = i*(pix_per_grid + 1) - pix_per_grid/2 + 2;
        int y = j*(pix_per_grid + 1) - pix_per_grid/2 + 2;
        int width = pix_per_grid - 3;
        int height = pix_per_grid - 3;

        g.setColor(input_color);
        g.fillOval(x, y, width, height);
    }

    ...

}
```

GridPanelListener에서는 GridPanel의 shadow_x와 shadow_y 변수에 접근하기 위하여 GridPanel 객체인 the_caller을 멤버 필드로 선언하였다. 이후 생성자를 통해 레퍼런스를 입력받은 후 the_caller에 대입해 주고 있다. mouseMoved() 메소드에서 이벤트 객체 e의 getX(), getY() 메소드를 활용하여 마우스 포인터의 위치를 알아낸다. getX(), getY()로 알아낸 위치는 해당 패널에서의 픽셀 단위 값이기 때문에 이 픽셀 값이 실제로 몇 번째 행, 몇 번째 열에 있는지 계산이 필요하다. 이 계산을 위하여 pixel_to_grid()라는 메소드를 정의하여, x좌표 또는 y좌표를 입력하면 해당 픽셀 값이 몇 번째 행(열)에 위치하는지를 반환해 준다. 이 메소드를 활용하여 몇 번째 행인지 계산한 후 the_caller(GridPanel 객체)의 shadow_x에 값을 대입하였고, 몇 번째 열인지를 계산하여 shadow_y에 값을 대입하였다. 해당 이벤트가 발생할 때마다 GridPanel의 shadow_x, shadow_y값이 갱신된 후 패널이 새롭게 그려져야 하기 때문에 마지막으로 the_caller 객체에서 repaint() 메소드를 호출하고 있다.

예제 5.11은 새로 생성한 GridPanelListener 클래스의 구현 사항을 반영하도록 수정한 GridPanel 클래스의 코드를 보여주고 있다. 우선 GridPanelListener를 MouseMotionListener로써 패널에 등록하였고, 앞서 언급한 바와 같이 변수 shadow_x, shadow_y를 선언해 주었다. 현재 마우스 포인터가 오목판의 몇 번째 행, 몇 번째 열을 가리키고 있는지를 기록하는 변수들로, GridPanelListener 클래스에서 마우스 포인터가 움직일 때마다 발생하는 이벤트를 통해 두 변수의 값을 갱신하도록 하였다. 따라서 GridPanel에서는 shadow_x, shadow_y 값을 통해 오목판에 반투명한 돌을 그리기만 하면 된다. 기존 코드의 paint() 메소드에서 오목판의 배경색을 적용한 뒤, 격자 모양을 그리는 것까지 구현되었기 때문에, 이를 확장하여 반투명한 돌을 그리는 코드를 구현해 보자. shadow_x의 값과 shadow_y 값이 1 이상 15 미만일 때만 돌이 그려져야 하므로, 두 값이 범위 안에 있는지 검사하여 boolean 변수 shadow_test에 검사 결과를 저장한다. shadow_test 가 참이면, Color 객체를 하나 생성하여 반투명한 검정색으로 설정한 뒤 draw_stone() 메소드를 통해 돌을 그려주고 있다. 반투명한 검정색은 Color 객체를 생성할 때 r, g, b 값에 각각 0을 대입하고, 불투명도 값에 50을 부여하여 생성하였다. 현재까지는 검정색 돌만 그리고 있지만, 돌을 번갈아 두는 기능을 구현할 때 반투명한 흰색 돌도 그릴 수 있도록 코드를 확장할 예정이다.

위에서 언급하였듯 오목판에 돌을 그리는 기능을 반복적으로 사용하기 위하여 draw_stone() 메소드를 따로 구현하였다. 몇 번째 행, 몇 번째 열에 그려질 것인지를 입력받으면 이를 각각 픽셀 값 x, y 좌표로 환산하여 Graphics 객체의 fillOval() 메소드를 통해 원 모양의 돌을 그리도록 한다. 돌의 지름은 pix_per_grid(오목판 한 칸의 픽셀 크기)에서 3을 뺀 값을 취하고 있다. 이 메소드를 통해 추후 여러 색의 돌을

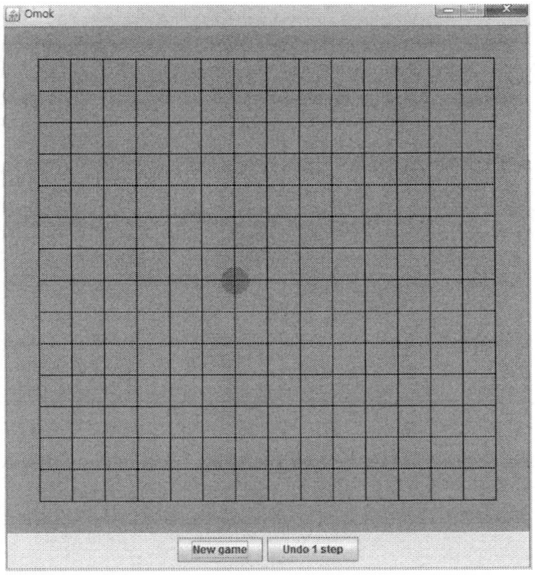

그림 5.11 돌이 놓여질 위치를 표시해 주는 기능

그려야 하므로, Color 객체 또한 인자로 전달 받아서 어떤 색의 돌을 그릴지 설정할 수 있도록 하였다.

그림 5.11이 예제 5.10과 예제 5.11을 적용한 후 프로그램을 실행한 모습이다. 이전의 실행 결과와 거의 동일하지만, 마우스 포인터가 위치한 칸에 반투명한 검은색 돌이 그려지고 있음을 보이고 있다. 물론 클릭했을 때 해당 칸에 돌이 실제로 놓여지는 기능을 구현하지 않았기 때문에, 해당 칸에 클릭했을 때는 아무 동작도 수행하지 않는다. 다음 기능으로 오목판 위에 클릭할 때마다 해당 칸에 돌이 놓여지며, 돌이 놓여질 때마다 흑돌이 백돌로, 백돌이 흑돌로 바뀌어지도록 코드를 확장해 보자.

예제 5.12 수정된 GridPanel 클래스 4

```
import javax.swing.*;
import java.awt.*;

public class GridPanel extends JPanel
{
    ...

    // game related
    public static int[][] grids;
    public static int turn;

    ...

    public GridPanel(int row, int col, int pix_grid)
    {
```

```
    ...

    this.addMouseListener(grid_panel_listener);

    ...

    // simulation-related
    turn = 0;

    // initialize grids
    grids = new int[num_col + 1][num_row + 1];
    for(int i = 0; i <= num_col; i++)
        for(int j = 0; j <= num_row; j++)
            grids[i][j] = -1;

    ...

}

public void paint(Graphics g)
{

    ...

    // test if shadow should be drawn
    boolean shadow_test = (this.shadow_x > 0)
        && (this.shadow_y > 0)
        && (this.shadow_x <= num_col)
        && (this.shadow_y <= num_row);
        && (this.shadow_y <= num_row)
        && (grids[this.shadow_x][this.shadow_y] == -1);

    // draw shadow stone
    if(shadow_test)
    {
        // color
        Color the_color = new Color(0, 0, 0, 50);
        Color the_color;

        if(this.turn == 0) // black
            the_color = new Color(0, 0, 0, 50);
        else // white
            the_color = new Color(255, 255, 255, 50);

        ....

    }

    // draw stones
    for(int i = 1; i <= num_col; i++)
    {
        for(int j = 1; j <= num_row; j++)
        {
            if(grids[i][j] == 0)
            {
                draw_stone(i, j, g, Color.black);
            }
            else if(grids[i][j] == 1)
            {
```

```
                    draw_stone(i, j, g, Color.white);
                }
            }
        }
    }
    ...
}
```

예제 5.12에서 수정된 GridPanel을 보여주고 있다. 흑돌과 백돌이 번갈아가면서 오목판에 놓아지는 기능을 구현하기 위해 grids 라는 int 형 2차원 배열을 선언하였고, 흑의 차례인지 백의 차례인지를 구분하기 위해 turn 이라는 int 형 변수를 선언하였다. 이후 grids는 생성자에서 [가로 크기 + 1][세로 크기 + 1]를 크기로 갖도록 초기화되며, 초기값으로 모든 성분이 −1의 값을 가지게 하였다. 이후 흑돌이 놓인 칸은 0의 값을, 백돌이 놓인 칸은 1의 값이 되도록 구현할 것이다. 비슷하게 turn 변수는 흑의 차례일 때는 0의 값을, 백의 차례일 때는 1의 값을 가지도록 구현할 것이다. 일반적으로 흑돌을 먼저 두기 때문에 생성자에서는 turn의 초기값을 0으로 설정하였다.

실제로 오목판 상에서 클릭 이벤트가 발생했을 때의 처리는 예제 5.13에서 분석하도록 하고, 클릭에 의하여 grids 배열의 일부 성분이 −1이 아닌 값, 즉 0 또는 1의 값을 가졌을 때 흑돌과 백돌을 오목판 상에 그려내는 코드를 살펴보도록 하자. 예제 5.12의 paint() 메소드에서 해당 부분이 구현되어 있다. 우선 돌이 놓여질 위치를 반투명하게 보여주는 기능에 수정이 필요한데, 앞선 예제에서는 오목판의 어떤 칸에 마우스 포인트가 있느냐에 상관없이 모든 경우에 반투명하게 돌이 놓일 위치를 보여주어도 상관없었으나, 이번 예제에서는 오목판에 실제로 돌이 놓아져있는 경우도 고려해야 되기 때문에 반투명한 돌을 그리기 전에 해당 칸에 흑돌 또는 백돌이 이미 놓아져있는지 확인하여야 한다. 따라서 기존의 shadow_test 변수의 값을 결정하는 코드에, grids 배열의 해당 성분이 −1의 값을 가지는지, 즉 흑돌이나 백돌이 놓여있지 않음을 확인하는 구문을 추가하였다. 또한 기존의 코드에는 흑돌이 반투명하게 그려지는 부분만 구현되어 있었는데, 코드를 확장하여 turn의 변수값을 확인한 후 turn이 0의 값을 가지면 흑의 차례이므로 흑돌이 반투명하게 표시되도록 하였고, turn이 1의 값을 가지면 백의 차례이므로 백돌이 반투명하게 표시되도록 하였다. 반투명한 백돌의 색상은 r, g, b 값에 최대값인 255를 부여하였고, 불투명도 값에 흑돌의 경우와 마찬가지로 50의 값을 부여하였다.

추가로, 실제로 놓여져 있는 흑돌과 백돌을 오목판 상에 그려내기 위해 grids 의 모든 성분을 확인하여 그 중 0 또는 1의 값을 가지는 칸에 흑돌 또는 백돌을 그리는 2중 for 반복문을 추가하였다. 해당되는 칸에 앞서 구현하였던 draw_stone() 메소드를 활용하여 놓여진 돌들을 그리도록 하였다. 실제로 놓여져 있는 돌은 반투명할 필요가 없기 때문에 흑돌에 Color.black, 백돌에 Color.white 색상을 부여하였다. 그 밖에 추가사항으로, 예제 5.13에서 분석하게 될 GridPanelListener 클래스가 MouseListener 인터페이스를 추가로 구현하기 때문에 GridPanel 클래스에서 이벤트 리스너를 추가해 주어야 해당 메소드들이 제대로 동작할 수 있다. 이를 위해 addMouseListener() 메소드를 활용하여 GridPanelListener 객체를 이벤트 리스너로 추가[13]하였다.

예제 5.13 수정된 GridPanelListener 클래스 2

```
import java.awt.event.*;

public class GridPanelListener implements MouseMotionListener
public class GridPanelListener
    implements MouseListener, MouseMotionListener
{

    ...

    public void mouseClicked(MouseEvent e)
    {
        // do nothing
    }

    public void mouseReleased(MouseEvent e)
    {
        // do nothing
    }

    public void mouseEntered(MouseEvent e)
    {
        // do nothing
    }

    public void mouseExited(MouseEvent e)
    {
        // do nothing
    }

    public void mousePressed(MouseEvent e)
    {
        int X = e.getX();
        int Y = e.getY();
        int col;
        int row;

        col = pixel_to_grid(X);
        row = pixel_to_grid(Y);

        boolean range_test = (col > 0)
            && (row > 0)
```

13) 앞선 예제에서 addMouseMotionListener()로 해당 객체를 이미 등록하였지만, MouseListener를 통해서 동작하는 메소드들은 addMouseListener()로 추가로 등록해야 정상적으로 작동한다. MouseListener에 포함된 메소드들은 mousePressed(), mouseClicked() 등이 있다.

```
            && (col <= the_caller.num_col)
            && (row <= the_caller.num_row)
            && (the_caller.grids[col][row] == -1);

        // return immediately if test fails
        if(!range_test)
            return;

        if(the_caller.turn == 0)
        {
            the_caller.grids[col][row] = 0;
            the_caller.turn = 1;
        }
        else // turn is 1
        {
            the_caller.grids[col][row] = 1;
            the_caller.turn = 0;
        }

        // repaint
        the_caller.repaint();
    }

    ...

}
```

마우스의 움직임 뿐만 아니라 마우스의 클릭 이벤트도 처리해야하기 때문에 GridPanelListener에서 기존의 MouseMotionListener 외에 MouseListener 인터페이스를 추가로 구현하였다. MouseListener를 구현하면서 추가적으로 정의해야하는 메소드는 mouseClicked(), mouseReleased(), mouseEntered(), mouseExited(), mousePressed()이다. 이 중 이번 예제에서 주로 활용할 메소드는 mousePressed()이며, 이 메소드는 마우스 왼쪽 버튼을 눌렀을 때 발생하는 이벤트로, 오목판에서 특정 칸이 눌려졌을 때, 즉 돌을 놓는 동작이 발생하였을 때 이를 수행할 수 있도록 구현할 예정이다. 그 밖의 위에 언급했던 다른 메소드들은 지금 사용되지 않지만 모두 정의하여야 컴파일할 수 있기 때문에 내용이 없는 상태로 정의하여 두자.

mousePressed() 메소드의 상세한 구현 내용은 크게 mouseMoved()와 비슷하다. 이벤트 객체 e의 getX(), getY() 메소드를 호출하여 클릭이 발생한 좌표를 알아낸 다음 앞서 구현한 pixel_to_grid() 메소드로 몇 번째 행, 몇 번째 열에서 해당 클릭이 발생하였는지 각각 col, row 변수에 저장한다. col, row 값을 통해서 boolean 변수 range_test 의 값을 정하게 되는데, col, row가 각각 1 이상 15 이하의 범위에 속해 있는지, 해당 칸에 이미 다른 돌이 놓여있는 것이 아닌지 확인한 다음 돌이 놓여질 수 있는 상황인 경우에 range_test의 값이 참으로 결정된다.

range_test 변수가 거짓으로 결정되면 이후의 동작은 수행하지 않고 메소드가 바

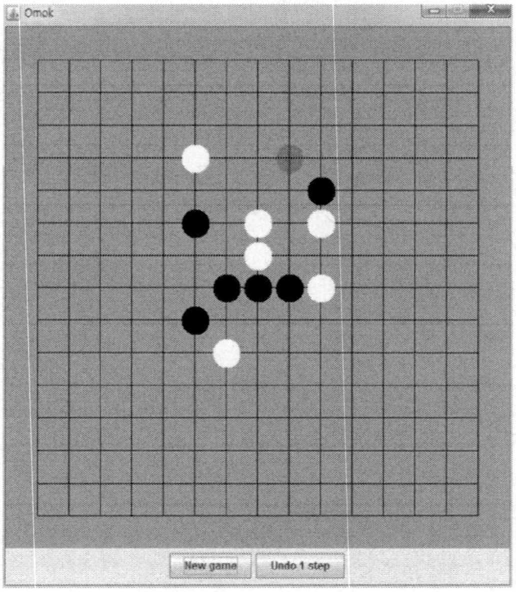

그림 5.12 흑돌과 백돌을 번갈아 놓을 수 있게 구현한 모습

로 종료되며, 참으로 결정되면 grids 배열에 실제로 돌이 놓여지게 됨을 표시하게 된다. turn이 0으로 되어있었다면 grids 의 [col][row] 성분 값을 0으로 설정하여 흑돌이 놓여졌음을 표시하고, turn의 값이 1이었다면 반대로 grids의 [col][row] 성분 값을 1로 설정하여 백돌이 놓여졌음을 표시한다. 그리고 turn의 값을 0이었다면 1로, 1이었다면 0으로 바꾸어 돌의 색이 바뀌게 설정한 다음 방금 놓여진 돌이 화면상에 표시될 수 있도록 repaint() 메소드를 호출하여 패널 전체를 다시 그리도록 하였다.

그림 5.12에서 예제 5.12와 예제 5.13를 적용한 모습을 보여주고 있는데, 오목판에 놓여져 있는 여섯 개의 흑돌과 백돌이 사용자가 번갈아 놓은 돌들이다. 반투명하게 표시된 돌이 마우스 포인터가 위치한 칸으로써, 다음으로 놓여질 흑돌을 보여주고 있다.

5.6 승패 결정하기 및 한수 무르기 기능

5.6.1 승패 결정하기

오목판에 돌이 번갈아 놓여지는 것까지 성공적으로 구현하였고, 이제 다섯 개의 돌이 나란히 놓여졌을 때 해당 플레이어가 승리하도록 승리 조건을 구현하여 게임의 승패를 결정할 수 있도록 하자.

예제 5.14 수정된 GridPanel 클래스 5

```
import javax.swing.*;
import java.awt.*;

public class GridPanel extends JPanel
{
    ...

    public static boolean finished;

    ...

    public GridPanel(int row, int col, int pix_grid)
    {

        ...

        finished = false;

        ...

    }

    public void paint(Graphics g)
    {

        ...

        // test if shadow should be drawn
        boolean shadow_test = (this.shadow_x > 0)
            && (this.shadow_y > 0)
            && (this.shadow_x <= num_col)
            && (this.shadow_y <= num_row)
            && (grids[this.shadow_x][this.shadow_y] == -1);
            && (grids[this.shadow_x][this.shadow_y] == -1)
            && (!this.finished); // if game is not finished

        // draw stones
        for(int i = 1; i <= num_col; i++)
        {
            for(int j = 1; j <= num_row; j++)
            {
                if(grids[i][j] == 0)
                {
                    draw_stone(i, j, g, Color.black);
                }
                else if(grids[i][j] == 1)
                {
                    draw_stone(i, j, g, Color.white);
                }

                if(this.finished)
                {
                    if(grids[i][j] == 0)
```

```
                    {
                        draw_stone(i, j, g, new Color(0, 0, 0, 50));
                    }
                    else if(grids[i][j] == 1)
                    {
                        draw_stone(i, j, g, new Color(255, 255, 255, 50));
                    }
                    else if(grids[i][j] == 2) // black
                    {
                        draw_stone(i, j, g, Color.black);
                    }
                    else if(grids[i][j] == 3) // white
                    {
                        draw_stone(i, j, g, Color.white);
                    }
                }
                else
                {
                    if(grids[i][j] == 0)
                    {
                        draw_stone(i, j, g, Color.black);
                    }
                    else if(grids[i][j] == 1)
                    {
                        draw_stone(i, j, g, Color.white);
                    }
                }
            }
        }
    }
    ...
}
```

예제 5.14에는 승패를 결정하는 코드를 적용하기 위하여 finished 라는 boolean 변수를 선언하여 활용하는 코드를 보여주고 있다. 기존에는 grids 배열의 각 성분을 검사하여 돌이 놓여진 부분을 찾아 백돌 또는 흑돌을 그리는 코드였는데, 이번 코드에는 grids의 성분이 2의 값을 가지는지 3의 값을 가지는지도 검사하고 있다. 이는 추후 예제 5.15를 분석하면서 구체적으로 설명할 예정이지만 게임의 승리 조건을 충족하게 한 다섯 개의 돌을 구분해주기 위해서 사용되고 있다. 그림 5.2에서 보았듯이 한 쪽 플레이어가 승리하게 되면 기존에 놓여있는 돌 중 게임의 승리 조건을 충족하게 한 돌을 강조해서 표시하려고 하며, 이를 위해 해당 돌이 흑돌인 경우 2의 값을, 백돌인 경우 3의 값을 부여하도록 할 예정이다.

이러한 기능을 적용하기 위하여 paint() 메소드에서 shadow_test 값을 결정하는 코드를 조금 수정하였다. 한 쪽이 승리하여 게임이 종료된 상황에서는 새로운 돌을 놓을 수 없기 때문에 finished 변수가 참으로 설정된 경우에는 새로 돌이 놓일 위치를 보여주지 않도록 설정하였다. 그리고 2중 for 반복문을 통하여 grids 배열의 각 성분을 검사하는 부분도 수정하여 finished 변수가 참인 경우와 거짓인 경우로 나누어져 있다. finished 변수가 거짓인 경우에는 기존의 방식대로 돌을 그려내도록 하였고, 참인 경우에는 각 성분이 0인 경우에 반투명한 흑돌을 1인 경우에는 반투명한 백돌을 그리게 하였으며, 2인 경우에는 불투명한 흑돌을 3인 경우에는 불투명한 백돌을 그리게 하였다.

예제 5.15 수정된 GridPanelListener 클래스 3

```
import java.awt.event.*;

public class GridPanelListener
    implements MouseListener, MouseMotionListener
{

    ...

    public void mousePressed(MouseEvent e)
    {

        ...

        boolean range_test = (col > 0)
            && (row > 0)
            && (col <= the_caller.num_col)
            && (row <= the_caller.num_row)
            && (the_caller.grids[col][row] == -1);
            && (the_caller.grids[col][row] == -1)
            && (!the_caller.finished); // test if game finished

        ...

        // check if the game finished
        boolean finished = false;

        for(int i = 1; i <= the_caller.num_col; i++)
        {
            for(int j = 1; j <= the_caller.num_row; j++)
            {
                int color = the_caller.grids[i][j];

                // check if color is either white or black, break otherwise
                if(color != 0 && color != 1)
                    continue;

                // check horizontally(right)
                finished = true;
                for(int k = 1; k < 5; k++)
                {
                    int x = i + k;
                    int y = j;

                    boolean finish_test = valid_finish(x, y, color);

                    if(!finish_test)
                    {
```

```
            finished = false;
            break;
        }
    }

    if(finished)
    {
        // mark the stones which makes victory
        for(int k = 0; k < 5; k++)
        {
            int x = i + k;
            int y = j;

            the_caller.grids[x][y] += 2;
        }

        the_caller.repaint();
        the_caller.finished = true;
        return;
    }

    // check vertically(down)
    finished = true;
    for(int k = 1; k < 5; k++)
    {
        int x = i;
        int y = j + k;

        boolean finish_test = valid_finish(x, y, color);

        if(!finish_test)
        {
            finished = false;
            break;
        }
    }

    if(finished)
    {
        // mark the stones which makes victory
        for(int k = 0; k < 5; k++)
        {
            int x = i;
            int y = j + k;

            the_caller.grids[x][y] += 2;
        }

        the_caller.repaint();
        the_caller.finished = true;
        return;
    }

    // check left-down
    finished = true;
    for(int k = 1; k < 5; k++)
    {
        int x = i - k;
        int y = j + k;
```

```
                boolean finish_test = valid_finish(x, y, color);

                if(!finish_test)
                {
                    finished = false;
                    break;
                }
            }

            if(finished)
            {
                // mark the stones which makes victory
                for(int k = 0; k < 5; k++)
                {
                    int x = i - k;
                    int y = j + k;

                    the_caller.grids[x][y] += 2;
                }

                the_caller.repaint();
                the_caller.finished = true;
                return;
            }

            // check right-down
            finished = true;
            for(int k = 1; k < 5; k++)
            {
                int x = i + k;
                int y = j + k;

                boolean finish_test = valid_finish(x, y, color);

                if(!finish_test)
                {
                    finished = false;
                    break;
                }
            }

            if(finished)
            {
                // mark the stones which makes victory
                for(int k = 0; k < 5; k++)
                {
                    int x = i + k;
                    int y = j + k;

                    the_caller.grids[x][y] += 2;
                }

                the_caller.repaint();
                the_caller.finished = true;
                return;
            }
        }
    }
```

```
        // repaint
        the_caller.repaint();
    }

    ...

    public boolean valid_finish(int x, int y, int color)
    {
        boolean ret = (x >= 1)
            && (y >= 1)
            && (x <= the_caller.num_col)
            && (y <= the_caller.num_row);

        if(ret)
        {
            ret = (the_caller.grids[x][y] == color);
        }

        return ret;
    }
}
```

예제 5.15에서 돌을 하나씩 놓을 때마다 해당 돌에 의하여 게임의 승패가 결정되는지 판별하는 코드가 적용되었음을 볼 수 있다. 복잡한 알고리즘이 적용된 것은 아니지만 같은 색상의 다섯 개 돌이 나란히 놓여졌는지 확인하기 위하여 가로 방향, 세로 방향, 대각선 방향으로 모두 확인해야하기 때문에 확장해야 하는 코드의 양이 다소 길다. 그러나 그 구조가 단순하기 때문에 쉽게 수정사항을 이해할 수 있을 것이다. 각 방향마다 grids 배열의 각 성분에 대하여 for 반복문을 통해 5개의 돌이 나란히 놓여져 있는지 확인하고 있다. 그 과정에서 새로 구현한 valid_finish() 메소드를 활용하고 있는데, 이 메소드는 입력받은 행 번호, 열 번호 값에 대하여 해당 색의 돌이 있는지, 범위를 벗어나지 않았는지 확인한 후 참 또는 거짓을 반환한다. 그렇게 valid_finish() 메소드로부터 다섯 번 연속으로 참을 반환받게 되면 해당 방향으로 같은 색의 5개의 돌이 나란히 놓여져 있는 것이기 때문에 승패가 결정되었다고 판단한다. finished 변수를 참으로 설정한 후 승리조건을 만족시키게 한 5개의 돌에 대해 grids 배열에서의 해당 성분의 값을 2씩 더해주고 있다. 즉 0이었던 값은 2로, 1이었던 값은 3으로 바뀌어 최종 화면에서 해당되는 5개의 돌이 강조되도록 하였다.

예제 5.14와 예제 5.15를 적용한 프로그램의 실행예시는 이미 소개한 그림 5.2에서 보이는 바와 같기 때문에 참고하면 된다. 어느 한쪽이 승리하게 되면 더 이상 돌을 놓을 수 없게 되고, 승리 조건을 충족하게 한 5개의 돌이 강조되면서 나머지 놓여진 돌들은 반투명하게 표시된다. 거의 모든 오목의 기능을 구현하였으나, control_panel에 추가하였던 두 개의 버튼이 현재까지는 동작하지 않기 때문에 각 버튼을 눌렀을 때 효과가 나타나도록 코드를 확장하여 최종적으로 오목 프로그램을 완성해 보도록 하자.

예제 5.16 수정된 GridPanel 클래스 6

```
...

import java.util.Stack;

public class GridPanel extends JPanel
{

    ...

    public static Stack<Coor> record;

    ...

    public GridPanel(int row, int col, int pix_grid)
    {

        ...

        record = new Stack<Coor>();

        ...

    }

    ...

}
```

5.6.2 한수 무르기 기능

최종적으로 버튼의 기능을 구현하기 위하여 앞서 다루었던 모든 클래스의 내용이 조금씩 수정되었고 새로운 클래스인 Coor 클래스가 추가되었다. 그 중 GridPanel 클래스의 수정사항부터 분석해 보자. 우선 undo_button의 '한 수 무르기' 기능을 수행하려면 두 플레이어가 돌을 둔 순서를 처음부터 기록해 두어야 한다. 이를 위해 다양한 자료구조를 활용할 수 있지만 그 중 가장 구조가 단순한 스택을 이용하려고 한다. 자바에서 제공하는 스택을 활용하기 위해 java.util.Stack을 임포트하였다. 예제 5.16에서 볼 수 있듯이 GridPanel 클래스의 멤버 필드로 Stack<Coor> 형의 record라는 변수를 선언하였다. Coor 객체를 스택의 형태로 저장하는 변수이며, GridPanel 클래스에서 이 record 변수를 직접적으로 다루는 부분은 없기 때문에 선언 후 생성자에서 초기화만 해주고 있다.

예제 5.17 Coor 클래스

```
public class Coor
{
    private int x;
```

```
    private int y;

    // a default constructor
    public Coor()
    {
        x = 0;
        y = 0;
    }

    // a constructor with x, y position
    public Coor(int input1, int input2)
    {
        x = input1;
        y = input2;
    }

    public void setCoor(int[] input)
    {
        x = input[0];
        y = input[1];
    }

    public void setCoor(int input1, int input2)
    {
        x = input1;
        y = input2;
    }

    public void setX(int input)
    {
        x = input;
    }

    public void setY(int input)
    {
        y = input;
    }

    public int getX()
    {
        return x;
    }

    public int getY()
    {
        return y;
    }

    public int[] getPosition()
    {
        int[] ret = new int[2];
        ret[0] = x;
        ret[1] = y;
        return ret;
    }
}
```

예제 5.17에서 이번 수정사항을 구현하기 위해 새로 추가된 Coor 클래스의 내용을 보여주고 있다. x, y 정수 좌표를 멤버 필드로 가지고 있는 클래스이며 x 좌표와 y 좌표 각각을 반환하는 메소드, 각각의 값을 설정하는 메소드 등을 정의해 두었다. 이 클래스의 객체를 생성하여 앞서 언급한 Stack<Coor> 형 변수인 record에 사용되고 있다.

예제 5.18 수정된 GridPanelListener 클래스 4

```
import java.awt.event.*;

public class GridPanelListener
    implements MouseListener, MouseMotionListener
{

    ...

    public void mousePressed(MouseEvent e)
    {

        ...

        // record into stack
        the_caller.record.push(new Coor(col, row));

        ...

    }

    ...

}
```

예제 5.18은 최종 수정된 GridPanelListener의 수정사항이다. mousePressed() 메소드에서 실제로 돌이 놓여질 때 push() 메소드를 통해서 record 변수에 현재 놓여지는 위치를 추가해주고 있다. 이 코드에 의하여 두 플레이어가 놓은 돌의 순서를 스택이 처음부터 기록하게 된다.

예제 5.19 수정된 ControlPanel 클래스

```
import javax.swing.*;
import java.awt.*;
import java.awt.event.*;

public class ControlPanel extends JPanel
{

    ...

    // grid panel
    private GridPanel grid_panel;
```

```
...

public ControlPanel()
public ControlPanel(GridPanel the_grid_panel)
{
    grid_panel = the_grid_panel;

    ...

    // configure event listeners
    new_game_button.addActionListener
    (
        new ActionListener()
        {
            public void actionPerformed(ActionEvent event)
            {
                for(int i = 1; i <= grid_panel.num_col; i++)
                {
                    for(int j = 1; j <= grid_panel.num_row; j++)
                    {
                        grid_panel.grids[i][j] = -1;
                    }
                }

                // set turn to black
                grid_panel.turn = 0;

                // cancel the finished
                grid_panel.finished = false;
                grid_panel.repaint();
            }
        }
    );

    undo_button.addActionListener
    (
        new ActionListener()
        {
            public void actionPerformed(ActionEvent event)
            {
                // cancel last step and rewind one step
                Coor last = grid_panel.record.peek();
                grid_panel.grids[last.getX()][last.getY()] = -1;

                grid_panel.record.pop();
                grid_panel.repaint();

                // rewind the turn one step
                if(grid_panel.turn == 0)
                    grid_panel.turn = 1;
                else
                    grid_panel.turn = 0;

                // cancel finished if finished
                if(grid_panel.finished)
                {
                    grid_panel.finished = false;
```

```
                        // cancel stones marked as finishing stone
                        for(int i = 1; i <= grid_panel.num_col; i++)
                        {
                            for(int j = 1; j <= grid_panel.num_row; j++)
                            {
                                if(grid_panel.grids[i][j] > 1)
                                {
                                    grid_panel.grids[i][j] -= 2;
                                }
                            }
                        }
                    }
                }
            }
        );

        ...

    }
    ...
}
```

예제 5.19에서 수정된 ControlPanel 클래스의 추가 구현사항을 분석해 보자. 기존에는 두 개의 버튼 new_game_button과 undo_button이 초기화된 이후 패널에 추가하는 코드까지 구현되어 있었는데, ControlPanel의 생성자에서 코드를 확장하여 각 버튼에 ActionListener를 추가하도록 설정하였다. 각 버튼 객체의 addActionListener() 라는 멤버 메소드를 호출하여 버튼이 눌려졌을 때의 처리를 정의하였다.

ActionListener의 생성자에서 actionPerformed() 라는 메소드를 직접 정의하는 방식을 통해 각 버튼이 눌려졌을 때의 이벤트 처리를 구현하였는데, 우선 new_game_button의 경우를 먼저 살펴보도록 하자. new_game_button의 역할은 클릭하였을 때 오목 게임이 초기화되도록 하는 것이기 때문에 grid_panel의 grids 배열에 접근하여 배열의 성분이 모두 -1의 값을 가지도록 초기화해야 한다. 이를 위해서 ControlPanel이 GridPanel의 grids에 접근할 수 있는 수단이 필요하며, ControlPanel의 생성자에서 GridPanel 객체 레퍼런스를 입력받아 내부 변수 grid_panel에 저장할 수 있도록 코드를 수정하였다. 따라서 grid_panel.grids 라는 구문을 통해서 GridPanel의 grids에 접근할 수 있게 하였다. 또한 변수 turn의 값도 0으로 초기화하여 백돌이 먼저 시작하는 버그를 방지하였고, finished가 true로 되어있을 수 있기 때문에 마찬가지로 초기값인 false 값을 대입한 후, 마지막으로 repaint() 메소드를 호출하여 grid_panel을 새로 그리도록 하였다.

undo_button이 클릭되었을 때는 한 수 물리기 기능이 수행되어야 한다. 이를 위해서 스택 record의 마지막 성분을 peek() 메소드를 통해 추출하여 해당 좌표에 해당되는 grids 의 성분에 접근하여 그 값을 -1로 바꾸어준다. 흑돌이 놓여있었다면 0, 백돌이 놓여있었다면 1의 값을 가지고 있을텐데, 이를 -1로 초기화함으로써 돌이 놓여있지 않은 상태로 바꿔준다. 스택에서도 마지막 수를 제외하였기 때문에 마지막 수를 놓기 전의 상태로 돌아가게 된다. 또한 한 수를 물리게 되면 turn의 값도 갱신해 주어야 한다. 흑돌의 차례였다면 한 수 물린 후 백돌의 차례가 되고, 백돌의 차례였다면 한 수 물린 후 흑돌의 차례가 되기 때문에 turn의 값이 0이었다면 1로, 1이었다면 0으로 수정해 주었다. 어느 한쪽이 승리조건을 충족하여 게임이 종료된 상황에서 한 수 물리기를 사용할 수 있으므로 finished 값을 확인하는 과정이 필요하다. finished 값이 true인 경우 게임 종료 상태에서 그 전의 상황으로 되돌려야 하기 때문에 finished 값을 false로 갱신한 후, 2 또는 3의 값을 가지는 돌을 0 또는 1의 값을 가지도록 2씩 감소시켜 주었다.

예제 5.20 수정된 Omok 클래스 5

```
import javax.swing.*;

...

public class Omok extends JFrame
{

    ...

    public Omok()
    {

        ...

        control_panel = new ControlPanel();
        control_panel = new ControlPanel(grid_panel);

        ...

    }

    ...

}
```

마지막으로 예제 5.20에서 Omok 클래스의 수정사항을 보여주고 있는데, 앞서 ControlPanel의 생성자가 grid_panel을 입력받도록 수정되었기 때문에 그에 맞게 ControlPanel의 생성자를 호출할 때 grid_panel을 인자로 입력하도록 수정하였다.

5.7 전체 코드 소개

위의 수정사항을 모두 반영하여 프로그램을 실행하면 구상하였던 모든 기능을 충족하는 온전한 오목 프로그램이 실행될 것이다. 자세한 실행 예시는 그림 5.1, 그림 5.2를 통해 소개되었기 때문에 참고하면 된다. 아래의 예제 5.21부터 예제 5.25는 이번 오목 예제에 사용되었던 클래스들의 최종 형태를 보여주고 있다.

예제 5.21 Omok 클래스

```
import javax.swing.*;
import java.awt.*;

public class Omok extends JFrame
{
    // number of columns and rows
    private static final int NUM_COLUMN = 15;
    private static final int NUM_ROW = 15;
    private static final int PIXEL_PER_GRID = 35;

    // panels
    private static GridPanel grid_panel;
    private static ControlPanel control_panel;

    // frame width
    private static int frame_width;

    public static int get_frame_width()
    {
        return frame_width;
    }

    public static void set_frame_width(int input)
    {
        frame_width = input;
    }

    public Omok()
    {
        // set title
        this.setTitle("Omok");

        // panels
        grid_panel = new GridPanel(NUM_ROW, NUM_COLUMN, PIXEL_PER_GRID);
        control_panel = new ControlPanel(grid_panel);

        // add panels
        this.add(grid_panel);
        this.add(control_panel);

        // set layout
        GridBagLayout gridbag = new GridBagLayout();
        GridBagConstraints grid_gridbag_const = new GridBagConstraints();
        GridBagConstraints control_gridbag_const = new GridBagConstraints();
```

```
        // gridbag settings
        grid_gridbag_const.gridx = 0;
        grid_gridbag_const.gridy = 0;
        control_gridbag_const.gridx = 0;
        control_gridbag_const.gridy = 1;

        // register gridbag constraints
        gridbag.setConstraints(grid_panel, grid_gridbag_const);
        gridbag.setConstraints(control_panel, control_gridbag_const);

        this.setLayout(gridbag);
        this.setLocationRelativeTo(null);

        this.setDefaultCloseOperation(JFrame.EXIT_ON_CLOSE);

        this.setResizable(false);
        this.setVisible(true);
    }

    public void paint(Graphics g)
    {
        grid_panel.repaint();
        control_panel.repaint();
        pack();
    }

    public static void main(String[] args)
    {
        Omok omok = new Omok();
    }
}
```

예제 5.22 Coor 클래스

```
public class Coor
{
    private int x;
    private int y;

    // a default constructor
    public Coor()
    {
        x = 0;
        y = 0;
    }

    // a constructor with x, y position
    public Coor(int input1, int input2)
    {
        x = input1;
        y = input2;
    }

    public void setCoor(int[] input)
    {
        x = input[0];
        y = input[1];
    }
```

```
    public void setCoor(int input1, int input2)
    {
        x = input1;
        y = input2;
    }

    public void setX(int input)
    {
        x = input;
    }

    public void setY(int input)
    {
        y = input;
    }

    public int getX()
    {
        return x;
    }

    public int getY()
    {
        return y;
    }

    public int[] getPosition()
    {
        int[] ret = new int[2];
        ret[0] = x;
        ret[1] = y;
        return ret;
    }
}
```

예제 5.23 ControlPanel 클래스

```
import javax.swing.*;
import java.awt.*;
import java.awt.event.*;

public class ControlPanel extends JPanel
{
    // height of the panel
    private final int HEIGHT = 40;

    // grid panel
    private GridPanel grid_panel;

    // buttons
    private JButton new_game_button;
    private JButton undo_button;

    public ControlPanel(GridPanel the_grid_panel)
    {
        grid_panel = the_grid_panel;
```

```
// set panel size
setPreferredSize(new Dimension(Omok.get_frame_width(), HEIGHT));

// initialize buttons
new_game_button = new JButton("New game");
undo_button = new JButton("Undo 1 step");

// configure event listeners
new_game_button.addActionListener
(
    new ActionListener()
    {
        public void actionPerformed(ActionEvent event)
        {
            for(int i = 1; i <= grid_panel.num_col; i++)
            {
                for(int j = 1; j <= grid_panel.num_row; j++)
                {
                    grid_panel.grids[i][j] = -1;
                }
            }

            // set turn to black
            grid_panel.turn = 0;

            // cancel the finished
            grid_panel.finished = false;
            grid_panel.repaint();
        }
    }
);

undo_button.addActionListener
(
    new ActionListener()
    {
        public void actionPerformed(ActionEvent event)
        {
            // cancel last step and rewind one step
            Coor last = grid_panel.record.peek();
            grid_panel.grids[last.getX()][last.getY()] = -1;

            grid_panel.record.pop();
            grid_panel.repaint();

            // rewind the turn one step
            if(grid_panel.turn == 0)
                grid_panel.turn = 1;
            else
                grid_panel.turn = 0;

            // cancel finished if finished
            if(grid_panel.finished)
            {
                grid_panel.finished = false;

                // cancel stones marked as finishing stone
                for(int i = 1; i <= grid_panel.num_col; i++)
                {
```

```
                        for(int j = 1; j <= grid_panel.num_row; j++)
                        {
                            if(grid_panel.grids[i][j] > 1)
                            {
                                grid_panel.grids[i][j] -= 2;
                            }
                        }
                    }
                }
            }
        }
    );

    // add buttons to panel
    this.add(new_game_button);
    this.add(undo_button);
    setOpaque(false);
    setVisible(true);
  }

  public void paint(Graphics g)
  {
    // background
    g.setColor(Color.white);
    g.drawRect(0, 0, Omok.get_frame_width(), HEIGHT);

    // paint buttons
    this.paintComponents(g);
  }
}
```

예제 5.24 GridPanel 클래스

```
import javax.swing.*;
import java.awt.*;
import java.util.Stack;

public class GridPanel extends JPanel
{
    // values related to panel size
    public int num_col;
    public int num_row;

    // game related
    public static int[][] grids;
    public static int turn;
    public static boolean finished;
    public static Stack<Coor> record;

    // pixels per grid
    public static int pix_per_grid;

    // colors
    private static Color bg_color;

    // shadow coordinate
    public static int shadow_x;
    public static int shadow_y;
```

```
// listener
public GridPanelListener grid_panel_listener;

public GridPanel(int row, int col, int pix_grid)
{
    num_row = row;
    num_col = col;

    pix_per_grid = pix_grid;

    record = new Stack<Coor>();

    // event listeners
    grid_panel_listener = new GridPanelListener(this);
    this.addMouseMotionListener(grid_panel_listener);
    this.addMouseListener(grid_panel_listener);

    // set size
    int fill_x = (num_col + 1)*(pix_per_grid + 1) + 1;
    int fill_y = (num_row + 1)*(pix_per_grid + 1) + 1;
    this.setPreferredSize(new Dimension(fill_x, fill_y));

    // set the frame width to value of fill_x
    Omok.set_frame_width(fill_x);

    // initialize colors
    bg_color = new Color(216, 163, 125);

    // initialize shadow coordinates
    shadow_x = 0;
    shadow_y = 0;

    // simulation-related
    turn = 0;
    finished = false;

    // initialize grids
    grids = new int[num_col + 1][num_row + 1];
    for(int i = 0; i <= num_col; i++)
        for(int j = 0; j <= num_row; j++)
            grids[i][j] = -1;
}

public void paint(Graphics g)
{
    // draw a rectangle to render background color
    g.setColor(bg_color);
    int fill_x = (num_col + 1)*(pix_per_grid + 1) + 1;
    int fill_y = (num_row + 1)*(pix_per_grid + 1) + 1;
    g.fillRect(0, 0, fill_x, fill_y);

    // draw horizontal lines
    for(int i = 1; i <= num_row; i++)
    {
        g.setColor(Color.black);

        int x1 = pix_per_grid + 1;
        int y1 = i*(pix_per_grid + 1);
```

```
        int x2 = num_col*(pix_per_grid + 1);
        int y2 = i*(pix_per_grid + 1);
        g.drawLine(x1, y1, x2, y2);
    }

    // draw vertical lines
    for(int i = 1; i <= num_col; i++)
    {
        g.setColor(Color.black);

        int x1 = i*(pix_per_grid + 1);
        int y1 = pix_per_grid + 1;
        int x2 = i*(pix_per_grid + 1);
        int y2 = num_row*(pix_per_grid + 1);
        g.drawLine(x1, y1, x2, y2);
    }

    // test if shadow should be drawn
    boolean shadow_test = (this.shadow_x > 0)
        && (this.shadow_y > 0)
        && (this.shadow_x <= num_col)
        && (this.shadow_y <= num_row)
        && (grids[this.shadow_x][this.shadow_y] == -1)
        && (!this.finished); // if game is not finished

    // draw shadow stone
    if(shadow_test)
    {
        // color
        Color the_color;

        if(this.turn == 0) // black
            the_color = new Color(0, 0, 0, 50);
        else // white
            the_color = new Color(255, 255, 255, 50);

        draw_stone(this.shadow_x, this.shadow_y, g, the_color);
    }

    // draw stones
    for(int i = 1; i <= num_col; i++)
    {
        for(int j = 1; j <= num_row; j++)
        {
            if(this.finished)
            {
                if(grids[i][j] == 0)
                {
                    draw_stone(i, j, g, new Color(0, 0, 0, 50));
                }
                else if(grids[i][j] == 1)
                {
                    draw_stone(i, j, g, new Color(255, 255, 255, 50));
                }
                else if(grids[i][j] == 2) // black
                {
                    draw_stone(i, j, g, Color.black);
                }
                else if(grids[i][j] == 3) // white
```

```
                {
                    draw_stone(i, j, g, Color.white);
                }
            }
            else
            {
                if(grids[i][j] == 0)
                {
                    draw_stone(i, j, g, Color.black);
                }
                else if(grids[i][j] == 1)
                {
                    draw_stone(i, j, g, Color.white);
                }
            }
        }
    }
}

public void draw_stone(int i, int j, Graphics g, Color input_color)
{
    int x = i*(pix_per_grid + 1) - pix_per_grid/2 + 2;
    int y = j*(pix_per_grid + 1) - pix_per_grid/2 + 2;
    int width = pix_per_grid - 3;
    int height = pix_per_grid - 3;
    g.setColor(input_color);
    g.fillOval(x, y, width, height);
}
}
```

예제 5.25 GridPanelListener 클래스

```
import java.awt.event.*;

public class GridPanelListener
    implements MouseListener, MouseMotionListener
{
    public GridPanel the_caller;

    public GridPanelListener(GridPanel caller)
    {
        the_caller = caller;
    }

    public void mouseClicked(MouseEvent e)
    {
        // do nothing
    }

    public void mouseReleased(MouseEvent e)
    {
        // do nothing
    }

    public void mouseEntered(MouseEvent e)
    {
        // do nothing
    }
```

```
public void mouseExited(MouseEvent e)
{
    // do nothing
}

public void mouseDragged(MouseEvent e)
{
    // do nothing
}

public void mousePressed(MouseEvent e)
{
    int X = e.getX();
    int Y = e.getY();
    int col;
    int row;

    col = pixel_to_grid(X);
    row = pixel_to_grid(Y);

    boolean range_test = (col > 0)
        && (row > 0)
        && (col <= the_caller.num_col)
        && (row <= the_caller.num_row)
        && (the_caller.grids[col][row] == -1)
        && (!the_caller.finished); // test if game finished

    // return immediately if test fails
    if(!range_test)
        return;

    if(the_caller.turn == 0)
    {
        the_caller.grids[col][row] = 0;
        the_caller.turn = 1;
    }
    else // turn is 1
    {
        the_caller.grids[col][row] = 1;
        the_caller.turn = 0;
    }

    // record into stack
    the_caller.record.push(new Coor(col, row));

    // check if the game finished
    boolean finished = false;

    for(int i = 1; i <= the_caller.num_col; i++)
    {
        for(int j = 1; j <= the_caller.num_row; j++)
        {
            int color = the_caller.grids[i][j];

            // check if color is either white or black, break otherwise
            if(color != 0 && color != 1)
                continue;
```

```
// check horizontally(right)
finished = true;
for(int k = 1; k < 5; k++)
{
    int x = i + k;
    int y = j;

    boolean finish_test = valid_finish(x, y, color);

    if(!finish_test)
    {
        finished = false;
        break;
    }
}

if(finished)
{
    // mark the stones which makes victory
    for(int k = 0; k < 5; k++)
    {
        int x = i + k;
        int y = j;

        the_caller.grids[x][y] += 2;
    }

    the_caller.repaint();
    the_caller.finished = true;
    return;
}

// check vertically(down)
finished = true;
for(int k = 1; k < 5; k++)
{
    int x = i;
    int y = j + k;

    boolean finish_test = valid_finish(x, y, color);

    if(!finish_test)
    {
        finished = false;
        break;
    }
}

if(finished)
{
    // mark the stones which makes victory
    for(int k = 0; k < 5; k++)
    {
        int x = i;
        int y = j + k;

        the_caller.grids[x][y] += 2;
    }
```

```
            the_caller.repaint();
            the_caller.finished = true;
            return;
        }

        // check left-down
        finished = true;
        for(int k = 1; k < 5; k++)
        {
            int x = i - k;
            int y = j + k;

            boolean finish_test = valid_finish(x, y, color);

            if(!finish_test)
            {
                finished = false;
                break;
            }
        }

        if(finished)
        {
            // mark the stones which makes victory
            for(int k = 0; k < 5; k++)
            {
                int x = i - k;
                int y = j + k;

                the_caller.grids[x][y] += 2;
            }

            the_caller.repaint();
            the_caller.finished = true;
            return;
        }

        // check right-down
        finished = true;
        for(int k = 1; k < 5; k++)
        {
            int x = i + k;
            int y = j + k;

            boolean finish_test = valid_finish(x, y, color);

            if(!finish_test)
            {
                finished = false;
                break;
            }
        }

        if(finished)
        {
            // mark the stones which makes victory
            for(int k = 0; k < 5; k++)
            {
                int x = i + k;
```

```
                        int y = j + k;

                        the_caller.grids[x][y] += 2;
                    }

                    the_caller.repaint();
                    the_caller.finished = true;
                    return;
                }
            }
        }

        // repaint
        the_caller.repaint();
    }

    public void mouseMoved(MouseEvent e)
    {
        int X = e.getX();
        int Y = e.getY();
        int col;
        int row;

        col = pixel_to_grid(X);
        row = pixel_to_grid(Y);

        the_caller.shadow_x = col;
        the_caller.shadow_y = row;

        the_caller.repaint();
    }

    public int pixel_to_grid(int pixel)
    {
        int pix_per_grid = the_caller.pix_per_grid;
        return (pixel - pix_per_grid/2)/(pix_per_grid + 1) + 1;
    }

    public boolean valid_finish(int x, int y, int color)
    {
        boolean ret = (x >= 1)
            && (y >= 1)
            && (x <= the_caller.num_col)
            && (y <= the_caller.num_row);

        if(ret)
        {
            ret = (the_caller.grids[x][y] == color);
        }

        return ret;
    }
}
```

6장

슬라이딩 퍼즐

6장에서는 장난감으로 많이 즐겨본 게임인 슬라이딩 퍼즐 게임을 Java로 구현하면서 기본적인 윈도우 프로그램을 만들어보고 애니메이션을 생성하는 방법과 외부 그림파일을 불러오는 방법에 대해 다뤄보도록 한다.

슬라이딩 퍼즐은 그림을 직/정사각형 조각으로 나누고 조각을 밀어서(sliding) 특정 형태로 완성시키는 게임이다. 이 조각들은 떼낼 수 없고 오직 밀어서만 움직일 수 있기 때문에 처음부터 한 조각의 그림은 없는 상태이며 빈 공간으로 조각을 하나하나 밀어서 완성시켜야 한다.

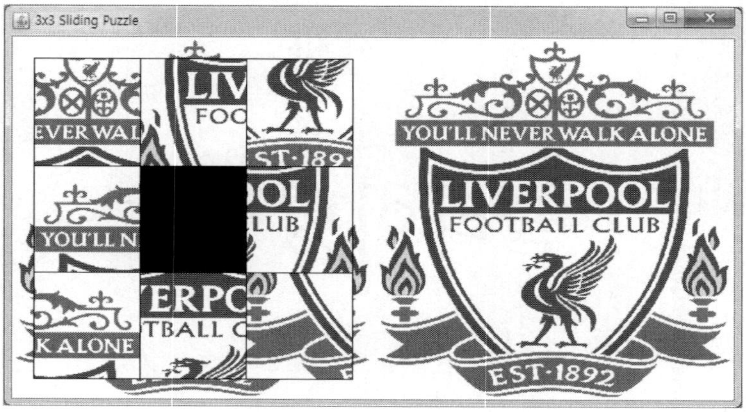

그림 6.1 슬라이딩 퍼즐 화면

6장에서 작성할 슬라이딩 퍼즐 최종 프로그램은 사용자가 원하는 그림으로 퍼즐을 구성할 수 있으며 조각이 움직일 때 부드러운 애니메이션을 생성하여 사용자에게 몰입감을 제공한다.

앞으로의 절에서는 최종 프로그램을 만들기 위한 과정을 단계적으로 보여준다. 6.1절에서는 초기화면을 구성하기 위한 프로그램을 만들고 6.2절에서는 마우스를 클릭하면 조각을 이동하도록 프로그램을 확장한다. 6.3절에서는 조각 이동에 애니메이션 추가를, 6.4절에서는 그림 파일 적용 기능을 추가하여 프로그램을 완성해 본다.

6.1 1단계 프로그램 : 초기 화면 그리기

1단계는 초기 화면을 그리는 프로그램이다. 초기 화면에는 9조각으로 나누어진 그림에 한 조각이 비어있도록 그려진다. 퍼즐 조각 위에 이미지 파일의 그림이 그려지는 것은 6.4절에서 추가될 기능이므로 6.1절부터 6.3절까지는 그림 대신 숫자를 각 조각에 출력해 보도록 한다.

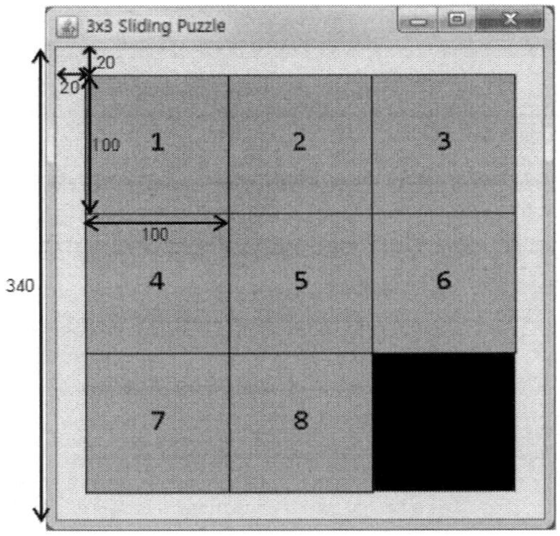

그림 6.2 초기화면과 도형 위치관계

각 도형들의 위치 관계는 그림 6.2와 같다. 340 × 340 화면에 맞게 크기를 부여하였으며 화면의 중앙에 9개(빈 칸 포함)의 조각이 그려진다. 각 조각은 100 × 100 정사각형이다.

6.1.1 빈 윈도우 띄우기

아무 그림이 없는 빈 윈도우를 띄우기 위해 main 메소드가 포함된 SlidingPuzzle 클래스와 그림을 그릴 JComponent 클래스를 상속받은 Canvas 클래스를 작성한다.

SlidingPuzzle 클래스 코드는 아래와 같다.

```
import javax.swing.JFrame;
import java.awt.Dimension;

public class SlidingPuzzle {
    public static void main(String[] a) {
        JFrame window = new JFrame();
        window.setDefaultCloseOperation(JFrame.EXIT_ON_CLOSE);
        window.setTitle("3x3 Sliding Puzzle");

        Canvas canvas = new Canvas();
        canvas.setPreferredSize(new Dimension(340,340));
        window.getContentPane().add(canvas);
        window.pack();
        window.setVisible(true);
    }
}
```

아직 윈도우에는 아무 그림이 그려지지 않으므로 Canvas 클래스는 JComponent를 상속 받을 뿐 본문은 비어있는 채로 둔다. Canvas 클래스의 코드는 다음과 같다.

```
import javax.swing.JComponent;

public class Canvas extends JComponent {

}
```

메인 메소드를 실행하면 그림 6.3과 같이 빈 윈도우가 출력된다.

그림 6.3 빈 윈도우 출력 결과

6.1.2 퍼즐 조각 및 숫자 그리기

본 프로그램의 슬라이딩 퍼즐은 총 9개의 정사각형 조각으로 나누어져 있으며 조각을 슬라이딩할 수 있도록 1개의 조각은 비워져 있다. 이를 그림으로 표현하기 위해 각 조각에 1부터 9까지의 고유 숫자(id)를 부여하고 9번 조각은 검은 사각형으로, 나머지 조각은 밝은 회색(light gray)으로 그렸다.

조각을 이동하면 고유 숫자의 위치도 이동하므로 이를 관리하기 용이 하도록 고유 숫자를 2차원 배열에 저장하였으며 구현의 편의성을 위해 비어있는 9번 조각이 저장된 위치를 별도로 저장할 수 있도록 필드 blankRow, blankCol을 선언하였다. 수정된 Canvas 코드는 아래와 같다.

```
import javax.swing.JComponent;
import java.awt.Graphics;
import java.awt.Font;
import java.awt.Color;

public class Canvas extends JComponent {
    int[][] idList;
    int blankRow, blankCol;
```

```
    Canvas() {
        idList = new int[3][3];

        for(int row=0; row<3; ++row)
            for(int col=0; col<3; ++col)
                idList[row][col] = 3*row + col + 1;

        blankRow = 2;
        blankCol = 2;
    }

    public void paint(Graphics g) {
        g.setFont(new Font("Consolas", Font.PLAIN, 20));

        for(int r=0; r<3; ++r) {
            for(int c=0; col<3; ++c) {

                int x = c * 100 + 20;
                int y = r * 100 + 20;

                if (c != blankCol || r != blankRow) {
                    g.setColor(Color.LIGHT_GRAY);
                    g.fillRect (x, y, 100, 100);
                    g.setColor(Color.BLACK);
                    g.drawRect (x, y, 100, 100);
                    g.setColor(Color.BLACK);
                    String id = Integer.toString(idList[r][c]);
                    g.drawString(id, x+45, y+55);

                else {
                    g.setColor(Color.BLACK);
                    g.fillRect(x, y, 100, 100);
                }
            }
        }
    }
}
```

수정된 코드를 실행하면 그림 6.4와 같이 1부터 8까지의 조각과 비어있는 조각이

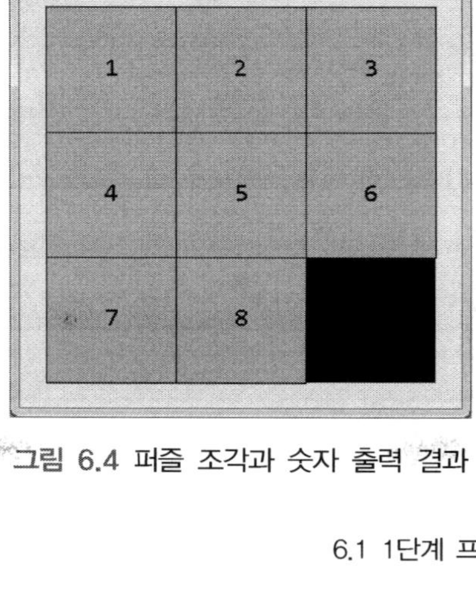

그림 6.4 퍼즐 조각과 숫자 출력 결과

그려진 화면이 출력된다.

6.1.3 초기 배치를 위한 퍼즐 섞기

현재 idList에 1부터 9까지 순서대로 숫자가 들어있기 때문에 퍼즐 그림 또한 섞여 있지 않은 상태로 출력된다. 퍼즐을 섞기 위해서 랜덤으로 idList에 숫자를 넣게 되면 슬라이딩 하는 방식으로는 퍼즐을 해결할 수 없는 경우도 생긴다. 그림 6.5와 같은 배치가 해결할 수 없는 경우 중 하나이다.

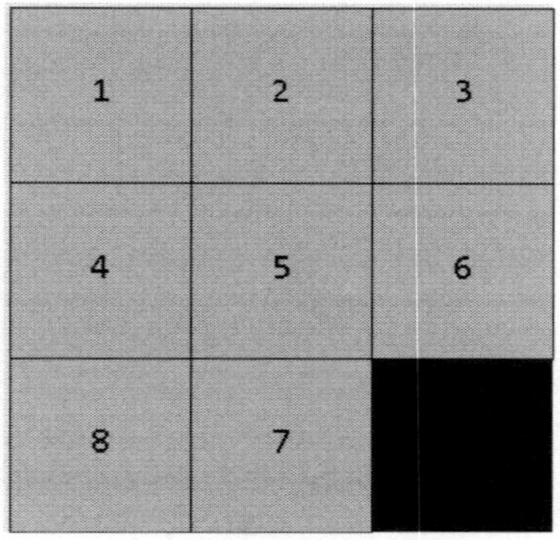

그림 6.5 해결 불가능한 퍼즐 배치

본 프로그램에서는 해결 불가능한 배치가 나오지 않도록 idList에 1부터 9까지 순서대로 넣은 초기 상태에서 9와 인접한 고유 번호들을 무작위로 선택하고 9와 교체하는 작업을 반복하였다. 그림 6.6에서 무작위로 선택된 인접 조각을 별도로 표시하여, 섞는 과정을 보여주고 있다.

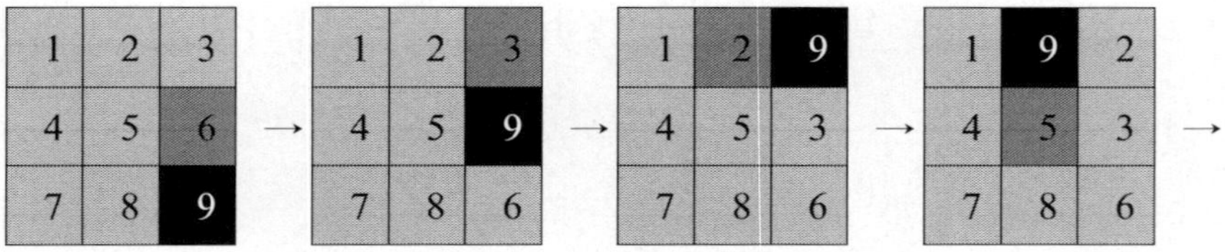

그림 6.6 초기 배치를 위한 퍼즐 섞기 과정

위 과정을 코드로 구현하기 위해 다음과 같은 단계를 거쳐 초기형태를 출력하였다.

1) 현재 빈 칸과 인접한 조각의 인덱스 값을 Vector에 수집
2) Vector의 인덱스중 랜덤으로 하나를 선택
3) 선택된 인덱스와 빈 칸의 인덱스를 교체하였다.
4) 1~3의 과정을 50번 반복

이를 위해 Canvas 클래스에 추가한 메소드는 다음과 같다.

adjacent 메소드	인자로 전달된 r, c에 위치한 조각이 빈칸 조각과 인접하면 true, 그렇지 않으면 false를 리턴하는 메소드이다.
rand_choose 메소드	현재 빈 칸과 인접한 조각의 인덱스를 Vector에 저장하고, Random 클래스의 nextInt(n−1)을 호출하여 Vector에 저장된 값 중 랜덤으로 한 개를 리턴하는 메소드

위의 메소드를 바탕으로 Canvas 클래스의 생성자에서 rand_choose 메소드의 리턴 값으로 나온 인덱스를 현재 빈 칸과 교체하는 작업을 50회 반복하였다. 이때, 바로 전에 교체한 조각과 다시 교체하지 않기 위해 pre_idx 변수를 선언하여 현재 교체한 인덱스를 저장하였다. 다음에 선택된 인덱스가 pre_idx와 동일하면 rand_choose 메소드를 반복 호출하여 다른 인데스를 선택하도록 하였다. 위 과정을 추가 구현한 Canvas 클래스는 다음과 같다.

```
...
import java.util.Random;
import java.util.Vector;

public class Canvas extends JComponent {
    ...
    Canvas() {
        ...
        int prev_idx = 9;
        for(int iter=0; iter<50; iter++) {
            int ridx = rand_choose();
            while(ridx == prev_idx)
                ridx = rand_choose();
            swap(ridx/3, ridx%3);
            prev_idx = ridx;
        }
    }

    public int rand_choose() {
        Vector<Integer> list = new Vector<Integer>();
        for(int r=0; r<3; ++r) {
            for(int c=0; c<3; ++c) {
                if (adjacent(r, c)) {
                    list.add(r*3+c);
                }
            }
        }

        int ridx = (new Random()).nextInt(list.size());
        return list.get(ridx);
    }

    public boolean adjacent(int r, int c) {
```

```
        if (c == blankCol && (r == blankRow-1 || r == blankRow+1))
            return true;

        else if (r == blankRow && (c == blankCol-1 || c == blankCol+1))
            return true;

        return false;
    }

    public void swap(int r, int c) {
        idList[blankRow][blankCol] = idList[r][c];
        idList[r][c] = 9;

        blankRow = r;
        blankCol = c;
    }

    public void paint(Graphics g) {
        ...
    }
}
```

수정된 코드의 실행 화면은 그림 6.7과 같다. 이로써 1단계 프로그램인 초기 화면을 출력하는 프로그램이 완성된다.

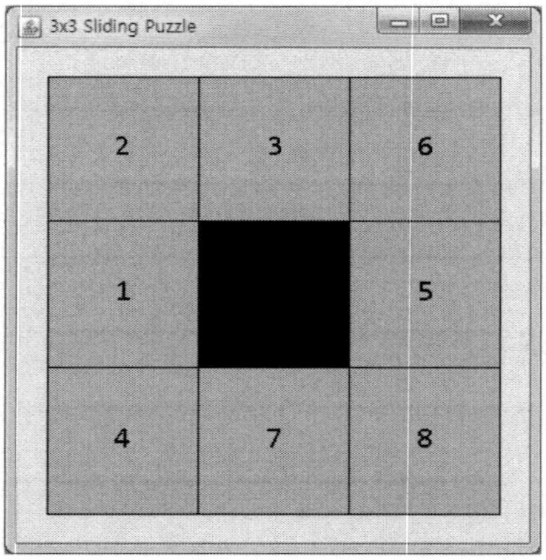

그림 6.7 뒤섞인 퍼즐 출력 결과

Vector

수학이나 물리학에서 다루는 벡터와는 달리 컴퓨터 프로그래밍에서 벡터는 값의 추가/삭제가 용이한 배열을 의미한다. 기본적으로 추가/삭제는 가장 끝에 있는 (index가 가장 큰) 위치에서 일어나며 특정 메소드를 활용하면 지정된 위치에 추가/삭제를 할 수 있다. Java에서는 java.util.Vector 를 import하면 사용가능하다.

Vector(계속)

벡터는 Generic 클래스이기 때문에 사용자가 원하는 타입/클래스에 맞게 선언하면 해당 타입/클래스의 값을 저장할 수 있는 벡터를 이용할 수 있다. 단, int나 float 등의 기본 타입(primitive type)을 저장하는 벡터를 선언하기 위해서는 int나 float 타입을 그대로 사용하여 선언할 수 없고 기본 타입들을 클래스로 구현한 Integer나 Float를 써넣어야 한다.

Vector의 대표적인 메소드들은 다음과 같다.

메소드의 시그니처는 E 타입으로 선언되었다고 가정하며 예제에 쓰이는 벡터는 정수 타입으로 선언되어 있으며 초기에 10,20,30이 저장되어있다고 가정한다.

(Vector<Integer> vec => | 10 | 20 | 30 |)

boolean add(E e) : e를 가장 끝에 추가한다.
ex) vec.add(40);

10	20	30

→

10	20	30	40

void add(int index, E e) : e를 index의 위치에 추가한다.
ex) vec.add(1, 40);

10	20	30

→

10	40	20	30

E firstElement() : 가장 앞에 위치한 값을 리턴한다.
ex) vec.firstElement(); => 10이 리턴됨

1	2	3

E get(int index) : index에 위치한 값을 리턴한다.
ex) vec.get(1); ==> 20이 리턴됨

10	20	30

E lastElement() : 가장 끝에 위치한 값을 리턴한다.
ex) vec.lastElement(); ==> 30이 리턴됨

10	20	30

E remove(int index) : index에 위치한 값을 리턴하고 삭제한다. ex) vec.remove(1);

10	20	30

→

10	30

void clear() : 벡터에 저장된 모든 값을 삭제한다.
ex) vec.clear();

10	20	30

→

6.2 2단계 프로그램 : 마우스를 이용한 퍼즐 조각 이동

2단계 프로그램에는 빈 칸에 인접한 조각을 마우스로 클릭하면 빈칸으로 이동하는 기능이 추가된다. 이를 위해서는 마우스 리스너 클래스가 추가되며, 마우스가 클릭한 위치에 따라 idList의 값이 바뀌기도 하고 그렇지 않기도 해야 한다.

6.1절에서 퍼즐이 교체되기 위해 필요한 메소드들을 모두 구현하였기 때문에 마우스 리스너에서 어떤 조각이 클릭 되었는지 계산하고, adjacent 메소드를 이용하여 클릭한 조각이 빈 칸과 인접했는지 확인한다. 클릭한 조각이 빈 칸과 인접한 경우에만 swap 메소드를 이용하여 빈 칸과 클릭한 조각을 교체한 뒤 repaint를 이용하여 값이 바뀐 idList를 기반으로 퍼즐을 다시 그린다. 이를 구현한 마우스 리스너의 코드는 아래와 같다.

```
import java.awt.event.MouseEvent;
import java.awt.event.MouseListener;

class myMouseListener implements MouseListener {
    Canvas canvas;

    myMouseListener(Canvas c) {
        canvas = c;
    }

    public void mousePressed(MouseEvent e) {
        int x = e.getX();
        int y = e.getY();
        int row = (y-20)/100;
        int col = (x-20)/100;
        if (canvas.adjacent(row, col)) {
            canvas.swap(row, col);
            canvas.repaint();
        }
    }

    public void mouseClicked(MouseEvent e) {}

    public void mouseReleased(MouseEvent e) {}

    public void mouseEntered(MouseEvent e) {}

    public void mouseExited(MouseEvent e) {}
}
```

필요한 모든 메소드를 이미 구현하였기 때문에 Canvas 클래스는 바꿀 필요 없으며, 메인 메소드에서 window에 마우스 리스너를 추가하기만 하면 된다.

```
...
public class SlidingPuzzle {
    public static void main(String[] a) {
        ...
        myMouseListener listener = new myMouseListener(canvas);
        canvas.addMouseListener(listener);
    }
}
```

2단계 프로그램을 실행하고 빈 칸과 인접한 조각을 클릭하면 빈 칸이 옮겨지는 것을 확인할 수 있다.

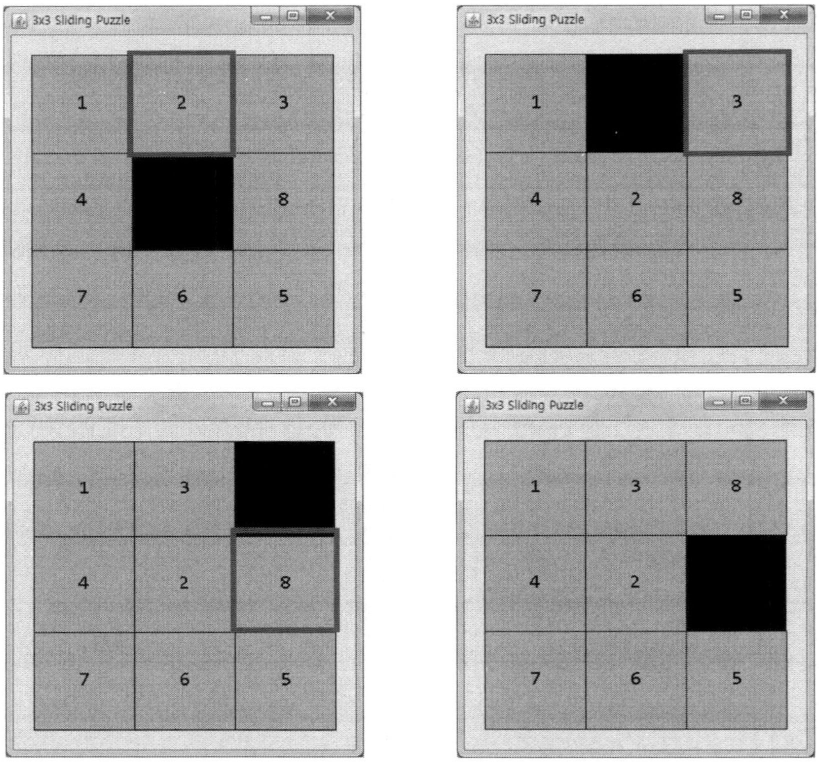

그림 6.8 2단계 프로그램의 초기 화면에서 2, 3, 8을 순서대로 클릭한 결과

6.3 3단계 프로그램 : 애니메이션 추가

6.2절에서 작성한 프로그램에서는 이동할 조각을 클릭하면 빈칸과 즉시 교체되기 때문에 슬라이딩 된다는 느낌을 주지는 않는다. 물론 기능상으로는 문제없지만 사용자

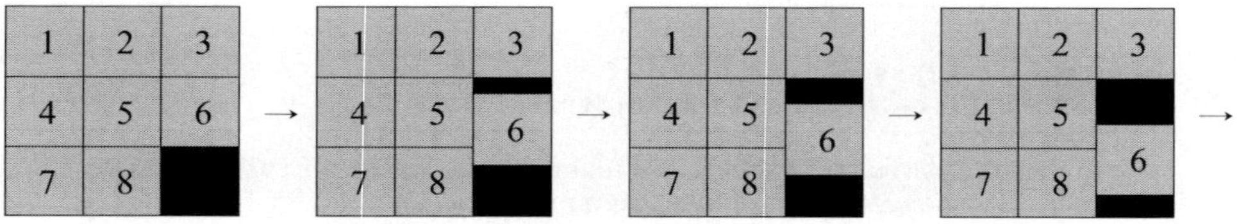

그림 6.9 조각이 이동하는 애니메이션 프레임

에게 더 큰 몰입감을 주기위해 6.3절에서는 조각이 미끄러지듯이 움직이는 애니메이션을 추가해보도록 한다.

애니메이션은 여러 장의 화면을 연속으로 보여주어서 움직이는 것처럼 보이게 만드는 기법이다. 이때 1장의 화면을 프레임(frame)이라 부르며 초당 30장 이상의 프레임으로 만들어지는 애니메이션은 사람이 실세계의 움직임처럼 부드럽게 느낄 수 있다고 알려져 있다. 슬라이딩 퍼즐 프로그램에서 퍼즐 조각의 움직임을 애니메이션으로 나타내기 위해서는 이동하는 조각이 빈칸에 위치하기 전까지의 프레임을 생성하여 짧은 시간 내에 출력하면 된다. 그림 6.9에서 6번 조각이 아래의 빈칸으로 슬라이딩되는 애니메이션을 구성하는 일련의 프레임들을 보여주고 있다.

실제 코드에서 애니메이션을 생성하기 위해서는 Canvas 클래스에서 조각이 이동하는 순간(이동시킬 조각을 클릭하는 순간)부터 애니메이션을 구성하는 프레임을 그려야 한다. 이를 위해 Canvas 클래스에 별도의 boolean 타입의 필드 moving을 선언하여 마우스 리스너에서 swap을 호출한 뒤, moving을 true로 만드는 메소드를 호출하여 마우스로 클릭할 때 moving이 true가 되게 한다. 그 후 애니메이션이 다 그려지면 moving을 false가 되도록 하였다. 즉, moving이 false일 때는 화면이 움직이지 않는 상태이며 moving이 true일 때는 사용자가 클릭한 조각이 움직이는 상태인 것이다. 이제 paint 메소드에서 moving이 true인지 false 인지에 따라 구분하여 구현하면 애니메이션 생성이 가능하다.

조각이 이동하는 순간부터는 움직이는 조각의 윗부분에도 빈칸의 검은색이 그려져야 한다. (그림 6.9의 6번 조각 윗부분을 참고하자.) 따라서 조각이 이동하는 순간 빈칸 뿐 아니라 움직일 조각이 있던 위치도 검게 그린 후에 조각이 움직인 상태가 그려지도록 해야 한다.

본 프로그램에서는 이동 시작부터 완료까지 조각이 움직이는 경로를 50등분하여 프레임을 생성하였다. 조각이 그려지는 기준점인 좌상단 좌표 값으로 설명하면 움직이는 조각의 시작 좌표가 (src_x, src_y)이고 도착 좌표가 (dst_x, dst_y)라고 했을 때 50개중 n번째 프레임에서 이 조각이 그려지는 좌표는 ((dst_x-src_x)/50*n, (dst_y-src_y)/50*n) 가 된다. 그림 6.10에서 3번 조각이 오른쪽으로 움직일 때 n번째 프레임에서의 상태를 보여주고 있다.

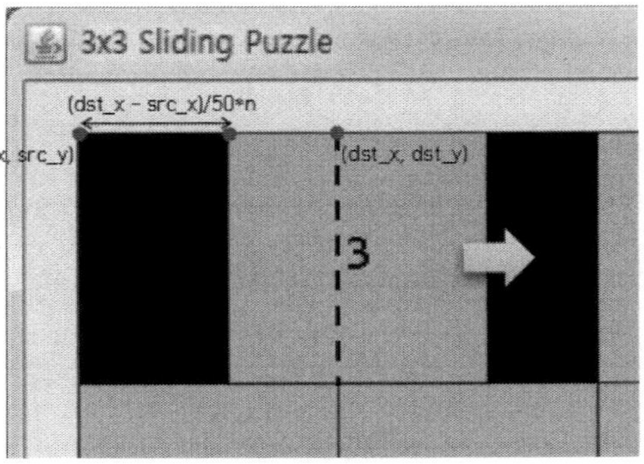

그림 6.10 n번째 프레임에서 움직이는 조각의 좌표 값

지금까지의 코드에 이를 구현하기 위해서는 빈칸 조각(id가 9인 조각)의 id를 swap 한 후 애니메이션을 그릴지, 애니메이션을 모두 완료하고 나서 id를 swap할지를 정해야한다. 본 프로그램에서는 클릭이 감지되면 swap을 먼저 한 뒤, 애니메이션을 그리도록 하였다. 따라서 swap을 할 때, 이전에 빈칸이었던 위치를 저장해야 시작 좌표 (src_x, src_y)와 도착 좌표 (dst_x, dst_y)를 계산할 수 있다.

paint 메소드 한 번이 하나의 프레임에 해당하기 때문에 전체 애니메이션을 그리기 위해서는 프레임을 셀수 있는 필드를 선언하여 애니메이션이 시작될 때 frame이 0부터 50까지 증가되도록 한다. frame 51이 되는 순간 애니메이션이 종료되므로 moving을 false로 만들고 frame을 0으로 초기화한다. 그리고 paint 메소드가 주기적으로 호출되어야 하므로 paint 메소드 본문에서 repaint를 재귀적으로 호출하면 된다.

6.3.1 Canvas 클래스

위에서 논의한 대로, 애니메이션을 추가하기 위해 Canvas 클래스에는 moving 필드가 추가되며 moving의 상태에 따라 그려지는 방식이 달라져야한다. 마우스 리스너에서 moving을 true로 만들 수 있는 메소드도 필요하다. 또한, 조각이 swap 되기 전의 빈칸의 위치를 저장하기 위한 필드 preRow, preCol가 추가되어야 하며 swap 메소드에 이를 저장하는 부분이 필요하다.

```
...
public class Canvas extends JComponent {
    ...
    int preRow, preCol;
    int frame;
    boolean moving;
    ...
    public void swap(int r, int c) {
        idList[blankRow][blankCol] = idList[r][c];
        idList[r][c] = 9;
```

```
        preRow = blankRow;
        preCol = blankCol;

        blankRow = r;
        blankCol = c;
    }

    public void paint(Graphics g) {
        g.setFont(new Font("Consolas", Font.PLAIN, 20));
        if (!moving) {
        // 조각이 움직이지 않을 때
            for(int r=0; r<3; ++r) {
                for(int c=0; c<3; ++c) {
                    int x = c * 100 + 20;
                    int y = r * 100 + 20;
                    if (c != blankCol || r != blankRow) {
                        g.setColor(Color.LIGHT_GRAY);
                        g.fillRect (x, y, 100, 100);
                        String id = Integer.toString(idList[r][c]);
                        g.drawString(id, x+45, y+55);
                        g.setColor(Color.BLACK);
                        g.drawRect (x, y, 100, 100);
                    }
                    else {
                        g.setColor(Color.BLACK);
                        g.fillRect(x, y, 100, 100);
                    }
                }
            }
        }

        else {
        // 조각이 움직일 때
            for(int r=0; r<3; ++r) {
                for(int c=0; c<3; ++c) {
                    int x = c * 100 + 20;
                    int y = r * 100 + 20;
                    if ((c != blankCol || r != blankRow) &&
                     (c != preCol || r != preRow)) {
                        g.setColor(Color.LIGHT_GRAY);
                        g.fillRect (x, y, 100, 100);
                        String id = Integer.toString(idList[r][c]);
                        g.drawString(id, x+45, y+55);
                        g.setColor(Color.BLACK);
                        g.drawRect (x, y, 100, 100);
                    }
                    else {
                        g.setColor(Color.BLACK);
                        g.fillRect(x, y, 100, 100);
                    }
                }
            }
            int src_x = blankCol * 100 + 20;
            int src_y = blankRow * 100 + 20;
            int dst_x = preCol * 100 + 20;
            int dst_y = preRow * 100 + 20;
            double dx = (dst_x-src_x)*frame/50.0;
            double dy = (dst_y-src_y)*frame/50.0;
```

```
        int x = (int) (dx + src_x);
        int y = (int) (dy + src_y);

        g.setColor(Color.LIGHT_GRAY);
        g.fillRect (x, y, 100, 100);
        String id = Integer.toString(idList[preRow][preCol]);
        g.drawString(id, x+45, y+55);
        g.setColor(Color.BLACK);
        g.drawRect (x, y, 100, 100);
        frame++;
        if (frame == 51) {
            moving = false;
            frame = 0;
        }
        repaint();
      }
    }
    public void startMove() {
        moving = true;
    }
}
```

6.3.2 myMouseListener 클래스

myMouseListener 클래스에는 swap 메소드 호출 이후에 startMove 메소드를 호출하기만 하면 된다.

```
...
class myMouseListener implements MouseListener {
    ...
    public void mousePressed(MouseEvent e) {
        ...
        if (canvas.adjacent(row, col)) {
            canvas.swap(row, col);
            canvas.startMove();
            canvas.repaint();
        }
    }
    ...
}
```

6.3.3 Timer 클래스 도입

이렇게 수정한 클래스를 실행하면 조각이 이동할 때마다 애니메이션을 생성하는 것을 확인할 수 있다. 그러나 이 프로그램에는 작은 결함이 있다. paint 메소드에서 애니메이션을 생성하기 위해 repaint를 호출하기 때문에 일정한 간격으로 프레임을 생성하지 못한다. 그렇기 때문에 컴퓨터가 자원을 많이 사용하여 처리속도가 느릴 때

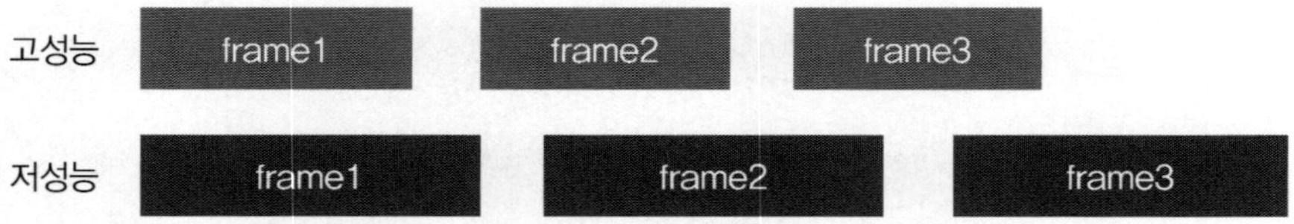

그림 6.11 고성능 컴퓨터에서 프레임을 생성하는데 걸리는 시간과 저성능 컴퓨터에서 한 프레임을 생성하는데 걸리는 시간 비교

는 호출 간격이 길어져서 움직임이 느리게 보이며 그렇지 않을 때는 움직임이 빨리 보이게 된다. 즉, 애니메이션이 컴퓨터의 상황에 따라 일관적이지 않은 것이다. 또한 컴퓨터 성능에 따라 애니메이션이 빨리 보일 수도, 느리게 보일 수도 있다. 그림 6.11에서 확인할 수 있듯이 서로 다른 성능의 컴퓨터에서 하나의 프레임을 생성하는데 걸리는 시간이 다르면 동일한 프로그램이라도 다른 속도로 조각이 움직이게 된다는 것을 알 수 있다.

만약 paint 메소드 본문에서 repaint를 호출하는 방식이 아니라 일정한 시간마다 repaint를 호출할 수 있다고 가정해보자. 한 번의 repaint 호출에 퍼즐 조각이 움직이는 거리는 총 이동 거리의 1/50으로 일정하기 때문에 프레임 생성에 걸리는 시간이 서로 다르더라도 같은 시간에 동일한 거리로 조각이 이동하는 애니메이션을 생성할 수 있다. 그림 6.12에서 이를 도식으로 확인할 수 있다.

이를 실제로 구현하기 위해서는 Timer 클래스가 필요하다. Timer는 말 그대로 타이머 역할을 하는 클래스로 일정 시간마다 특정 메소드를 호출 하고자 할 때 사용하는 클래스이다. 본 프로그램은 swing 기반의 GUI 프로그램이기 때문에 javax.swing.Timer를 import하여 사용한다.

같은 간격으로 repaint를 호출하여 애니메이션을 생성하기 위해 Canvas 클래스가 ActionListner 인터페이스를 implements 하도록 수정하고, actionPerformed 메소드를 추가하여 repaint를 호출하게 한다. 그리고 Timer 클래스 필드를 추가하여 startMove 메소드에서 timer를 start 하고, frame이 51째가 되었을 때 timer를 stop하여 애니메이션이 생성될 때만 timer가 실행되도록 하였다. 수정된 Canvas 클래스는 다음과 같다.

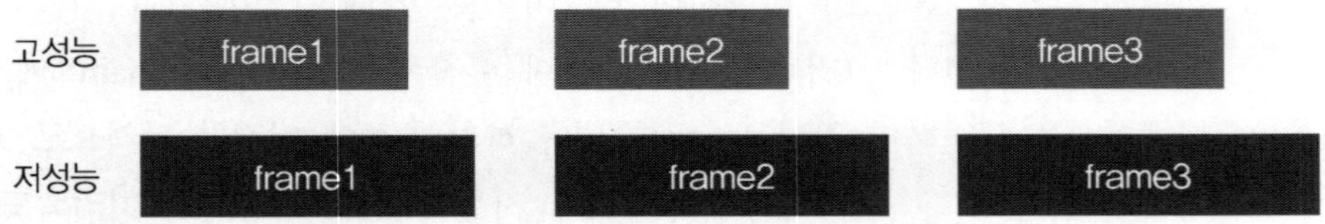

그림 6.12 repaint를 일정한 시간마다 호출하여 프레임을 생성한 경우

```
...
import java.awt.event.ActionEvent;
import java.awt.event.ActionListener;
import javax.swing.Timer;

public class Canvas extends JComponent implements ActionListener {
    ...
    Timer timer;

    Canvas() {
        ...
        timer = new Timer(5, this);
    }
    ...
    public void paint(Graphics g) {
        ...
            if (frame == 51) {
                moving = false;
                frame = 0;
                timer.stop();
            }
        }
    }

    public void startMove() {
        moving = true;
        timer.start();
    }

    public void actionPerformed(ActionEvent e) {
        repaint();
    }
}
```

위와 같이 수정된 코드를 실행하면 컴퓨터의 성능에 상관없이 일정한 시간 간격으로 프레임이 생성되는 애니메이션이 그려지게 된다.

Timer 클래스 사용 법

swing에서 제공하는 Timer의 사용법은 다음과 같다. 먼저, ActionListener를 implements하는 클래스 본문에 actionPerformed 메소드를 오버라이딩하여 반복할 구문을 작성한다. 그 후, 반복 실행하는 주기 값(밀리초 단위)과 ActionListener를 implements하는 클래스를 포함시켜 Timer 클래스를 인스턴스화한다. Timer 클래스 객체의 start 메소드를 호출하면 actionPerformed의 구문이 반복 실행된다. ActionListener 인터페이스와 actionPerformed 메소드의 인자 ActionEvent 클래스는 별도의 import 구문을 이용하여 코드에 포함시켜야 한다.

아래의 코드는 count를 1씩 증가하여 콘솔창에 출력하는 예제이다. JFrame을 상속 받으며 ActionListener를 implements하는 myWindow 클래스의 actionPerformed 메소드에 반복할 구문이 적혀있는 것을 알 수 있다. myWindow에 timer 필드가 있어서 생성자가 실행되면 100 밀리

Timer 클래스 사용 법(계속)

초마다 actionPerformed가 호출되도록 하였다. 메인 메소드를 실행하면 100 밀리초마다 count의 값이 출력되는 것을 확인할 수 있다.

```
import javax.swing.JFrame;
import java.awt.event.ActionEvent;
import java.awt.event.ActionListener;
import javax.swing.Timer;

class myWindow extends JFrame implements ActionListener {

    int count;
    Timer timer;
    myWindow() {
        count = 0;
        timer = new Timer(100, this);
        timer.start();
    }

    public void actionPerformed(ActionEvent e) {
        count++;
        System.out.println(count);
    }
}

public class TimerTest {
    public static void main(String[] args) {
        myWindow window = new myWindow();
    }
}
```

6.4 4단계 프로그램 : 사용자 그림 파일 로드

4단계 프로그램에서는 슬라이딩 퍼즐에 기존의 숫자 대신 이미지 파일을 불러와서 적용할 수 있는 기능을 추가해보자. 사용자 입장에서 숫자 퍼즐 조각을 맞출 때와 달리 그림파일은 원래의 위치를 가늠하기 어려울 수 있으므로 오른쪽에는 완성된 형태의 그림을 보여주어 퍼즐을 완성하는데 도움을 줄 수 있도록 윈도우가 구성된다.

6.4.1 이미지 파일 로드

Java Swing 기반의 윈도우 프로그램에서 File 클래스와 BufferedImage 클래스를 이용하면 이미지 파일을 윈도우에 그릴 수 있다. BufferedImage 객체에 파일에 저장된 그림을 로드하기 위해서는 File 객체를 파일이 저장된 경로를 인자로 하여 생성한 뒤, ImageIO 클래스의 read 메소드에 생성된 File 객체를 넘기면 된다. 이때, Java 컴파일러에서는 예외처리를 위한 try&catch 문법을 강제하고 있기 때문에 반드시 try 블록 안에서 파일을 읽는 구문을 넣어야 한다. 이미지 파일의 경로가 c:\image.png라고 가정하면 그것을 읽는 코드는 아래와 같다.

```
...
import java.awt.Graphics2D;
import java.awt.image.*;
import java.io.*;
import javax.imageio.ImageIO;

public class Canvas extends JComponent implements ActionListener {
    ...
    Canvas() {
        ...
        try {
            File file = new File("c:/image.png");
            BufferedImage ori_img = ImageIO.read(file);
        } catch (IOException e) {
            e.printStackTrace();
        }
    }
    ...
}
```

본 프로그램의 퍼즐 사이즈는 340 × 340 픽셀이다. 따라서 임의의 크기를 갖는 이미지 파일을 퍼즐에 그리기 위해서는 이미지의 크기를 조절하는 리사이즈(resize) 과정이 필요하다. BufferedImage 객체에 저장된 그림을 리사이즈하기 위해서는 Graphics2D 클래스를 이용하면 된다. Graphics2D 클래스는 2차원 그림의 리사이즈, 회전 등의 그래픽스 작업들이 정의되어 있는 클래스이다. Graphics2D의 drawImage 메소드를 이용하면 BufferedImage 객체에 저장된 그림을 지정된 크기로 다시 그릴 수 있다. Graphics2D 객체 사용을 완료하면 dispose 메소드를 호출하여 자원 낭비를 최소화해야 함에 유념하자. 로드한 이미지 파일을 340 × 340 픽셀로 리사이즈하는 코드는 아래와 같다. 리사이즈한 그림은 퍼즐을 그릴 때 이용되기 때문에 Canvas 클래스에 필드를 선언하여 저장하였다.

```
...
public class Canvas extends JComponent implements ActionListener {
    ...
    BufferedImage img;

    Canvas() {
        ...
        try {
            File file = new File("c:/image.png");
            BufferedImage ori_img = ImageIO.read(file);
            img = new BufferedImage(340,340,ori_img.getType());
            Graphics2D g2d = img.createGraphics();
            g2d.drawImage(ori_img, 0, 0, 340, 340, null);
            g2d.dispose();
        } catch (IOException e) {
            e.printStackTrace();
        }
    }
    ...
}
```

리사이즈까지 끝난 img 객체에는 윈도우 사이즈에 맞는 이미지 파일의 그림이 저장되어있다. 이 그림이 정방형으로 3 × 3 등분 되어 퍼즐 조각이 구성되므로 img를 9등분하는 서브이미지를 만들어야 한다. BufferedImage 클래스의 getSubimage 메소드를 이용하면 지정한 좌표 값에 맞는 서브 이미지를 구성할 수 있다. 아래의 코드에서 그 서브이미지를 구하는 과정을 확인해보자. 구현의 편의성을 위해 서브이미지는 BufferedImage 타입 배열 imgList에 저장하였다.

```
...
public class Canvas extends JComponent implements ActionListener {
    ...
    BufferedImage[] imgList;

    Canvas() {
        ...
        try {
            File file = new File("c:/image.png");
            BufferedImage ori_img = ImageIO.read(file);
            img = new BufferedImage(340,340,ori_img.getType());
            Graphics2D g2d = img.createGraphics();
            g2d.drawImage(ori_img, 0, 0, 340, 340, null);
            g2d.dispose();
            imgList = new BufferedImage[9];
            for(int r=0; r<3; ++r) {
                for(int c=0; c<3; ++c) {
                    int x = c * 100 + 20;
                    int y = r * 100 + 20;
                    int idx = r*3 + c;
                    imgList[idx] = img.getSubimage(x,y,100,100);
                }
            }

        } catch (IOException e) {
```

```
            e.printStackTrace();
        }
    }
    ...
}
```

이로써 img에는 340 × 340으로 리사이즈된 이미지 파일의 그림이, imgList에는 img가 3 × 3 등분된 서브이미지가 저장된다.

6.4.2 이미지 파일 그리기

BufferedImage 객체에 저장된 그림을 윈도우에 그리기 위해서는 paint 메소드의 인자로 전달된 Graphics 객체의 drawImage 메소드를 이용하면 된다. 3단계 프로그램까지는 퍼즐의 순서를 숫자로 대신하였기 때문에 어느 조각이 어디에 위치해야 하는지 명확하였다. 이미지 파일을 이용하여 퍼즐을 구상할 경우, 사용자는 어떤 조각이 어디에 있어야하는지 알기 어렵기 때문에 4단계 프로그램에서는 윈도우의 오른쪽에 완성된 그림을 보여주도록 수정이 필요하다. 이를 위해서는 윈도우의 크기를 옆으로 2배 키워주어야 한다. 이를 위해 SlidingPuzzle의 코드를 수정하면 다음과 같다.

```
...
public class SlidingPuzzle {
    public static void main(String[] a) {
        ...
        canvas.setPreferredSize(new Dimension(680,340));
        ...
    }
}
```

Canvas 클래스의 paint 메소드에서는 기존의 텍스트 대신에 그림을 그려야 하므로 drawString 메소드를 drawImage 메소드로 고쳐준다. 이때, idList에 저장된 숫자 1~9가 아닌 해당 숫자의 위치 0~8에 있는 서브 이미지를 그리면 되므로 imgList의 인덱스에 idList의 값에 1을 뺀 값을 넣어서 원하는 그림을 얻을 수 있다. paint 메소드의 부분을 아래와 같이 수정하면 된다.

```
String id = Integer.toString(idList[r][c]);
g.drawString(id, x+45, y+55);

                              ↓

int idx = idList[r][c]-1;
BufferedImage subImg = imgList[idx];
g.drawImage(subImg, x, y, 100, 100, null);
```

그림 6.13 4단계 프로그램 실행 화면

또한 퍼즐 조각 바깥 부분이 그려져야 하고, 퍼즐의 오른쪽에는 완성된 그림이 그려져야 하므로 paint 메소드의 첫 부분에 img를 그리는 부분을 추가해야한다. 완성된 코드는 6.5.2 절을 참고하자. 수정된 코드를 실행하면 그림 6.13과 같이 이미지 파일을 기반으로 하는 슬라이딩 퍼즐이 완성된다. 원하는 이미지 파일이 c:\에 image.png라는 이름으로 저장되어 있다고 가정한 코드이기 때문에 이미지 파일의 위치나 이름이 다를 경우 코드에 그 부분을 반드시 수정해야 한다는 점에 유의하자.

6.5절에서는 6장에서 소개한 프로그램의 전체 코드를 확인할 수 있다.

6.5 전체 코드 소개

6.5.1 SlidingPuzzle 클래스

```
import javax.swing.JFrame;
import java.awt.Dimension;

public class SlidingPuzzle {
    public static void main(String[] a) {
        JFrame window = new JFrame();
        window.setDefaultCloseOperation(JFrame.EXIT_ON_CLOSE);
        window.setTitle("3x3 Sliding Puzzle");

        Canvas canvas = new Canvas();
        canvas.setPreferredSize(new Dimension(680,340));
        window.getContentPane().add(canvas);
        window.pack();
        window.setVisible(true);
```

```
        myMouseListener listener = new myMouseListener(canvas);
        canvas.addMouseListener(listener);
    }
}
```

6.5.2 Canvas 클래스

```
import java.awt.Color;
import java.awt.Graphics;
import javax.swing.JComponent;
import java.util.Random;
import java.util.Vector;
import java.awt.event.ActionEvent;
import java.awt.event.ActionListener;
import javax.swing.Timer;
import java.awt.Graphics2D;
import java.awt.image.*;
import java.io.*;
import javax.imageio.ImageIO;

public class Canvas extends JComponent implements ActionListener {

    int[][] idList;
    int blankCol, blankRow;
    int preCol, preRow;
    int frame;
    boolean moving;
    Timer timer;
    BufferedImage img;
    BufferedImage[] imgList;

    Canvas() {
        idList = new int[3][3];
        frame = 0;
        moving = false;
        for(int r=0; r<3; ++r) {
            for(int c=0; c<3; ++c) {
                idList[r][c] = 3*r + c + 1;
            }
        }
        blankCol = 2;
        blankRow = 2;
        int prev_idx = 9;
        for(int iter=0; iter<50; iter++) {
            int ridx = rand_choose();
            while(ridx == prev_idx)
                ridx = rand_choose();
            swap(ridx/3, ridx%3);
            prev_idx = ridx;
        }
        timer = new Timer(5, this);
        try {
            File file = new File("c:/image.png");
            BufferedImage ori_img = ImageIO.read(file);
            img = new BufferedImage(340,340,ori_img.getType());
```

```
            Graphics2D g2d = img.createGraphics();
            g2d.drawImage(ori_img, 0, 0, 340, 340, null);
            g2d.dispose();
            imgList = new BufferedImage[9];
            for(int r=0; r<3; ++r) {
                for(int c=0; c<3; ++c) {
                    int x = c * 100 + 20;
                    int y = r * 100 + 20;
                    int idx = r*3 + c;
                    imgList[idx] = img.getSubimage(x,y,100,100);
                }
            }
        } catch (IOException e) {
            e.printStackTrace();
        }
    }

    public int rand_choose() {
        Vector<Integer> list = new Vector<Integer>();
        for(int r=0; r<3; ++r) {
            for(int c=0; c<3; ++c) {
                if (adjacent(r, c)) {
                    list.add(r*3+c);
                }
            }
        }
        int ridx = (new Random()).nextInt(list.size());
        return list.get(ridx);
    }

    public boolean adjacent(int r, int c) {
        if (c==blankCol && (r==blankRow-1 || r==blankRow+1))
            return true;

        else if (r==blankRow && (c==blankCol-1 || c==blankCol+1))
            return true;

        return false;
    }

    public void swap(int r, int c) {
        idList[blankRow][blankCol] = idList[r][c];
        idList[r][c] = 9;

        preRow = blankRow;
        preCol = blankCol;

        blankCol = c;
        blankRow = r;
    }

    public void paint(Graphics g) {
        g.drawImage(img, 0, 0, 340, 340, null);
        g.drawImage(img, 340, 0, 340, 340, null);

        if (!moving) {
            for(int r=0; r<3; ++r) {
                for(int c=0; c<3; ++c) {
```

```
                int x = c * 100 + 20;
                int y = r * 100 + 20;

                if (c != blankCol || r != blankRow) {
                    g.setColor(Color.LIGHT_GRAY);
                    g.fillRect (x, y, 100, 100);
                    int idx = idList[r][c]-1;
                       BufferedImage subImg = imgList[idx];
                    g.drawImage(subImg, x, y, 100, 100, null);
                    g.setColor(Color.BLACK);
                    g.drawRect (x, y, 100, 100);
                }
                else {
                    g.setColor(Color.BLACK);
                    g.fillRect(x, y, 100, 100);
                }
            }
        }
    }

    else {
        for(int r=0; r<3; ++r) {
            for(int c=0; c<3; ++c) {
                int x = c * 100 + 20;
                int y = r * 100 + 20;

                if ((c != blankCol || r != blankRow)  &&
                 (c != preCol || r != preRow)) {
                    int idx = idList[r][c]-1;
                       BufferedImage subImg = imgList[idx];
                 g.drawImage(subImg, x, y, 100, 100, null);
                    g.setColor(Color.BLACK);
                    g.drawRect (x, y, 100, 100);
                }
                else {
                    g.setColor(Color.BLACK);
                    g.fillRect(x, y, 100, 100);
                }
            }
        }

        int src_x = blankCol * 100 + 20;
        int src_y = blankRow * 100 + 20;
        int dst_x = preCol * 100 + 20;
        int dst_y = preRow * 100 + 20;

        double dx = (dst_x-src_x)*frame/50.0;
        double dy = (dst_y-src_y)*frame/50.0;

        int x = (int) (dx + src_x);
        int y = (int) (dy + src_y);

        int idx = idList[preRow][preCol]-1;
        BufferedImage subImg = imgList[idx];
        g.drawImage(subImg, x, y, 100, 100, null);
        g.setColor(Color.BLACK);
        g.drawRect (x, y, 100, 100);

        frame++;
```

```
            if (frame == 51) {
                moving = false;
                frame = 0;
                timer.stop();
            }
        }
    }

    public void startMove() {
        moving = true;
        timer.start();
    }

    public void actionPerformed(ActionEvent e) {
        repaint();
    }
}
```

6.5.3 myMouseListener 클래스

```
import java.awt.event.MouseEvent;
import java.awt.event.MouseListener;

class myMouseListener implements MouseListener {
    Canvas canvas;

    myMouseListener(Canvas c) {
        canvas = c;
    }

    public void mousePressed(MouseEvent e) {
        int x = e.getX();
        int y = e.getY();
        int row = (y-20)/100;
        int col = (x-20)/100;
        if (canvas.adjacent(row, col)) {
            canvas.swap(row, col);
            canvas.startMove();
            canvas.repaint();
        }
    }

    public void mouseClicked(MouseEvent e) {}

    public void mouseReleased(MouseEvent e) {}

    public void mouseEntered(MouseEvent e) {}

    public void mouseExited(MouseEvent e) {}
}
```

7장

미로 찾기

이번 예제는 제시된 미로에서 출발점을 시작으로 출구까지의 탈출 경로를 찾는 '미로 찾기'의 과정을 시뮬레이션하는 프로그램이다. 최근 알파고의 활약을 시작으로 화두가 되고 있는 인공지능 분야에서 '길 찾기' 문제는 가장 흔하게 다뤄지는 주제 중 하나이다. 인공지능 분야에 관심이 있는 독자라면 이번 단원에서 미로 찾기 예제를 구현하면서 기본적인 길 찾기 알고리즘을 직접 테스트해볼 수 있을 것이다. 7.1절에서 앞으로 구현하게 될 미로 찾기 프로그램의 기능 및 요구사항을 확인하고, 7.2절부터 본격적으로 프로그램을 구현해보도록 하자.

7.1 미로 찾기 프로그램 소개

미로(Maze)란 퍼즐의 일종으로 임의의 출발점으로부터 출구까지 무수한 갈림길이 이어져 있어 출구까지의 경로를 찾기가 어렵게 만든 구조를 일컫는다. 그림 7.1에서 미로의 다양한 형태를 보여주고 있는데, 미로를 표현하는 방법은 여러 가지가 있지만 그림 7.1의 왼쪽 그림에서와 같이 2차원 평면상에 직각으로 형성된 벽을 구성하여 갈림길을 표현하는 방법이 가장 널리 사용된다.

이번 단원에서 사용되는 프로그램은 그림 7.2에서 보이는 것처럼 화면에 미로를 구성할 수 있게 하고 정해진 알고리즘으로 미로를 풀어나가는 것을 시뮬레이션하는 프로그램이다. 'Maze Simulator' 라는 이름의 프레임에서는 화면 상단에 미로의 구성이 실제로 나타나 있고, 아래의 버튼을 통해 미로의 구성을 변경하거나 시뮬레이션을 시작할 수 있도록 하는 프로그램이다. 화면 상단에 10X10의 격자가 나타나 있고, 그 중 흰색 격자는 미로에서 지나갈 수 있는 칸을 의미하며, 검정색 격자는 지나갈 수 없는 벽을 의미한다. 파란색으로 표시된 것이 미로 속에서 미로를 찾아가는 주체인 에이전트의 위치를 나타내는 것이며, 붉은색으로 표시된 부분이 미로의 출구에 해당한다. 그림에서처럼 에이전트는 한 시뮬레이션에서 하나만 존재할 수 있지만, 출

그림 7.1 미로의 다양한 표현 방법과 예시

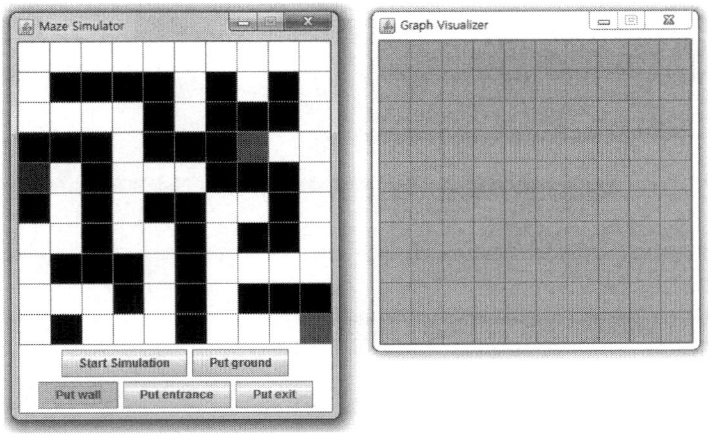

그림 7.2 미로 프로그램에서 미로를 배치한 모습

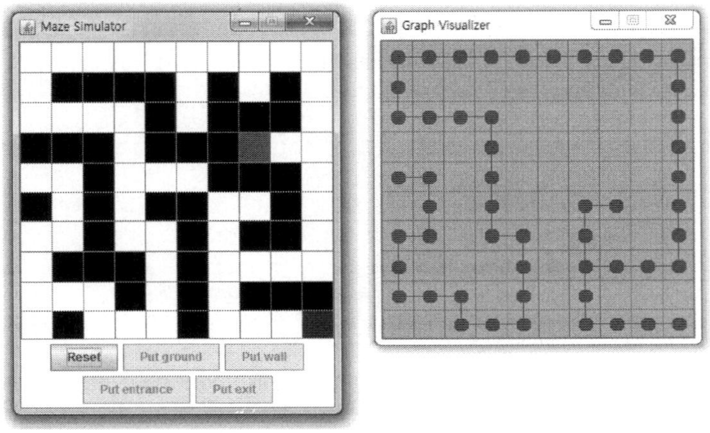

그림 7.3 미로 프로그램에서 시뮬레이션을 실행한 모습

구는 여러 개가 존재할 수 있도록 구현할 예정이다.

프로그램 상에서 시뮬레이션을 실행하면, 에이전트가 지정한 시간마다 한 칸씩 이동하게 되고, 에이전트에 적용된 알고리즘이 제대로 작동한다면 어느 하나의 출구에 도달할 때까지 이동을 지속할 것이다. 그림 7.3은 시뮬레이션이 진행되면서 에이전트가 한 쪽의 출구에 도달하여 시뮬레이션이 종료된 모습을 나타내고 있다. 이처럼 에이전트가 한 쪽 출구에 도달할 때까지 시뮬레이션이 지속되며, 오른쪽의 'Graph Visualizer'라는 이름의 프레임에서 에이전트가 이동한 경로를 연결하는 신장 트리(Spanning tree)를 형성하여 그래프의 형식으로 시각화하여 보여주도록 한다. 이번 예제에서는 하나의 프로그램에 두 개의 창(프레임)을 표시하여야 하며, 두 창에서 서로 다른 기능을 구현하여 최종적으로 완성해야하기 때문에, 완성된 프로그램을 작성하기까지 그 단계가 복잡하며 클래스의 종류가 다소 많다. 난이도가 높다고 생각되는 독자들은 앞선 단원들을 다시 복습한 후 미로 찾기 프로그램에 도전하는 것도 좋을 것이다. 7.2절에서 미로 찾기 프로그램의 구현을 단계별로 살펴보기로 하자.

7.2 프레임 기본틀 구현

7.2.1 프레임 생성 및 초기 작업

프로그램의 세부적인 기능을 구현하기에 앞서, 먼저 필요한 프레임들을 추가하고 레이아웃을 설정하여 프레임의 구역을 나누어보도록 하자. 앞서 다룬 예제와 다르게 이번 예제에서는 두 개의 프레임이 사용될 예정이다. 따라서 메인 클래스가 JFrame 클래스를 상속하였던 앞선 예제와 달리, JFrame을 상속하는 두 개의 클래스를 멤버 필드로 가지는 메인 클래스를 작성하여 프로그램의 기본 틀을 다지도록 해보자.

예제 7.1 MazeSimulator 클래스

```
public class MazeSimulator
{
    // frames
    public static MazeFrame maze_frame;
    public static GraphFrame graph_frame;

    public static void main(String[] args)
    {
        maze_frame = new MazeFrame();
        graph_frame = new GraphFrame();

        maze_frame.repaint();
        graph_frame.repaint();
    }
}
```

예제 7.1은 이번 미로 찾기 프로그램의 메인 클래스가 될 MazeSimulator 클래스의 기본적인 틀을 소개하고 있다. 두 개의 창이 화면에 나타나야하므로 두 개의 프레임 클래스 MazeFrame, GraphFrame의 객체 maze_frame, graph_frame을 멤버 필드로 가지고 있다. 또한 메인 메소드에서 각각의 객체에 대해 초기화 및 repaint() 메소드를 호출해주고 있다. 지금 버전의 코드에서는 repaint() 메소드를 통해서 그려지는 부분은 없지만, 앞으로 화면을 구성해 가면서 repaint() 메소드의 호출이 필요하므로 미리 구현해 두었다.

예제 7.2 MazeFrame 클래스

```java
import javax.swing.*;
import java.awt.*;

public class MazeFrame extends JFrame
{
    MazeFrame()
    {
        this.setResizable(false);
        this.setVisible(true);

        this.setDefaultCloseOperation(JFrame.EXIT_ON_CLOSE);

        this.setLocation(100, 150);
        this.setSize(new Dimension(500, 500));
        this.getContentPane().setBackground(Color.red);
    }

    public void paint(Graphics g)
    {
        this.paintComponents(g);
    }
}
```

예제 7.2는 두 개의 프레임 클래스 중 하나인 MazeFrame 클래스의 기본 틀을 보여주고 있다. setResizable(), setVisible(), setDefaultCloseOperation() 메소드를 통해 기본적인 프레임의 설정을 완료하였고, setLocation() 메소드로 초기 위치를 화면의 왼쪽 상단으로부터 가로 100픽셀, 세로 150픽셀 떨어지게 하였다. 프레임의 크기는 미로 한 칸의 가로, 세로 크기를 어느 정도로 설정할지, 미로가 가로로 몇 칸, 세로로 몇 칸이 있는지가 정해져야 결정할 수 있지만 우선 테스트의 목적으로 가로, 세로 500 픽셀의 크기를 가지는 프레임을 만들도록 하자. setSize() 메소드로 500 X 500 크기의 프레임을 생성한 후 getContentPane() 메소드, setBackground() 메소드를 통해 배경색을 붉은색으로 표시하였다. 추후 코드를 실행했을 때 MazeFrame의 크기와 배경색이 의도대로 출력되는지 확인하여 보자.

예제 7.3 GraphFrame 클래스

```java
import javax.swing.*;
import java.awt.*;

public class GraphFrame extends JFrame
{
    GraphFrame()
    {
        this.setResizable(false);
        this.setVisible(true);
        this.setDefaultCloseOperation(JFrame.EXIT_ON_CLOSE);

        this.setLocation(650, 150);
```

```
        this.setSize(new Dimension(500, 500));
        this.getContentPane().setBackground(Color.green);
    }

    public void paint(Graphics g)
    {
        this.paintComponents(g);
    }
}
```

예제 7.3은 두 번째로 생성한 프레임 클래스 GraphFrame 의 초기 내용을 보여주고 있다. 클래스 이름이 다를 뿐 예제 7.2에서 보여주었던 MazeFrame과 내용이 동일하다. 이후 추가 기능들이 구현되면서 두 프레임의 내용이 구분될 것이다. 배경 색을 초록색으로 설정하고 setLocation() 메소드를 통해 위치를 다르게 설정하여 MazeFrame과 구분되게 하였다. 프로그램을 실행하여 두 프레임이 잘 출력되는지 확인해 보도록 하자.

그림 7.4에서 위의 코드를 실행한 결과를 보여주고 있다. 왼쪽에 위치한 프레임이 MazeFrame이며 오른쪽에 위치한 프레임이 GraphFrame이다. 각각 빨간색, 초록색의 배경색이 의도된 대로 반영되었음을 볼 수 있다. 최종적으로 완성할 프로그램에서는 MazeFrame의 상단에는 미로의 모습이 나타나고 하단에는 버튼이 들어가게 되기 때문에 MazeFrame은 상, 하단 두 개의 패널로 구분하고, GraphFrame은 하나의 패널만 사용하도록 하자.

7.2.2 MazeFrame 하위 패널 생성

MazeFrame이 상, 하단의 두 개 패널을 가지도록 기초적인 수정 사항을 적용한 MazeSimulator 클래스의 코드가 예제 7.4에 나타나 있다. 프레임의 위치와 크기에

그림 7.4 MazeFrame과 GraphFrame이 출력된 모습

관련된 int 형 static 변수 7개가 추가되어 메인 메소드에서 초기화되고 있다. MAZE_WIDTH, MAZE_HEIGHT 는 각각 미로의 가로 크기, 세로 크기 즉 미로가 가로로, 세로로 몇 칸의 크기를 차지하는 지를 설정하는 변수이다. 추후 프로그램을 사용하면서 해당 값을 수정할 수 있도록 할 예정인데, 우선은 가로 크기 10, 세로 크기 10으로 초기값을 설정해 두었다. GRID_WIDTH, GRID_HEIGHT는 미로의 한 칸이 차지하는 픽셀 크기를 의미한다. GRID_WIDTH가 미로 한 칸의 너비를, GRID_HEIGHT가 미로 한 칸의 높이를 설정하는 값이며, 기본 값으로 각각 30의 값을 부여하였다. TOP_MARGIN, LEFT_MARGIN, FRAME_MARGIN은 프레임의 위치에 관련된 변수이다. 프로그램이 처음 실행될 때 각 프레임이 어떤 위치에 출력되어야 할지를 결정하는 용도로 사용할 예정이며, TOP_MARGIN은 화면 상단으로부터 프레임이 얼마만큼의 간격을 둘지를 결정하고, LEFT_MARGIN은 화면 좌측으로부터 MazeFrame이 얼마나 떨어져 있는지를 결정한다. 좌우로 MazeFrame과 GraphFrame이 배치되도록 할 예정이기 때문에 두 프레임 사이의 간격을 몇 픽셀로 할 것인지를 FRAME_MARGIN을 통해 설정하였다.

예제 7.4 수정된 MazeSimulator 클래스

```
public class MazeSimulator
{
    ...

    // size related
    public static int MAZE_WIDTH;
    public static int MAZE_HEIGHT;
    public static int GRID_WIDTH;
    public static int GRID_HEIGHT;

    // location related
    public static int TOP_MARGIN;
    public static int LEFT_MARGIN;
    public static int FRAME_MARGIN;

    public static void main(String[] args)
    {
        // size related
        MAZE_WIDTH = 10;
        MAZE_HEIGHT = 10;
        GRID_WIDTH = 30;
        GRID_HEIGHT = 30;

        // location related
        TOP_MARGIN = 50;
        LEFT_MARGIN = 50;
        FRAME_MARGIN = 50;

        ...

    }
}
```

예제 7.5 수정된 MazeFrame 클래스

```
import javax.swing.*;
import java.awt.*;

public class MazeFrame extends JFrame
{
    private MazeTopPanel top_panel;
    private MazeBottomPanel bottom_panel;

    MazeFrame()
    {
        // set title
        this.setTitle("Maze Simulator");

        // panels
        top_panel = new MazeTopPanel();
        bottom_panel = new MazeBottomPanel();

        int left_margin = MazeSimulator.LEFT_MARGIN;
        int top_margin = MazeSimulator.TOP_MARGIN;

        // set layout
        GridBagLayout gridbag = new GridBagLayout();
        GridBagConstraints grid_gridbag_const = new GridBagConstraints();
        GridBagConstraints control_gridbag_const = new GridBagConstraints();

        // gridbag settings
        grid_gridbag_const.gridx = 0;
        grid_gridbag_const.gridy = 0;
        control_gridbag_const.gridx = 0;
        control_gridbag_const.gridy = 1;

        // register gridbag constraints
        gridbag.setConstraints(top_panel, grid_gridbag_const);
        gridbag.setConstraints(bottom_panel, control_gridbag_const);

        // set layout
        this.setLayout(gridbag);

        ...

        this.setLocation(100, 150);
        this.setLocation(left_margin, top_margin);
        this.setSize(new Dimension(500, 500));
        this.getContentPane().setBackground(Color.red);
    }

    public void paint(Graphics g)
    {
        top_panel.repaint();
        bottom_panel.repaint();
        pack();

        ...

    }
}
```

예제 7.5에서 수정된 MazeFrame 클래스의 내용을 보여주고 있다. 사용자가 프레임을 구분할 수 있도록 setTitle() 메소드로 프레임에 제목을 설정하였고, 새로 추가될 패널 top_panel과 bottom_panel을 선언 후 각각 클래스의 생성자로 초기화하였다. MazeSimulator 클래스에서 설정하였던 LEFT_MARGIN, TOP_MARGIN을 int형 변수 left_margin, top_margin으로 불러와 프레임의 위치를 조절하는 용도로 사용하고 있다. 앞선 단원에서 오목 프로그램을 구현할 때와 마찬가지로 GridBag 레이아웃을 사용하려고 하고, 오목 프로그램에서 사용하였던 것과 동일한 코드를 통해서 레이아웃을 설정하였다. 기존에는 x, y 좌표에 각각 100, 150의 값을 직접 입력하여 프레임의 위치를 설정하였는데, 위에서 설정한 left_margin, top_margin 변수를 통해 프레임의 위치를 조절해 주고 있다. 각 패널의 코드에서 배경색을 구분할 예정이기 때문에 배경색을 지정하는 코드를 제외하였고, 패널들의 크기에 맞추어 프레임의 크기가 설정되도록 할 예정이므로 setSize()를 통해 프레임의 크기를 설정하였던 부분도 삭제하였다. paint() 메소드에서 각 패널 객체의 멤버 메소드 repaint()로 내부를 각각 그리도록 하였다. 마지막으로 pack() 메소드를 호출하여 패널들의 크기에 맞게 프레임의 크기가 조절되도록 하였다.

예제 7.6 MazeTopPanel 클래스

```
import java.awt.*;
import javax.swing.*;

public class MazeTopPanel extends JPanel
{
    MazeTopPanel()
    {
        // set size
        int grid_width = MazeSimulator.GRID_WIDTH;
        int grid_height = MazeSimulator.GRID_HEIGHT;
        int maze_width = MazeSimulator.MAZE_WIDTH;
        int maze_height = MazeSimulator.MAZE_HEIGHT;

        int width = (grid_width + 1)*maze_width - 1;
        int height = (grid_height + 1)*maze_height - 1;

        this.setPreferredSize(new Dimension(width, height));
        this.setBackground(Color.red);
    }
}
```

MazeFrame 프레임에 추가된 MazeTopPanel 클래스의 내용이 예제 7.6에서 소개되고 있다. MazeSimulator 클래스를 수정하면서 추가한 GRID_WIDTH, GRID_HEIGHT, MAZE_WIDTH, MAZE_HEIGHT를 지역변수로 불러들였고 각각 변수로 패널의 높이와 너비를 계산하는데 사용하였다. 계산된 높이와 너비를 이용하여 setPreferredSize() 메소드를 통해 패널의 크기를 설정하였다. 실행 결과에서 패널을 구분하기 위해 배경색을 붉은색으로 설정해 두었다.

예제 7.7 MazeBottomPanel 클래스

```
import java.awt.*;
import javax.swing.*;

public class MazeBottomPanel extends JPanel
{
    MazeBottomPanel()
    {
        // set size
        int grid_width = MazeSimulator.GRID_WIDTH;
        int maze_width = MazeSimulator.MAZE_WIDTH;

        int width = (grid_width + 1)*maze_width - 1;

        this.setPreferredSize(new Dimension(width, 50));
        this.setBackground(Color.green);
    }
}
```

MazeFrame의 하단에 구성되는 MazeBottomPanel의 초기 내용이 예제 7.7에서 소개되고 있다. 패널의 너비를 계산하는 과정은 MazeTopPanel과 동일하며, 높이는 버튼의 수에 따라 변경될 예정인데 우선 50의 초기값을 부여하였다. 마지막으로 배경색을 MazeTopPanel과 구분하기 위하여 초록색으로 설정하였다.

예제 7.8 수정된 GraphFrame 클래스

```
import javax.swing.*;
import java.awt.*;

public class GraphFrame extends JFrame
{
    GraphFrame()
    {
        this.setTitle("Graph Visualizer");

        ...

    }

    ...

}
```

이번 단계에서는 MazeFrame에 추가한 두 패널이 잘 배치되고 있는지를 확인하기 위해 GraphFrame 의 내용은 크게 수정하지 않도록 하자. 간단하게 프레임의 제목만

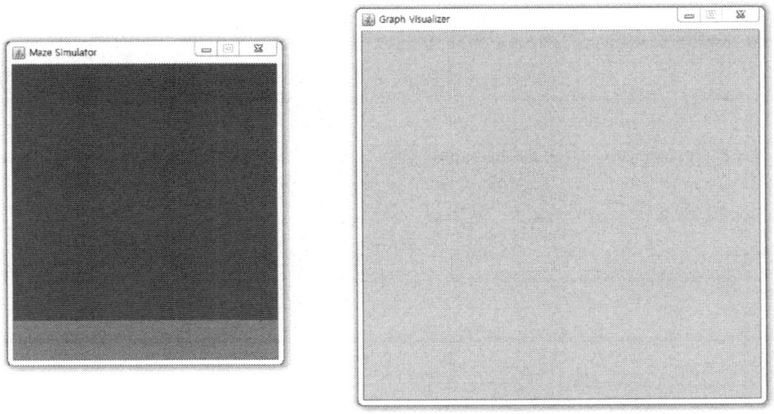

그림 7.5 MazeFrame을 두 개의 패널로 분리한 모습

추가하도록 하려고 하며, 이를 위해서 예제 7.8에서 보이는 바와 같이 setTitle() 메소드를 호출하여 "Graph Visualizer"라는 제목을 설정하였다.

예제 7.4부터 예제 7.8까지를 적용한 그림 7.5에서 보여주고 있다. 입력받은 MAZE_WIDTH, MAZE_HEIGHT, GRID_WIDTH, GRID_HEIGHT에 맞게 MazeFramd의 두 패널 크기가 조정되고 있음을 보여주고 있고, 설정한대로 프레임의 상, 하단에 각 패널이 배치되고 있음을 보여주고 있다.

7.2.3 GraphFrame 하위 패널 생성

MazeSimulator 클래스에서 설정한 MAZE_WIDTH, MAZE_HEIGHT, GRID_WIDTH, GRID_HEIGHT 값을 GraphFrame 에도 적용하여 GraphFrame의 크기가 MazeFrame의 MazeTopPanel과 일치하도록 수정 후, TOP_MARGIN과 FRAME_MARGIN의 값을 사용하여 프레임의 초기 위치를 설정하도록 코드를 수정해 보자. 그리고 JPanel 클래스를 상속하는 GraphPanel 클래스를 만들어서 GraphFrame에서 호출하도록 한 후 GraphFrame의 구체적인 내용은 GraphPanel에서 그려지도록 구성해 보자.

예제 7.9 수정된 GraphFrame 클래스 2

```
...

public class GraphFrame extends JFrame
{
    private GraphPanel graph_panel;

    GraphFrame()
    {
```

```
        ...

        // panel
        graph_panel = new GraphPanel();

        // add panels
        this.add(graph_panel);

        int left_margin = MazeSimulator.LEFT_MARGIN;
        int top_margin = MazeSimulator.TOP_MARGIN;
        int frame_margin = MazeSimulator.FRAME_MARGIN;

        // set size
        int grid_width = MazeSimulator.GRID_WIDTH;
        int grid_height = MazeSimulator.GRID_HEIGHT;
        int maze_width = MazeSimulator.MAZE_WIDTH;
        int maze_height = MazeSimulator.MAZE_HEIGHT;

        int width = (grid_width + 1)*maze_width - 1;

        ...

        this.setLocation(left_margin + width + frame_margin, top_margin);
        this.setLocation(650, 150);
        this.setSize(new Dimension(500, 500));
        this.getContentPane().setBackground(Color.green);
    }

    public void paint(Graphics g)
    {
        ...

        pack();
    }

    ...
}
```

예제 7.9에서 새로 추가될 GraphPanel을 적용하고 프레임의 위치를 새로 조정하는 GraphFrame의 수정된 코드를 보여주고 있다. 프레임의 위치와 크기에 관련된 MazeSimulator의 7개의 static 변수를 가져왔으며, 각각의 값을 이용하여 프레임 위치의 x 좌표, y 좌표를 계산하여 setLocation() 메소드에 입력하였다. 또한 graph_panel이라는 GraphPanel의 객체를 생성하여 컴포넌트로 추가하였고, 마지막으로 paint() 메소드에서 pack() 메소드를 호출하여 컴포넌트에 해당하는 GraphPanel의 크기에 맞게 프레임의 크기가 조절되도록 설정하였다.

예제 7.10 GraphPanel 클래스

```
import javax.swing.*;
```

```java
import java.awt.*;

public class GraphPanel extends JPanel
{
    GraphPanel()
    {
        // set size
        int grid_width = MazeSimulator.GRID_WIDTH;
        int grid_height = MazeSimulator.GRID_HEIGHT;
        int maze_width = MazeSimulator.MAZE_WIDTH;
        int maze_height = MazeSimulator.MAZE_HEIGHT;

        int width = (grid_width + 1)*maze_width + 1;
        int height = (grid_height + 1)*maze_height + 1;

        this.setPreferredSize(new Dimension(width, height));
        this.setBackground(Color.yellow);
    }
}
```

새로 추가된 GraphPanel의 초기 코드를 예제 7.10에서 보여주고 있다. GraphFrame에서와 마찬가지로 패널의 크기와 관련된 MazeSimulator의 static 변수들을 불러와 width와 height를 계산한 후 setPreferredSize()의 인자에 입력하였다. 패널의 크기와 위치가 잘 반영되었는지 확인하기 위하여 setBackground() 메소드로 배경색을 노랑으로 설정하였다.

그림 7.6에서 예제 7.9와 예제 7.10에서 구현한 수정사항을 반영한 결과이다. GraphFrame의 위치가 MazeFrame과 FRAME_MARGIN의 값(50픽셀)만큼 떨어져 있도록 설정되었음을 확인할 수 있을 것이다. 또한 GraphFrame의 크기가 MazeFrame의 붉은색 영역(MazeTopPanel)과 일치하고 있음을 보여주고 있다.

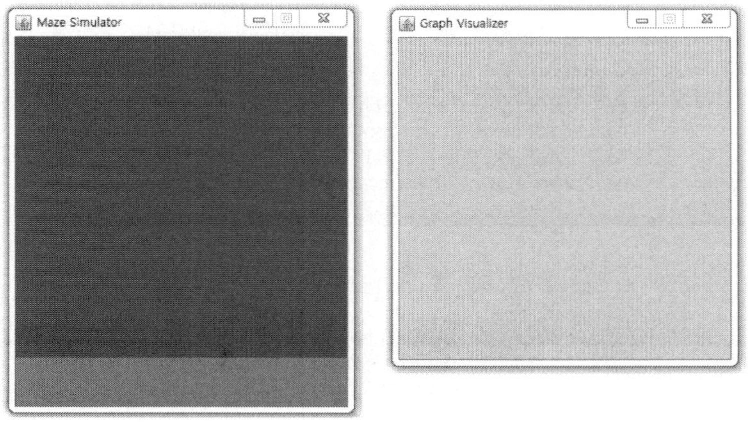

그림 7.6 GraphFrame의 위치와 크기를 조절한 결과

7.2.4 버튼 생성하기

지금까지 두 프레임의 크기와 위치 등의 기본적인 구현을 모두 마무리하였고, 구체적으로 미로가 화면상에 그려질 수 있도록 코드를 개선해 보자. 우선 사용자가 직접 미로의 모양을 직접 만들거나 수정할 수 있는 기능을 제공하려고 하는데, 이를 위해 우선 MazeFrame의 MazeBottomPanel에 미로를 만드는 기능을 수행하는 버튼을 추가하여 보자.

예제 7.11 수정된 MazeBottomPanel 클래스

```
...

import javax.swing.JButton;
import javax.swing.JToggleButton;

public class MazeBottomPanel extends JPanel
{
    // buttons
    public JToggleButton ground_button;
    public JToggleButton wall_button;
    public JToggleButton entrance_button;
    public JToggleButton exit_button;
    public JButton play_button;

    MazeBottomPanel()
    {
        ...

        this.setPreferredSize(new Dimension(width, 70));
        this.setPreferredSize(new Dimension(width, 50));
        this.setBackground(Color.green);

        // initialize buttons
        ground_button = new JToggleButton("Put ground");
        wall_button = new JToggleButton("Put wall");
        entrance_button = new JToggleButton("Put entrance");
        exit_button = new JToggleButton("Put exit");
        play_button = new JButton("Start Simulation");

        // add buttons to the panel
        this.add(play_button);
        this.add(ground_button);
        this.add(wall_button);
        this.add(entrance_button);
        this.add(exit_button);
    }

    public void paint(Graphics g)
    {
        g.setColor(Color.white);
        g.fillRect(0, 0, this.getWidth(), this.getHeight());
        this.paintComponents(g);
    }
}
```

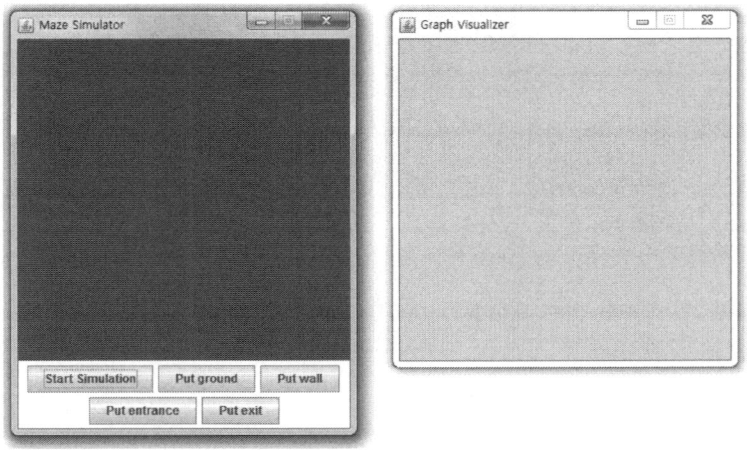

그림 7.7 5개의 버튼을 추가한 실행 결과

예제 7.11에서 보이는 바와 같이 MazeBottomPanel 클래스를 수정하여 MazeBottomPanel에 필요한 버튼이 위치하도록 하였다. 총 5개의 버튼 ground_button, wall_button, entrance_button, exit_button, play_button을 추가하였는데, 현재까지는 각각의 기능이 구현되어 있지 않고, 버튼의 형태만 패널에 출력되고 있다. ground_button은 미로에 지나갈 수 있는 '길'을 만들 수 있게 하는 버튼이며, wall_button은 미로에 지나갈 수 없는 '벽'을 만들 수 있게 하는 버튼이다. 추후에 지나갈 수 있는 '길'은 미로에 흰색으로, 지나갈 수 없는 '벽'은 검정색으로 표현할 예정이다. entrance_button은 입구, 즉 에이전트[14]가 출발하게 되는 시작점을 설정할 수 있게 하며, 한 번의 시뮬레이션에 하나의 에이전트만 허용하기 때문에 추후에 입구는 하나만 설정할 수 있도록 구현할 예정이다. 에이전트는 미로에서 파란색으로 표현하기로 한다. exit_button은 미로의 출구를 설정할 수 있도록 하는 버튼이며 입구와는 다르게 여러 개의 출구를 배치할 수 있도록 구현해 보자. 출구는 빨간색으로 표시하기로 한다. 마지막으로 play_button은 실제로 에이전트가 미로의 출구까지 도달하는 것을 시뮬레이션하도록 하는 버튼이다. 버튼의 제목은 초기에 'Start Simulation'이지만 버튼을 누르게 되면 시뮬레이션이 진행되면서 버튼의 제목이 'Pause Simulation', 'Resume Simulation' 등으로 바뀌도록 구현할 예정이다.

코드 상에서 주의할 점은 4개의 버튼 ground_button, wall_button, entrance_button, exit_button은 JToggleButton으로 선언되었고, play_button은 JButton으로 선언되었다는 점이다. JToggleButton은 일반 버튼과는 다르게 한 번 클릭하였을 때 버튼이 눌려진 상태가 되고, 또 한 번 누르면 다시 눌리지 않은 상태로 돌아오는 버튼

14) 미로 안에서 출구를 찾아가는 오브젝트

이다. 위 4개의 미로를 구성할 때 사용되는 버튼들은 눌려진 상태일 때 기능을 수행하도록 하기 위해 JToggleButton으로 선언하여 사용할 계획이다. 그 밖의 수정사항으로, setPreferredSize() 메소드의 높이 값으로 입력되었던 50대신 70의 값을 입력하여 버튼들이 두 줄에 걸쳐 표현되도록 패널의 높이를 길게 확장하였고, paint() 메소드에서 setColor() 메소드로 색상을 흰색으로 변경한 후 fillRect() 메소드를 통해 배경을 흰색으로 수정하였다.

그림 7.7은 5개의 버튼을 추가 후 프로그램을 실행한 화면이다. 추가한 5개의 버튼이 두 줄에 걸쳐 MazeFrame의 하단 패널에 위치하고 있음을 확인할 수 있다. ‘Start Simulation’ 버튼을 제외한 4개의 버튼을 토글 버튼으로 생성하였기 때문에 클릭하면 버튼이 눌려진 상태가 되고, 다시 한 번 누르면 눌려지지 않은 상태로 돌아옴을 확인할 수 있을 것이다. 다만 버튼을 생성하기만 하고 각각의 기능이 구현되어 있지 않은 상태기 때문에 버튼을 눌렀을 때의 효과는 나타나지 않는다. 각 기능은 추후에 구현하도록 하자.

7.3 미로 그리기

7.3.1 Grid 클래스 작성

다음으로, 미로 한 칸의 정보를 저장하는 Grid라는 클래스를 만들고 MazeSimulator에 2차원 배열로 추가하려고 한다. 이를 이용하여 MazeFrame의 상단 패널에 미로를 표현하는 기능까지 구현해 보도록 하자.

예제 7.12 GridType 열거형

```
public enum GridType
{
    GROUND,
    WALL,
    ENTRANCE,
    EXIT
}
```

Grid 클래스를 만들기에 앞서 Grid 클래스의 멤버 필드에 추가할 GridType 열거형을 먼저 추가하였다. 해당 칸이 길(GROUND)인지, 벽(WALL)인지, 입구(ENTRANCE)인지, 출구(EXIT)인지를 구분해 주는 역할을 한다.

예제 7.13 Coor 클래스

```java
public class Coor
{
    private int x;
    private int y;

    // a default constructor
    public Coor()
    {
        x = 0;
        y = 0;
    }

    // a constructor with x, y position
    public Coor(int input1, int input2)
    {
        x = input1;
        y = input2;
    }

    public void set_position(int[] input)
    {
        x = input[0];
        y = input[1];
    }

    public void set_x(int input)
    {
        x = input;
    }

    public void set_y(int input)
    {
        y = input;
    }

    public int get_x()
    {
        return x;
    }

    public int get_y()
    {
        return y;
    }

    public int[] get_position()
    {
        int[] ret = new int[2];
        ret[0] = x;
        ret[1] = y;
        return ret;
    }

    boolean is_equal(Coor input)
    {
        return (input.get_x() == x && input.get_y() == y);
    }
}
```

Grid 클래스를 구현하기에 앞서 Grid의 좌표를 저장하기 위해 Coor이라는 클래스를 작성하였다. Grid의 x 좌표, y 좌표를 멤버 필드에 포함하고 있으며, 생성자를 포함하여 각 좌표를 설정하는 메소드인 set_position(), set_x(), set_y()를 구현하였고, 각 좌표를 반환하는 get_position(), get_x(), get_y() 메소드를 구현하였다. 또한 좌표가 서로 같은지를 비교하는 is_equal() 메소드를 구현하여 두 Coor 객체의 x, y 좌표가 서로 같은지 확인할 수 있도록 하였다.

예제 7.14 Grid 클래스

```
public class Grid
{
    private Coor position;
    private GridType grid_type;

    // a default constructor
    public Grid(GridType input_type)
    {
        position = new Coor();
        grid_type = input_type;
    }

    // a constructor with x, y position
    public Grid(GridType input_type, int x, int y)
    {
        position = new Coor(x, y);
        grid_type = input_type;
    }

    public GridType get_type()
    {
        return grid_type;
    }

    public void set_type(GridType input_type)
    {
        grid_type = input_type;
    }

    public void set_position(int input1, int input2)
    {
        position.set_x(input1);
        position.set_y(input2);
    }

    public int[] get_position()
    {
        return position.get_position();
    }

    public int get_x()
    {
        return position.get_x();
    }
```

```
    public int get_y()
    {
        return position.get_y();
    }
}
```

앞서 구현한 GridType 열거형, Coor 클래스를 이용하여 미로 한 칸의 정보를 표현하는 Grid 클래스의 내용을 구현하였다. 멤버 필드로 좌표를 기록하는 Coor 객체, 형태를 구분하는 GridType 객체를 가지며, 각각의 객체를 설정하거나 반환하는 멤버 메소드들을 구현하였다. 이번에는 방금 구현한 Grid 클래스를 이용하여 메인 클래스인 MazeSimulator 클래스에 Grid의 2차원 배열을 선언 후 적용해 보자.

예제 7.15 수정된 MazeSimulator 클래스 2

```
public class MazeSimulator
{
    // simulation related
    static Grid[][] themap;

    ...

    public static void main(String[] args)
    {

        ...

        FRAME_MARGIN = 50;

        themap = new Grid[MAZE_WIDTH][MAZE_HEIGHT];

        for(int i = 0; i < MAZE_WIDTH; i++)
        {
            for(int j = 0; j < MAZE_HEIGHT; j++)
            {
                themap[i][j] = new Grid(GridType.GROUND, i ,j);
            }
        }

        maze_frame = new MazeFrame();

        ...

    }
}
```

예제 7.15는 Grid 객체의 2차원 배열 the_map이 추가된 MazeSimulator의 코드를 보여주고 있다. 가로로 MAZE_WIDTH, 세로로 MAZE_HEIGHT 만큼의 크기를 갖게 하였으며, main 메소드에서 모든 칸이 GROUND 타입을 가지도록 초기화하였다. 우선 프로그램을 실행했을 때는 모두 GROUND 타입이 되도록 설정한 후, 추후 사용자가 각 버튼을 통해서 미로의 지형을 형성할 수 있도록 하자.

7.3.2 MazeTopPanel에 미로 그리기

the_map 변수를 이용해서 MazeFrame의 상단 패널에 실제로 미로들이 그려지도록 MazeTopPanel 클래스의 paint() 메소드를 확장해 보자. MazeSimulator의 2차원 배열 themap의 정보를 통해 미로를 실제로 화면상에 그리는 코드를 예제 7.16에서 보여주고 있다. MazeFrame의 상단 패널에 보여져야 하기 때문에 MazeTopPanel의 paint() 메소드에서 작업하였다. paint() 메소드에서 미로의 모양을 실제로 그리기에 앞서 필요한 MazeSimulator의 static 변수 일부를 불러오고 있다. 우선 각 칸을 구분하기 위하여 수평선과 수직선을 그리고 있다. GRID_WIDTH, GRID_HEIGHT를 활용하여 x 좌표, y 좌표를 계산한 뒤 격자의 경계부분에 회색의 직선을 그렸다. 그 다음 각 칸의 색을 결정하여 해당 색에 맞는 사각형을 그리고 있는데, 예제 7.16에서는 칸이 길(GROUND)인 경우, 벽(WALL)인 경우, 출구(EXIT)인 경우를 구분하여 각각 흰색, 검정색, 빨간색으로 표시하도록 하였다. 그 밖의 수정사항으로 MazeTopPanel 클래스의 생성자에서 배경색을 붉은색으로 설정하는 코드가 불필요해졌기 때문에 삭제되었다. 그림 7.8에서 MazeFrame의 상단에 미로가 표시되는 실행 결과를 확인할 수 있다. MazeSimulator 클래스에서 2차원 배열 themap을 초기화할 때 모든 성분이 길(GROUND) 타입을 갖게 하였기 때문에 현재는 모든 칸이 흰색으로 나타나 있다.

예제 7.16 수정된 MazeTopPanel 클래스

```
...

public class MazeTopPanel extends JPanel
{
    MazeTopPanel()
    {
        ...

        this.setBackground(Color.red);
    }

    public void paint(Graphics g)
    {
        // load information related drawing
        Grid[][] map = MazeSimulator.themap;
        int maze_width = MazeSimulator.MAZE_WIDTH;
        int maze_height = MazeSimulator.MAZE_HEIGHT;
        int grid_width = MazeSimulator.GRID_WIDTH;
        int grid_height = MazeSimulator.GRID_HEIGHT;

        // draw horizontal lines
```

```java
        for(int i = 0; i <= maze_height; i++)
        {
            g.setColor(Color.gray);
            int x1 = 0;
            int y1 = i*(grid_height + 1);
            int x2 = maze_width*(grid_width + 1);
            int y2 = i*(grid_height + 1);

            g.drawLine(x1, y1, x2, y2);
        }

        // draw vertical lines
        for(int i = 0; i <= maze_width; i++)
        {
            g.setColor(Color.gray);
            int x1 = i*(grid_width + 1);
            int y1 = 0;
            int x2 = i*(grid_width + 1);
            int y2 = maze_height*(grid_height + 1);

            g.drawLine(x1, y1, x2, y2);
        }

        // draw rectangles
        for(int i = 0; i < maze_width; i++)
        {
            for(int j = 0; j < maze_height; j++)
            {
                int posX = i*(grid_width + 1) + 1;
                int posY = j*(grid_height + 1) + 1;

                // set color according to the type
                if(map[i][j].get_type() == GridType.EXIT)
                {
                    g.setColor(Color.red);  // exit
                }
                else if(map[i][j].get_type() == GridType.WALL)
                {
                    g.setColor(Color.black); // wall
                }
                else
                {
                    g.setColor(Color.white); // ground
                }

                // draw a rectangle with the set color
                g.fillRect(posX, posY, grid_width, grid_height);
            }
        }
    }
}
```

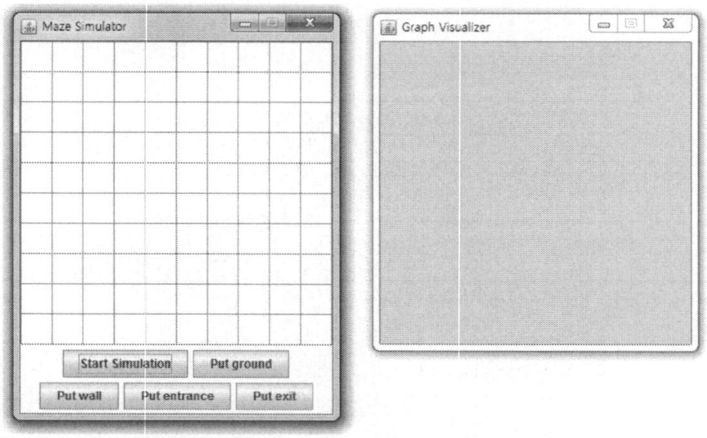

그림 7.8 MazeFrame의 상단에 미로를 표시한 화면

7.4 버튼 기능 부여

이제 미로를 사용자가 직접 원하는 모양으로 설정할 수 있도록 버튼을 눌렀을 때 해당 기능을 수행하도록 구현해 보자. 우선 'Put ground', Put wall', 'Put entrance', 'Put exit' 4개의 토글버튼에 대해서 그 기능을 구현하여 미로에 벽, 입구, 출구 등을 구성할 수 있도록 해보자.

예제 7.17 CursorType 열거형

```
public enum CursorType
{
    NOTHING,
    GROUND,
    WALL,
    ENTRANCE,
    EXIT
}
```

위 4개의 버튼 중 어떤 버튼이 눌려져 있느냐에 따라 마우스로 MazeFrame의 상단 패널을 클릭했을 때의 동작이 달라야 하고, 이를 구분하기 위하여 CursorType 이라는 열거형을 작성하였다. 아무 버튼도 눌려져 있지 않은 경우에 NOTHING으로 설정하도록 하고, 4개의 버튼 중 하나가 눌려진 경우에 GROUND, WALL, ENTRANCE, EXIT 중 하나의 값으로 설정되도록 구현할 예정이다. 이 CursorType을 예제 7.18에서 MazeTopPanel에 선언하여 활용해 보자.

예제 7.18 수정된 MazeTopPanel 클래스 2

```
...

public class MazeTopPanel extends JPanel
{
    public static CursorType cursor_type;

    MazeTopPanel()
    {
        // set default cursor type
        cursor_type = CursorType.NOTHING;

        ...
    }
}
```

MazeTopPanel 클래스의 멤버 필드에 static 변수로 CursorType의 변수 cursor_type를 선언한 후 생성자에서 CursorType.NOTHING 의 값으로 초기화하였다. 추후 cursor_type 타입에 따라 MazeTopPanel 상에서 마우스로 클릭했을 때의 동작을 구분하여 구현하기로 하자. 우선 MazeBottomPanel에 추가되어 있는 버튼을 누를 때마다 cursor_type이 수정되도록 MazeBottomPanel을 수정해 보자.

예제 7.19 수정된 MazeBottomPanel 클래스 2

```
...

import java.awt.event.ActionEvent;
import java.awt.event.ActionListener;
import java.awt.event.ItemEvent;
import java.awt.event.ItemListener;

public class MazeBottomPanel extends JPanel
{

    ...

    MazeBottomPanel()
    {
        ...

        // configure button event listeners
        ground_button.addItemListener
        (
            new ItemListener()
            {
                public void itemStateChanged(ItemEvent event)
                {
                    if(event.getStateChange() == ItemEvent.SELECTED)
                    {
                        // deactivate other buttons
                        if(wall_button.isSelected())
                        {
                            wall_button.setSelected(false);
```

```
                }

                if(entrance_button.isSelected())
                {
                    entrance_button.setSelected(false);
                }

                if(exit_button.isSelected())
                {
                    exit_button.setSelected(false);
                }

                MazeTopPanel.cursor_type = CursorType.GROUND;
            }
            else // button deactivated
            {
                MazeTopPanel.cursor_type = CursorType.NOTHING;
            }
        }
    }
);

wall_button.addItemListener
(
    new ItemListener()
    {
        public void itemStateChanged(ItemEvent event)
        {
            if(event.getStateChange() == ItemEvent.SELECTED)
            {
                // deactivate other buttons
                if(ground_button.isSelected())
                {
                    ground_button.setSelected(false);
                }

                if(entrance_button.isSelected())
                {
                    entrance_button.setSelected(false);
                }

                if(exit_button.isSelected())
                {
                    exit_button.setSelected(false);
                }

                MazeTopPanel.cursor_type = CursorType.WALL;
            }
            else // button deactivated
            {
                MazeTopPanel.cursor_type = CursorType.NOTHING;
            }
        }
    }
);

entrance_button.addItemListener
(
    new ItemListener()
```

```
        {
            public void itemStateChanged(ItemEvent event)
            {
                if(event.getStateChange() == ItemEvent.SELECTED)
                {
                    // deactivate other buttons
                    if(ground_button.isSelected())
                    {
                        ground_button.setSelected(false);
                    }

                    if(wall_button.isSelected())
                    {
                        wall_button.setSelected(false);
                    }

                    if(exit_button.isSelected())
                    {
                        exit_button.setSelected(false);
                    }

                    MazeTopPanel.cursor_type = CursorType.ENTRANCE;
                }
                else // button deactivated
                {
                    MazeTopPanel.cursor_type = CursorType.NOTHING;
                }
            }
        }
    );

    exit_button.addItemListener
    (
        new ItemListener()
        {
            public void itemStateChanged(ItemEvent event)
            {
                if(event.getStateChange() == ItemEvent.SELECTED)
                {
                    // deactivate other buttons
                    if(ground_button.isSelected())
                    {
                        ground_button.setSelected(false);
                    }

                    if(wall_button.isSelected())
                    {
                        wall_button.setSelected(false);
                    }

                    if(entrance_button.isSelected())
                    {
                        entrance_button.setSelected(false);
                    }

                    MazeTopPanel.cursor_type = CursorType.EXIT;
                }
                else // button deactivated
                {
```

```
                    MazeTopPanel.cursor_type = CursorType.NOTHING;
                }
            }
        }
    );
}

public void paint(Graphics g)
{
    g.setColor(Color.white);
    g.fillRect(0, 0, this.getWidth(), this.getHeight());
    this.paintComponents(g);
}
}
```

예제 7.19는 각 버튼이 눌려질 때마다 MazeTopPanel의 cursor_type이 설정되도록 수정한 MazeBottomPanel 클래스의 내용이다. 기존 생성자 내용의 마지막에 각 버튼마다 addItemListener() 메소드를 통하여 ItemListener를 추가해주고 있다. 추가되는 ItemListener는 itemStateChanged() 메소드를 정의하여 인자로 전달하면서 초기화해주고 있다. 우선 ground_button에 추가된 itemStateChanged() 메소드의 내용을 살펴보도록 하자.

ground_button이 클릭되었을 때 크게 두 가지의 상황으로 나누어 이벤트를 처리하고 있다. 우선 마우스가 이미 선택되어있지 않은 경우를 먼저 고려하고 있는데, 인자로 입력받은 ItemEvent의 객체 event의 상태 변화를 확인하여 ItemEvent.SELECTED인 경우에 해당된다. 이 경우에는 클릭되어있지 않던 버튼이 클릭되었음을 의미하므로, 해당 버튼이 클릭되어짐과 동시에 다른 토글버튼 중 클릭되어져 있던 버튼이 있다면 클릭된 상태에서 해제되어야 한다. 조건문 안에 연달아 입력되어 있는 세 개의 if 조건문에서 다른 버튼이 눌려져 있다면 이를 해제하는 코드를 보여주고 있다. 이후 MazeTopPanel에 정의하였던 cursor_type을 CursorType.GROUND로 설정하면서 이벤트 처리를 마무리한다. 두 번째로 고려해야할 상황은 반대로 버튼이 눌려져 있는 상황에서 해제되는 경우인데, 이 경우 다른 버튼이 눌려져 있을 수가 없으므로 cursor_type을 CursorType.NOTHING으로 설정해 주기만 하면 된다.

나머지 세 개의 버튼 wall_button, entrance_button, exit_button 또한 ground_button과 같이 두 개의 상황으로 구분해서 이벤트 처리를 하면 되며, 그 방법이 동일하고 버튼의 종류만 다르기 때문에 구체적인 코드의 분석을 생략하도록 한다. 예제 7.19를 참고하여 버튼의 종류가 서로 충돌되지 않도록 주의하여 나머지 버튼에 대해서도 이벤트 처리 구문을 작성하도록 하자.

그림 7.9는 예제 7.17, 예제 7.18, 예제 7.19를 적용한 후 'Put ground' 버튼을 누른 다음 'Put entrance' 버튼을 눌렀을 때의 실행 화면이다. 그림에서 볼 수 있듯이

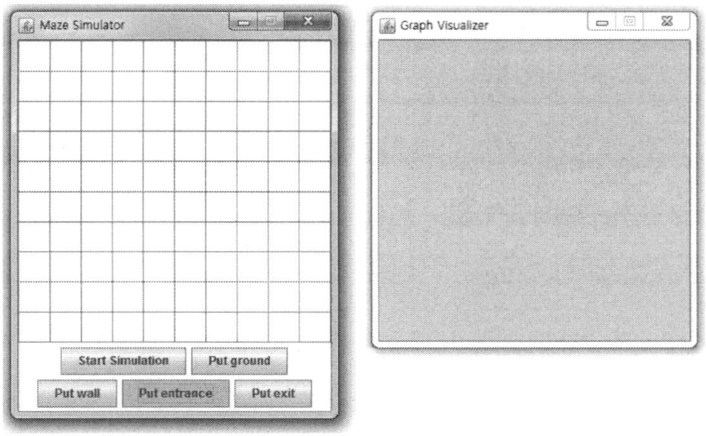

그림 7.9 버튼 이벤트 처리 후의 동작 화면

'Put entrance' 버튼만 눌려져 있음을 확인할 수 있다. 버튼의 이벤트 처리를 구현하기 전에는 'Put ground' 버튼을 클릭한 후 'Put entrance' 버튼을 이어서 클릭하게 되면 'Put ground' 버튼과 'Put entrance' 버튼이 둘 다 눌려져 있는 상태가 된다. 그러나 이벤트 처리를 통하여 하나의 버튼이 눌려져 있는 상황에서 또 다른 버튼이 눌려진 경우 원래 눌려졌던 버튼이 해제되도록 하였고, 이가 정상 작동함을 확인할 수 있을 것이다. 이제 각 버튼이 눌려졌을 때 cursor_type 에 따라 MazeFrame의 상단 패널을 클릭했을 때 기능이 적용되어 미로에 벽, 입구, 출구 등을 배치할 수 있도록 구현해 보자. 이를 위하여 MazeTopListener 클래스를 새로 추가하였다.

예제 7.20 MazeTopListener 클래스

```
import java.awt.event.MouseEvent;
import java.awt.event.MouseListener;

public class MazeTopListener implements MouseListener
{
    public void mouseClicked(MouseEvent e)
    {
        // do nothing
    }

    public void mousePressed(MouseEvent e)
    {
        // return if cursor type is default
        if(MazeTopPanel.cursor_type == CursorType.NOTHING)
        {
            return;
        }

        int X = e.getX();
        int Y = e.getY();
        int col;
```

```java
        int row;

        col = X/(MazeSimulator.GRID_WIDTH + 1);
        row = Y/(MazeSimulator.GRID_HEIGHT + 1);

        // check if the pixel is on borderline
        boolean check = col == MazeSimulator.MAZE_WIDTH
                || row == MazeSimulator.MAZE_HEIGHT
                || X%MazeSimulator.GRID_WIDTH == 0
                || Y%MazeSimulator.GRID_HEIGHT == 0;

        if(check)
        {
            return;
        }

        if(MazeTopPanel.cursor_type == CursorType.WALL)
        {
            MazeSimulator.themap[col][row].set_type(GridType.WALL);
        }
        else if(MazeTopPanel.cursor_type == CursorType.GROUND)
        {
            MazeSimulator.themap[col][row].set_type(GridType.GROUND);
        }
        else if(MazeTopPanel.cursor_type == CursorType.EXIT)
        {
            MazeSimulator.themap[col][row].set_type(GridType.EXIT);
        }
        MazeSimulator.maze_frame.repaint();
    }

    public void mouseReleased(MouseEvent e)
    {
        // do nothing
    }

    public void mouseEntered(MouseEvent e)
    {
        // do nothing
    }

    public void mouseExited(MouseEvent e)
    {
        // do nothing
    }
}
```

예제 7.20에서 새로 추가한 MazeTopListener 클래스의 내용을 보여주고 있다. MouseListener 인터페이스를 구현하였기 때문에 mouseReleased(), mouseEntered(), mouseExited(), mouseClicked(), mousePressed() 등의 메소드를 구현하여야 한다. 실제로 클릭하였을 때와 관련된 메소드는 mouseRelease(), mouseClicked(), mousePressed() 세 개의 메소드인데, 그 중 마우스를 누르는 순간에 발생하는 이벤트를 처리하는 mousePressed()를 통해서 이벤트를 처리하기로 하고, 나머지 메소드는 구현하지 않고 선언만 하도록 하자. mousePressed() 메소드에서 MouseEvent 객체인 e를 인자로 입력받아 클릭이 일어난 지점의 x 좌표, y 좌표를 추출한 후, 미로상에서 몇 번째 칸, 몇 번째 줄에 있는 칸을 클릭한 것인지를 계산한다. 이 과정에서 두 칸의 경계가 클릭되었을 수 있으므로 해당 픽셀이 경계선에 해당되는 경우 이벤트 처리를 바로 종료하도록 하였다. 해당 픽셀이 경계선이 아닌 경우 MazeTopPanel의 cursor_type 이 WALL인지, GROUND인지, EXIT인지를 확인하여 WALL인 경우에는 2차원 배열 themap에서 해당 칸의 성분을 호출하여 set_type() 메소드를 통해 타입을 변경해주고 있다. 타입이 ENTRANCE인 경우에 대해서는 구현이 생략되어 있는데, 이에 대해서는 추후 다른 기능이 구현되었을 때 함께 구현하기로 하자.

예제 7.21 수정된 MazeTopPanel 클래스 3

```
...

public class MazeTopPanel extends JPanel
{

    ...

    public MazeTopListener the_mouse_listener;

    MazeTopPanel()
    {

        ...

        // configure action events
        the_mouse_listener = new MazeTopListener();
        this.addMouseListener(the_mouse_listener);
    }
}
```

예제 7.21에서 새로 추가한 MazeTopListener를 MazeTopPanel에 적용하는 부분을 보여주고 있다. the_mouse_listener 의 이름으로 선언한 후 MazeTopPanel의 생성자에서 초기화해 주고 있다. 이를 적용하여 실행한 결과를 그림 7.10을 통해 확인해 보자.

그림 7.10에서 보는 바와 같이 'Put ground'와 'Put exit' 기능을 사용하여 미로에 벽과 출구를 배치할 수 있음을 확인할 수 있다. 마찬가지로 'Put ground'를 통해서 벽이나 출구를 길로 대체할 수도 있으니 직접 실행하여 확인해 보도록 하자.

그림 7.10 MazeFrame에 미로를 그릴 수 있도록 구현한 모습

7.5 에이전트 동작 및 시뮬레이션 구현

다음 단계로, 시뮬레이션이 가능하도록 미로에서 길을 찾아가는 주체인 에이전트를 구현하고, 'Start Simulation' 버튼으로 시뮬레이션을 시작할 수 있도록 하려고 한다.

예제 7.22 Environment 클래스

```
public class Environment
{
    public GridType TOP;
    public GridType BOTTOM;
    public GridType LEFT;
    public GridType RIGHT;

    Environment()
    {
        TOP = GridType.GROUND;
        BOTTOM = GridType.GROUND;
        LEFT = GridType.GROUND;
        RIGHT = GridType.GROUND;
    }

    Environment(GridType top, GridType bottom, GridType left, GridType
right)
    {
        TOP = top;
        BOTTOM = bottom;
        LEFT = left;
        RIGHT = right;

}
```

에이전트를 구현하기 전에 에이전트 객체에 입력될 길찾기 알고리즘에 대해서 구현하고자 한다. 먼저 알고리즘을 입력할 수 있도록 Solver 인터페이스를 구현하여 제공하려고 하는데, 예제 7.22는 이 인터페이스에서 사용되는 Environment라는 클래스의 내용을 보여주고 있다. 미로 속에서 길을 찾는 주체인 에이전트의 입장에서는 현재 위치를 기준으로 상, 하, 좌, 우 4개의 칸에 대한 정보만 알 수 있다. 이 정보를 Environment 클래스의 객체를 통해 매 단계마다 제공하여 에이전트가 미로를 찾을 수 있도록 구현하고자 한다. 총 4개의 GridType 변수를 가지게 하였고, 각각을 public으로 선언하였기 때문에 각각의 값을 설정하거나 불러오는 메소드는 생략되었다. 추후 활용을 위하여 4개의 모든 방향을 전부 길(GROUND)로 생성하는 생성자와 각각의 방향에 대해서 입력받은 값을 취하는 생성자를 작성하였다.

예제 7.23 Direction 열거형

```
public enum Direction
{
    SELF,
    TOP,
    BOTTOM,
    LEFT,
    RIGHT
}
```

예제 7.23은 새로 추가한 Direction 이라는 열거형을 보여주고 있다. Direction 또한 마찬가지로 Solver 인터페이스에 사용될 예정이며, Solver가 에이전트의 다음 움직임을 결정할 때 Direction 객체를 통해 반환하도록 할 예정이다. 일반적으로 상, 하, 좌, 우 4개의 방향이 사용되겠지만 알고리즘에 따라 그 자리에 머무르는 것을 선택할 수 있도록 SELF 키워드도 추가하였다.

예제 7.24 Solver 인터페이스

```
import java.util.Vector;

public interface Solver
{
    public void initialize(Coor entrance, Vector<Coor> exit_positions);
    public Coor determine_next(Environment env);
    public void reset();
}
```

예제 7.22, 예제 7.23에서 추가한 Environment, Direction과 앞서 추가하였던 Coor 클래스를 활용하여 Solver 인터페이스를 작성하였다. 총 3개의 메소드를 포함하는 인터페이스인데, initialize() 메소드를 통해서 입구와 출구의 위치를 Solver에게 알려줄 수 있으며, determine_next() 메소드를 활용하여 에이전트의 다음 움직임을 결정하게 한다. 이 determine_next() 의 인자로 예제 7.22에서 작성하였던 Environment 클래스가 사용된다. 이 프로그램을 통해 구현되는 길찾기 알고리즘은 Solver 인터페이스를 구현하여야 에이전트에 입력될 수 있다.

예제 7.25 Agent 클래스

```
import java.util.Vector;

public class Agent
{
    private Coor entrance_position;
    private Coor current_position;
    private Vector<Coor> exit_positions;
    private Solver maze_solver;

    Agent()
    {
        maze_solver = null;
        current_position = new Coor(-1, -1);
        exit_positions = null;
        entrance_position = null;
    }

    public void set_solver(Solver input)
    {
        this.maze_solver = input;
    }

    public Solver get_solver()
    {
        return maze_solver;
    }

    public void set_position(Coor input)
    {
        current_position.set_x(input.get_x());
        current_position.set_y(input.get_y());
    }

    public Coor get_position()
    {
        int x = current_position.get_x();
        int y = current_position.get_y();

        Coor ret = new Coor(x, y);

        return ret;
    }

    public void set_entrance(Coor input)
    {
        int x = input.get_x();
        int y = input.get_y();
        entrance_position = new Coor(x, y);
    }
```

```
    public void set_exits(Vector<Coor> input)
    {
        exit_positions = input;
    }

    public Direction determine_next(Environment env)
    {
        return maze_solver.determine_next(env);
    }

    public Direction determine_next(Environment env)
    {
        return maze_solver.determine_next(env);
    }

    public void move(Direction direction)
    {
        if(direction == Direction.TOP)
        {
            int new_y = current_position.get_y() - 1;
            current_position.set_y(new_y);
        }
        else if(direction == Direction.BOTTOM)
        {
            int new_y = current_position.get_y() + 1;
            current_position.set_y(new_y);
        }
        else if(direction == Direction.LEFT)
        {
            int new_x = current_position.get_x() - 1;
            current_position.set_x(new_x);
        }
        else if(direction == Direction.RIGHT)
        {
            int new_x = current_position.get_x() + 1;
            current_position.set_x(new_x);
        }
        else if(direction == Direction.SELF)
        {
            // do nothing
        }
    }

    public void reset_solver()
    {
        maze_solver.initialize(entrance_position, exit_positions);
        maze_solver.reset();
    }
}
```

앞서 구현한 Direction, Environment, Solver 등을 활용하여 Agent 클래스를 작성하였다. Agent는 미로 속에서 길을 찾아가는 주체가 되는 클래스이기 때문에, 시작 지점, 출구들의 위치, 현재 지점 등을 관리하며, maze_solver라는 Solver 객체를 멤버 필드로 가짐으로써 길찾기 알고리즘을 적용할 수 있도록 하였다. get_solver(), set_solver() 메소드로 Solver 객체를 등록하거나 호출할 수 있도록 하였고 get_position(), set_position() 메소드로 현재 위치를 호출하거나 수정할 수 있도록 하였다. 마찬가지로 set_entrance(), set_exits() 메소드로 입구와 출구의 위치를 설정할 수 있도록 하였고 determine_next() 메소드에서 Solver의 determine_next()[15]를 호출하여 에이전트가 다음 단계에서 나아갈 방향을 결정하도록 하였다. move() 메소드는 determine_next() 메소드를 통해 결정한 다음 방향으로 현재의 위치를 옮겨주는 역할을 한다. 방향이 상, 하인 경우에는 y 좌표를, 좌, 우인 경우에는 x 좌표를 조절하여 현재 위치를 수정한다. 방향이 SELF인 경우에는 현재 위치가 수정될 필요가 없기 때문에 그대로 유지한다. 미로 찾기 프로그램의 메인 클래스인 MazeSimulator 클래스에서 이 메소드를 활용하여 에이전트의 현재 위치를 조절할 예정이다.

예제 7.26 Status 열거형

```
public enum Status
{
    NOT_STARTED,
    STARTED,
    BEING_PAUSED,
    PAUSED,
    ENDED
}
```

Agent 클래스의 구현까지 완료하였으므로 메인 클래스인 MazeSimulator를 수정하여 Agent 클래스를 통해서 에이전트가 미로 공간을 이동하는 것을 시뮬레이션할 수 있도록 하려고 한다. 예제 7.26은 그 사전 작업으로 시뮬레이션의 상태를 구분해 주는 Status라는 열거형을 추가하였다. 이 열거형의 객체를 MazeSimulator 클래스에 추가하여 시뮬레이션을 실행, 중단, 재개 등의 조정을 할 수 있도록 하려고 한다.

예제 7.27 수정된 MazeSimulator 클래스 3

```
import java.util.Vector;

public class MazeSimulator
public class MazeSimulator extends Thread
{
    ...

    public static Agent theagent;
    public static Status status;
    public static int time_interval;
    public static Coor entrance;
```

15) 두 클래스의 메소드 이름이 같다.

```
    public static void main(String[] args)
    {

        ...

        // simulation related
        status = Status.NOT_STARTED;
        time_interval = 200;
        the_agent = new Agent();
        the_agent.set_solver(new PrioritySolver(MAZE_WIDTH,
MAZE_HEIGHT));

        ...

    }

    public void run()
    {
        run_simulation();
    }

    public static void run_simulation()
    {
        if(status == Status.NOT_STARTED)
        {
            boolean exit_exist = false;
            Vector<Coor> exits = new Vector<Coor>();

            // pass the map information to the agent
            for(int i = 0; i < MAZE_WIDTH; i++)
            {
                for(int j = 0; j < MAZE_HEIGHT; j++)
                {
                    if(themap[i][j].get_type() == GridType.EXIT)
                    {
                        exits.add(new Coor(i, j));
                        exit_exist = true;
                    }
                }
            }

            // check if the entrance is set
            if(entrance == null)
            {
                System.out.println("The entrance is not set. Determine
the position of the entrance first.");

MazeSimulator.maze_frame.bottom_panel.play_button.setText("Start
Simulation");
                return;
            }

            // check if the exit is set
            if(!exit_exist)
            {
                System.out.println("There should be at least one exit
on the map. Simulation terminating...");

MazeSimulator.maze_frame.bottom_panel.play_button.setText("Start
```

```
Simulation");
            return;
        }

        // check if the solver is set
        if(the_agent.get_solver() == null)
        {
            System.out.println("The solver is not set. Configure
the Solver of the agent first.");
            maze_frame.bottom_panel.play_button.setText("Start
Simulation");
            return;
        }

        the_agent.set_entrance(entrance);
        the_agent.set_exits(exits);
        the_agent.reset_solver();

        status = Status.STARTED;

        // disable buttons except the play_button
        MazeBottomPanel bottom_panel = maze_frame.bottom_panel;
        bottom_panel.ground_button.setEnabled(false);
        bottom_panel.ground_button.setSelected(false);
        bottom_panel.wall_button.setEnabled(false);
        bottom_panel.wall_button.setSelected(false);
        bottom_panel.entrance_button.setEnabled(false);
        bottom_panel.entrance_button.setSelected(false);
        bottom_panel.exit_button.setEnabled(false);
        bottom_panel.exit_button.setSelected(false);

        maze_frame.top_panel.cursor_type = CursorType.NOTHING;
    }

    while(status == Status.STARTED || status ==
Status.BEING_PAUSED)
    {
        if(status == Status.BEING_PAUSED)
        {
            // set the status to paused and exit the function
            status = Status.PAUSED;
            return;
        }

        // generate environment
        Environment env = new Environment();
        int x, y;

        Coor prev = the_agent.get_position();

        x = prev.get_x();
        y = prev.get_y();

        // determine left environment
        if(x == 0)
        {
            // return WALL if it is on boundary
            env.LEFT = GridType.WALL;
        }
```

```
else
{
    env.LEFT = themap[x - 1][y].get_type();
}

// determine right environment
if(x == MAZE_WIDTH - 1)
{
    // return WALL if it is on boundary
    env.RIGHT = GridType.WALL;
}
else
{
    env.RIGHT = themap[x + 1][y].get_type();
}

// determine top environment
if(y == 0)
{
    // return WALL if it is on boundary
    env.TOP = GridType.WALL;
}
else
{
    env.TOP = themap[x][y - 1].get_type();
}

// determine bottom environment
if(y == MAZE_HEIGHT - 1) // check if it is on boundary
{
    // return WALL if it is on boundary
    env.BOTTOM = GridType.WALL;
}
else
{
    env.BOTTOM = themap[x][y + 1].get_type();
}

Direction next = the_agent.determine_next(env);

// move the agent and check the validity
the_agent.move(next);
x = the_agent.get_position().get_x();
y = the_agent.get_position().get_y();
if(themap[x][y].get_type() == GridType.EXIT)
{
    // finish the simulation and enable the reset button
    maze_frame.bottom_panel.play_button.setText("Reset");
    status = Status.ENDED;

    maze_frame.repaint();
    graph_frame.repaint();
    return;
}

maze_frame.repaint();
graph_frame.repaint();

// wait as much as time_interval
```

```
            try
            {
                Thread.sleep(time_interval);
            }
            catch(InterruptedException ex)
            {
                // do nothing
            }
        }
    }
}
```

예제 7.27에서 Agent를 활용하여 시뮬레이션을 실행하는 코드를 구현한 MazeSimulator 클래스를 보여주고 있다. 우선 출구들의 리스트를 다루기 위해 Vector<Coor> 타입이 선언되어야 하며, 이를 위해 java.util.Vector를 import 하도록 하였다. 또한 시뮬레이션은 새로운 쓰레드를 통해 진행하려고 하는데, 이는 시뮬레이션을 진행하는 동안 패널의 버튼을 누를 수 있게 하려면 또다른 쓰레드를 통해 시뮬레이션을 연산해야하기 때문이다. 이를 위해 MazeSimulator가 Thread를 상속하도록 하였다. 이번 수정에서 새로 추가된 필드는 Agent의 객체 the_agent, Status 객체 status, int형 변수 time_interval, Coor 객체 entrance 총 4개이다. the_agent에 Solver 클래스를 등록하여 미로의 다음경로를 추측하게 할 것이며, status 객체를 통해 시뮬레이션의 진행 상태를 구분하도록 할 예정이다. time_interval은 에이전트가 한 단계씩 진행할 때 단계마다의 시간 간격을 밀리초 단위로 설정하게 한다. 예를 들어 time_interval 값이 200이면 0.2초마다 한 단계를 진행하도록 설정된다. 초기값으로 200의 값을 부여하였다. 에이전트의 Solver로 PrioritySolver 라는 새로운 클래스를 사용하고 있는데, 이 클래스의 내용은 추후 확인하도록 하자.

Thread 클래스를 상속하게 되면 run() 메소드를 구현하여 추후 start() 메소드를 호출함으로써 run() 메소드에 구현된 내용을 별개의 쓰레드로 실행할 수 있다. run() 메소드에서는 run_simulation() 메소드를 호출하고 있는데, 이 run_simulation() 메소드를 분석해 보자. 이 메소드는 MazeFrame의 하단 패널의 'Start simulation' 버튼이 눌려졌을 때 실행되는 버튼이다. 이 경우를 두 가지의 상황으로 분리할 수 있는데, 시뮬레이션이 맨 처음 실행되는 경우와 중간에 중단되었다가 다시 재개되는 경우로 나눌 수 있다. 맨 처음 시작되는 경우에는 status의 값이 Status.NOT_STARTED 로 설정되어 있는 경우이며, 이 경우에는 에이전트를 초기화하여 시뮬레이션을 새로 시작할 수 있도록 하여야 한다. 에이전트에게 새로 필요한 정보는 입구의 위치, 출구들의 위치이다. 에이전트의 미로의 전체 형태는 알 수 없도록 하였고, 현재 위치로부터 상, 하, 좌, 우의 정보를 Environment 객체를 통해 각 단계마다 제공할 예정이다. 그리고 연속된 세 개의 조건문을 통해 입구가 설정되었는지, 출구가 최소 한 개 이상 설정되었는지, Solver 클래스가 등록되었는지 확인한 후, 등록되지 않았으면 오류 메시지를 출력한 뒤 시뮬레이션을 종료하도록 하였다. 시뮬레이션이 실행되는 도중에는 미로의 구조가 변경되면 안되기 때문에 시뮬레이션을 시작하면서 'Start simulation' 버튼을 제외한 나머지 버튼은 전부 클릭이 불가한 상태로 변경한 후, status를 Status.STARTED로 변경하면서 시뮬레이션을 시작한다.

예제 7.28 수정된 MazeBottomPanel 클래스 3

```
...

public class MazeBottomPanel extends JPanel
{
    // simulation related
    MazeSimulator the_thread;

    ...

    MazeBottomPanel()
    {

        ...

        play_button.addActionListener
        (
            new ActionListener()
            {
                public void actionPerformed(ActionEvent event)
                {
                    if(MazeSimulator.status == Status.NOT_STARTED)
                    {
                        play_button.setText("Pause Simulation");

                        // start the simulation
                        the_thread = new MazeSimulator();
                        the_thread.start();
                    }
                    else if(MazeSimulator.status == Status.STARTED)
                    {
                        play_button.setText("Resume Simulation");
                        MazeSimulator.status = Status.BEING_PAUSED;
                    }
                    else if(MazeSimulator.status == Status.BEING_PAUSED)
                    {
                        play_button.setText("Pause Simulation");
                        MazeSimulator.status = Status.STARTED;
                    }
                    else if(MazeSimulator.status == Status.PAUSED)
                    {
                        play_button.setText("Pause Simulation");
                        MazeSimulator.status = Status.STARTED;

                        // resume the simulation
                        the_thread = new MazeSimulator();
                        the_thread.start();
                    }
```

```
                else if(MazeSimulator.status == Status.ENDED) // reset
button
                {
                    play_button.setText("Start Simulation");
                    MazeSimulator.status = Status.NOT_STARTED;

                    // set the position of agent to entrance
MazeSimulator.the_agent.set_position(MazeSimulator.entrance);

                    // reset the solver
                    MazeSimulator.the_agent.reset_solver();

                    ground_button.setEnabled(true);
                    wall_button.setEnabled(true);
                    entrance_button.setEnabled(true);
                    exit_button.setEnabled(true);

                    repaint();
                }
            }
        }
    );

    }

    ...

}
```

시뮬레이션은 while 반복문을 반복하면서 매 단계를 진행하게 된다. 기본적으로 Status가 Status.STARTED인 경우에만 진행하게 하며, Status.BEING_PAUSED인 경우에는 현재 상태에서 종료하도록 한다. Environment 클래스의 객체인 env를 생성하여 상, 하, 좌, 우의 타입을 WALL인지, GROUND인지, EXIT인지를 설정하여 에이전트의 determin_next() 메소드의 인자로 전달하는데, 이 과정에서 현재 칸이 미로의 경계에 있으면 경계 너머는 WALL로 정의하여 전달한다. 예를 들어 x 좌표가 0이면 그 왼쪽에는 칸이 없기 때문에 왼쪽 칸을 WALL로 설정하여 에이전트가 왼쪽으로 가지 못하도록 한다. 마찬가지로 x 좌표가 최대값을 가질 때 오른쪽 칸이 없기 때문에 그 오른쪽 칸을 WALL로 설정하여 전달하게 된다. y 좌표에 대해서도 마찬가지로 경계인지 확인한 후, 경계인 경우에는 해당 방향을 WALL로 설정하여 전달하였다.

7.6 신장트리 시각화 완성

마지막으로 에이전트가 다음 움직임을 수행하였을 때 출구에 도달하였는지 확인 후, 출구에 도달하였다면 'Start simulation' 버튼을 'Reset' 버튼으로 타이틀을 수정 후, 시뮬레이션을 종료하도록 하였다. while 반복문이 반복될 때마다 마지막에 두 개의 프레임에 대해서 repaint() 메소드를 불러주고 time_interval 만큼 Thread의 sleep() 메소드로 시간 간격을 두고 있다.

MazeBottomPanel 클래스에서 play_button의 이벤트 처리를 하지 않았던 부분을 지금 보충하여 보자. 예제 7.28에서 해당 내용을 보여주고 있는데, MazeSimulator 클래스의 status 객체에 어떤 값이 있는지에 따라 다르게 동작하도록 설정하였다. 우선 클래스의 멤버 필드 부분에 the_thread 라는 이름의 MazeSimulator 객체를 선언하였고, Status.NOT_STARTED인 경우에는 시뮬레이션을 처음 시작하는 상황이므로 해당 객체를 초기화하여 start() 메소드를 호출하여 run_simulation() 메소드를 실행 시킨다. 그 과정에서 play_button의 텍스트를 “Start simulation”에서 “Pause Simulation”으로 수정하였다. status의 값이 Status.STARTED인 경우에는 시뮬레이션이 실행되고 있는 중을 의미하는데, 이 때 버튼이 눌렸다면 “Pause Simulation” 버튼이 눌렸음을 의미한다. 시뮬레이션을 중단하기 위해 status의 값을 Status.BEING_PAUSED로 수정[16]하였다. status의 값이 Status.BEING_PAUSED 또는 Status.PASUSED 인 경우에는 버튼이 눌려졌을 때 시뮬레이션을 재개하라는 의미이므로, status를 Status.STARTED로 바꾼 후 the_thread를 통해 새로 시뮬레이션을 실행한다. start() 메소드가 새로 불리지만 현재까지 이동한 경로는 저장되기 때문에 시뮬레이션이 처음부터 시작되지 않고 중단된 시점으로부터 재개된다. status가 Status.ENDED인 경우에는 play_button의 텍스트가 “Reset”으로 바뀌어 있는 경우이다. 따라서 시뮬레이션의 초기화를 실행하여야 하며, 이를 위해서 에이전트의 위치를 시작점으로 설정하고, Solver를 재설정하기 위해 reset_solver() 메소드를 호출하면서 비활성화되어 있던 미로를 구성할 수 있도록 하는 4개의 버튼을 활성화시킨다.

예제 7.29 수정된 MazeTopListener 클래스 2

```
...
```

16) Status.BEING_PAUSED와 Status.PAUSED 두 가지의 상태를 서로 구분하는 이유는 MazeSimulator가 쓰레드 기반으로 동작하기 때문에 동기화 문제로 인한 버그를 방지하기 위함이다. MazeBottomPanel 클래스에서 status를 Status.BEING_PAUSED로 수정하면, 쓰레드의 반복문이 실행되는 도중에 Status.PAUSED로 바뀌고 쓰레드가 자동으로 종료된다.

```
public class MazeTopListener implements MouseListener
{
    ...

    public void mousePressed(MouseEvent e)
    {

        ...
        else if(MazeTopPanel.cursor_type == CursorType.EXIT)
        {
            MazeSimulator.themap[col][row].set_type(GridType.EXIT);
        }
        else if(MazeTopPanel.cursor_type == CursorType.ENTRANCE)
        {
            Coor input = new Coor(col, row);
            MazeSimulator.entrance = input;
            MazeSimulator.the_agent.set_position(input);
            MazeSimulator.themap[col][row].set_type(GridType.GROUND);
        }

        ...

    }

    ...

}
```

MazeTopListener 클래스에서도 cursor_type 이 CursorType.ENTRANCE인 경우의 구현이 생략되어 있었는데, 예제 7.29에서 보는 바와 같이 클릭된 지점을 MazeSimulator의 entrance의 좌표값으로 설정하고 에이전트의 위치도 클릭된 지점으로 설정한 후, 해당 칸을 GridType.GROUND로 설정하였다.

예제 7.30 수정된 MazeTopPanel 클래스 4

```
...

public class MazeTopPanel extends JPanel
{

    ...

    public void paint(Graphics g)
    {

        ...

        // color the current position as blue
        g.setColor(Color.blue);
        int x = MazeSimulator.the_agent.current_position.get_x();
        int y = MazeSimulator.the_agent.current_position.get_y();

        int posX = x*(grid_width + 1) + 1;
```

```
        int posY = y*(grid_height + 1) + 1;

        g.fillRect(posX, posY, grid_width, grid_height);
    }
}
```

에이전트의 현재 위치를 볼 수 있도록 수정한 MazeTopPanel의 내용을 예제 7.30에서 확인할 수 있다. paint() 메소드에서 가로, 세로 구분선과 WALL, GROUND, EXIT을 모두 그리고 난 후 마지막으로 에이전트의 현재 좌표를 확인하여 해당 칸을 파란색으로 그리는 코드이다.

예제 7.31 PrioritySolver 클래스

```
import java.util.Stack;
import java.util.Vector;

public class PrioritySolver implements Solver
{
    private Coor current_position;
    private Coor entrance;
    private Vector<Coor> exit_positions;
    private boolean mark[][];
    private Stack<Coor> path_stack;
    private int WIDTH = 10;
    private int HEIGHT = 10;

    // a default constructor
    public PrioritySolver(int width, int height)
    {
        entrance = null;
        path_stack = new Stack<Coor>();

        // let's apply array doubling if the size of the mark matrix is
not enough
        mark = new boolean[WIDTH][HEIGHT];
        for(int i = 0; i < WIDTH; i++)
        {
            for(int j = 0; j < HEIGHT; j++)
            {
                mark[i][j] = false;
            }
        }
    }

    public void initialize(Coor entrance, Vector<Coor>
exit_positions)
    {
        this.entrance = entrance;
        this.exit_positions = exit_positions;
    }
    public void reset()
    {
        path_stack = new Stack<Coor>();
```

```
        // let's apply array doubling if the size of the mark matrix is
not enough
        mark = new boolean[WIDTH][HEIGHT];
        for(int i = 0; i < WIDTH; i++)
        {
            for(int j = 0; j < HEIGHT; j++)
            {
                mark[i][j] = false;
            }
        }

        // extract current position
        int x = entrance.get_x();
        int y = entrance.get_y();

        current_position = new Coor(x, y);

        // mark current position as visited
        mark[x][y] = true;

        // push the current position into the pathStack
        Coor stack_element = new Coor(x, y);
        path_stack.push(stack_element);
    }

    public boolean is_ground(GridType input)
    {
        if(input == GridType.WALL)
            return false;
        else
            return true;
    }

    public Direction determine_next(Environment env)
    {
        Coor stack_element;

        // extract current position
        int x = current_position.get_x();
        int y = current_position.get_y();

        if(is_ground(env.TOP) && mark[x][y - 1] == false)
        {
            // mark next position as visited
            mark[x][y - 1] = true;

            // push the next position into the pathStack
            stack_element = new Coor(x, y - 1);
            path_stack.push(stack_element);

            current_position.set_y(y - 1);
            return Direction.TOP;
        }
        else if(is_ground(env.RIGHT) && mark[x + 1][y] == false)
        {
            // mark next position as visited
            mark[x + 1][y] = true;

            // push the next position into the pathStack
```

```
        stack_element = new Coor(x + 1, y);
        path_stack.push(stack_element);

        current_position.set_x(x + 1);
        return Direction.RIGHT;
    }
    else if(is_ground(env.BOTTOM) && mark[x][y + 1] == false)
    {
        // mark next position as visited
        mark[x][y + 1] = true;

        // push the next position into the pathStack
        stack_element = new Coor(x, y + 1);
        path_stack.push(stack_element);

        current_position.set_y(y + 1);
        return Direction.BOTTOM;
    }
    else if(is_ground(env.LEFT) && mark[x - 1][y] == false)
    {
        // mark next position as visited
        mark[x - 1][y] = true;

        // push the next position into the pathStack
        stack_element = new Coor(x - 1, y);
        path_stack.push(stack_element);

        current_position.set_x(x - 1);
        return Direction.LEFT;
    }

    // pop the stack and return to the previous position
    path_stack.pop();

    int prev_x = path_stack.peek().get_x();
    int prev_y = path_stack.peek().get_y();
    stack_element = new Coor(prev_x, prev_y);

    if(x < prev_x) // right
    {
        current_position.set_x(prev_x);
        return Direction.RIGHT;
    }
    else if(x > prev_x) // left
    {
        current_position.set_x(prev_x);
        return Direction.LEFT;
    }
    else if(y < prev_y) // bottom
    {
        current_position.set_y(prev_y);
        return Direction.BOTTOM;
    }
    else if(y > prev_y)
    {
        current_position.set_y(prev_y);
        return Direction.TOP;
    }
    else
```

```
        {
            System.out.println("Unhandled situation.");
            return Direction.TOP;
        }
    }
}
```

MazeSimulator 클래스에서 에이전트 객체를 초기화할 때 Solver로 사용되었던 PrioritySolver 클래스의 내용이 예제 7.31에 나타나 있다. PrioritySolver 클래스는 위쪽 방향을 최우선으로 하여 시계방향으로 방향의 우선순위를 가지는 기본적인 길 찾기 알고리즘이다. 에이전트는 이미 가보지 않은 길 중, 위쪽으로 갈 수 있다면 위쪽을 선택하고, 그렇지 않으면 오른쪽, 아래쪽, 왼쪽 순으로 가보지 않은 칸 중 우선순위가 가장 먼저인 방향을 선택하여 나아가는 방법을 택한다. 다만 4방향 모두 막혀있거나 이미 방문한 길이라면, 왔던 길을 하나씩 되돌아오면서 가지 않은 다른 방향을 우선순위에 맞게 순차적으로 방문한다.

이 길찾기 알고리즘의 적용을 위하여 스택을 이용해 현재까지 진행한 경로를 기록한 뒤, 막다른 길에 도달하면 왔던 길을 하나씩 되돌아가는 방법을 택하고 있다. 코드 상에 보이는 mark라는 2차원 배열이 어떤 길을 이미 방문했고, 어떤 길은 방문을 하지 않았는지를 구분해 주는 boolean 타입의 2차원 배열이다. determine_next() 메소드에서 위쪽부터 시계방향으로 갈 수 있는 길인지 확인한 후, 갈 수 있는 길이면서 아직 방문하지 않은 길이면 현재 위치를 해당 위치로 옮기도록 구현하였다. 막다른 길이 나온 경우네는 스택의 최상단에 있는 길을 peek() 메소드를 통해 제거하고 좌표를 비교하여 직전에 이동했던 경로로 되돌아간다.

현재까지 구현한 코드를 적용하여 프로그램을 실행한 뒤, 간단한 미로를 구성하여 'Start simulation' 버튼을 통해 시뮬레이션을 실행한 모습을 그림 7.11에서 보여주고

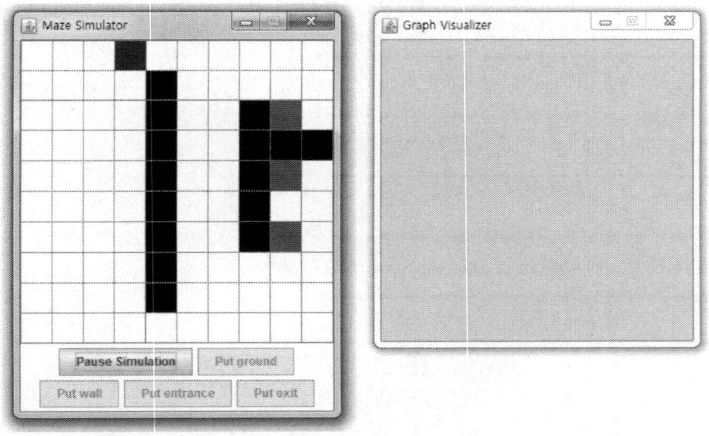

그림 7.11 미로 찾기 시뮬레이션이 진행되고 있는 모습

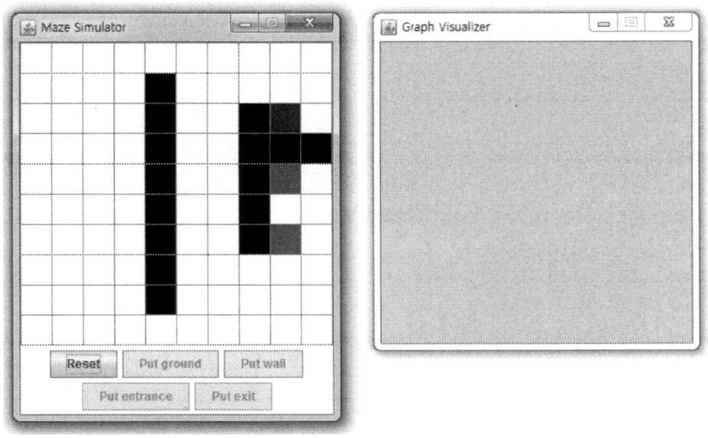

그림 7.12 에이전트가 출구에 도달한 모습

있다. 파란색으로 표시된 에이전트가 초기 지점에서 출발하여 PrioritySolver 클래스에서 결정한 경로로 움직여가고 있는 모습을 확인할 수 있을 것이다. 에이전트가 우선순위에 따라 방향을 정하여 이동하면서 결국에는 그림 7.12와 같이 세 개의 출구 중 하나에 도달하는 것을 확인할 수 있을 것이다. 출구에 도달하면서 play_button의 텍스트가 'Reset'으로 바뀌어 있다. 본 책에서 구현한 PrioritySolver 클래스가 미로에서 길을 잘 찾아감을 확인하였고, 독자들도 PrioritySolver 대신 Solver 인터페이스를 구현하는 또 다른 클래스를 구현하여 각자의 알고리즘을 직접 시험해볼 수도 있을 것이다.

마지막으로 에이전트의 움직임을 연결하여 하나의 신장 트리를 형성하여 시각화하는 코드를 GraphPanel에 적용하여 이번 장에서의 프로그램 구현을 마무리해 보도록 하자. 이를 구현하기 위해 신장 트리의 엣지(Edge)를 저장할 수 있도록 예제 7.32의 Edge 클래스를 작성해 보자.

예제 7.32 Edge 클래스

```
public class Edge
{
    public Coor src;
    public Coor dst;

    Edge(Coor input1, Coor input2)
    {
        src = input1;
        dst = input2;
    }

    Edge()
    {
        src = new Coor(0, 0);
```

```
        dst = new Coor(0, 0);
    }

    Coor get_src()
    {
        return src;
    }

    Coor get_dst()
    {
        return dst;
    }

    void set_src(Coor input)
    {
        src = input;
    }

    void set_dst(Coor input)
    {
        dst = input;
    }

    boolean is_ordered_equal(Edge input)
    {
        boolean check = true;

        check = check && input.get_src().is_equal(src);
        check = check && input.get_dst().is_equal(dst);
        return check;
    }

    boolean is_unordered_equal(Edge input)
    {
        boolean check1 = true;
        boolean check2 = true;

        check1 = check1 && input.get_src().is_equal(src);
        check1 = check1 && input.get_dst().is_equal(dst);

        check2 = check2 && input.get_src().is_equal(dst);
        check2 = check2 && input.get_dst().is_equal(src);

        return (check1 || check2);
    }
}
```

Edge 클래스는 앞서 구현하였던 Coor 클래스 객체 두 개를 통해 표현된다. 두 Coor 객체 src와 dst를 잇는 엣지를 표현하며, 생성자를 포함하여 src를 설정하거나 호출하는 메소드들, dst를 설정하거나 호출하는 메소드들을 각각 작성하였다. 엣지가 서로 같은지, 다른지를 비교하는 두 메소드 is_ordered_equal(), is_unordered_equal()를 구현하였는데, is_ordered_equal()은 두 엣지의 src와 dst가 모두 같아야 true를 반환하며, is_unordered_equal() 메소드는 src와 dst가 서로 뒤바뀌어있더라도 두 엣지가 가지고 있는 Coor 객체가 같은 좌표이면 true를 반환하여 같다고 결정해주는 메소드이다. 신장 트리를 형성하면서 Edge 객체를 비교할 때는 is_unordered_equal() 메소드를 활용하도록 하자.

예제 7.33 수정된 MazeSimulator 클래스 4

```
...

import java.util.LinkedList;
import java.util.Iterator;

public class MazeSimulator extends Thread
{

    ...

    // graph representation related
    static LinkedList<Edge> edges;

    ...

    public static void main(String[] args)
    {

        ...

        // graph representation related
        edges = new LinkedList<Edge>();

        ...

    }

    public static void run_simulation()
    {

        ...

            Direction next = the_agent.determine_next(env);

            Coor next_coor = new Coor(x, y);
            if(next == Direction.TOP)
            {
                next_coor.set_y(y - 1);
            }
            else if(next == Direction.BOTTOM)
            {
                next_coor.set_y(y + 1);
            }
            else if(next == Direction.LEFT)
            {
                next_coor.set_x(x - 1);
            }
            else if(next == Direction.RIGHT)
            {
                next_coor.set_x(x + 1);
```

```
            }

            // check if it exists in the hash
            Iterator<Edge> iter = edges.iterator();
            Edge cur = new Edge(prev, next_coor);
            boolean exist = false;

            while(iter.hasNext())
            {
                // break if both edges are equal and set exist to 'true'
                if(iter.next().is_unordered_equal(cur))
                {
                    exist = true;
                    break;
                }
            }

            // add the edge to the list if it doesn't exist in the hash
            if(!exist)
            {
                edges.add(cur);
            }

        ...

        }
    }
}
```

예제 7.33에서 앞서 구현한 Edge 클래스를 활용하여 미로에서 에이전트가 이동할 때마다 신장 트리의 엣지들을 형성하여 정보를 저장하도록 하였다. 이를 위해 LinkedList<Edge> 객체인 edges를 선언하였고, 메인함수에서 초기화하였다. 이후 시뮬레이션이 진행중일 때, 에이전트의 determine_next() 메소드를 통해서 Direction 객체 next가 반환된 후, next와 현재 좌표를 이용하여 하나의 엣지를 형성한 다음 edges에 추가해 주고 있다. 같은 두 좌표를 가진 또 다른 엣지가 이미 edges에 포함되어 있을 수 있기 때문에 Iterator를 활용하여 같은 엣지가 있는지 검사 후, 없는 경우에만 추가하였다. 이제 MazeSimulator의 edges 정보를 활용하여 실제로 GraphPanel에서 신장 트리를 표현해보도록 하자.

예제 7.34 수정된 GraphPanel 클래스

```
...

public class GraphPanel extends JPanel
{
    GraphPanel()
    {

        ...
```

```
        this.setBackground(Color.yellow);
    }

    public void paint(Graphics g)
    {
        int maze_width = MazeSimulator.MAZE_WIDTH;
        int maze_height = MazeSimulator.MAZE_HEIGHT;
        int grid_width = MazeSimulator.GRID_WIDTH;
        int grid_height = MazeSimulator.GRID_HEIGHT;

        // draw horizontal lines
        for(int i = 0; i <= maze_width; i++)
        {
            int x1 = 0;
            int y1 = i*(grid_height + 1);
            int x2 = maze_width*(grid_width + 1);
            int y2 = i*(grid_height + 1);

            g.setColor(Color.gray);
            g.drawLine(x1, y1, x2, y2);
        }

        // draw vertical lines
        for(int i = 0; i <= maze_height; i++)
        {
            int x1 = i*(grid_width + 1);
            int y1 = 0;
            int x2 = i*(grid_width + 1);
            int y2 = maze_height*(grid_height + 1);

            g.setColor(Color.gray);
            g.drawLine(x1, y1, x2, y2);
        }

        // draw gray rectangles as background color
        for(int i = 0; i < maze_width; i++)
        {
            for(int j = 0; j < maze_height; j++)
            {
                int posX = i*(grid_width + 1) + 1;
                int posY = j*(grid_height + 1) + 1;

                g.setColor(Color.LIGHT_GRAY); // entrance

                // draw a rectangle with the set color
                g.fillRect(posX, posY, grid_width, grid_height);
            }
        }

        // draw red circle and red edge of the graph
        Iterator<Edge> iter = MazeSimulator.edges.iterator();

        // determine the radius
        int radius;
        if(grid_width < grid_height)
            radius = grid_width/4;
        else
            radius = grid_height/4;
```

```
        g.setColor(Color.red);

        int x_adjust = grid_width/2;
        int y_adjust = grid_height/2;

        while(iter.hasNext())
        {
            Edge cur = iter.next();

            // extract the x, y coordinations
            int coor_x1 = cur.get_src().get_x();
            int coor_x2 = cur.get_dst().get_x();
            int coor_y1 = cur.get_src().get_y();
            int coor_y2 = cur.get_dst().get_y();

            // calculate the pixel position
            int pos_x1 = coor_x1*(grid_width + 1) + 1 + x_adjust;
            int pos_x2 = coor_x2*(grid_width + 1) + 1 + x_adjust;
            int pos_y1 = coor_y1*(grid_height + 1) + 1 + y_adjust;
            int pos_y2 = coor_y2*(grid_height + 1) + 1 + y_adjust;

            // draw circles
            g.fillOval(pos_x1 - radius, pos_y1 - radius, 2*radius + 1,
2*radius + 1);
            g.fillOval(pos_x2 - radius, pos_y2 - radius, 2*radius + 1,
2*radius + 1);

            // draw the edge
            g.drawLine(pos_x1, pos_y1, pos_x2, pos_y2);
        }
    }
}
```

예제 7.34에서 GraphPanel 클래스의 수정사항을 확인할 수 있다. 더 이상 노란색 배경을 설정할 필요가 없기 때문에 제거하였고, paint() 메소드를 정의하여 그래프를 그리고 있다. 가로, 세로로 회색의 경계선을 그린 후, 패널 전체를 옅은 회색으로 칠하였다. MazeTopPanel 코드를 설명할 때와 동일한 코드이므로 자세한 설명은 생략하도록 하겠다. 그래프의 노드는 붉은 원으로 표현하고 엣지는 붉은 선분으로 표현하려고 하는데, 이 때 붉은 원의 반지름은 미로 한 칸의 1/4 길이로 설정하였다. 신장 트리를 그리는 부분은 while 반복문을 통하여 그리고 있는데, MazeSimulator 클래스의 edges로부터 Iterator를 불러와서 모든 엣지에 대해 노드와 엣지를 그려주고 있다. 예제 7.34의 GraphPanel 클래스를 끝으로 미로 찾기의 프로그램의 모든 기능이 완성되었다. 이를 실행하여 그림 7.12에서와 동일한 미로를 구성하여 실행해 보면 그림 7.13에서 보는 바와 같이 GraphFrame에서 에이전트의 경로를 신장 트리로 성공적으로 보여주고 있다.

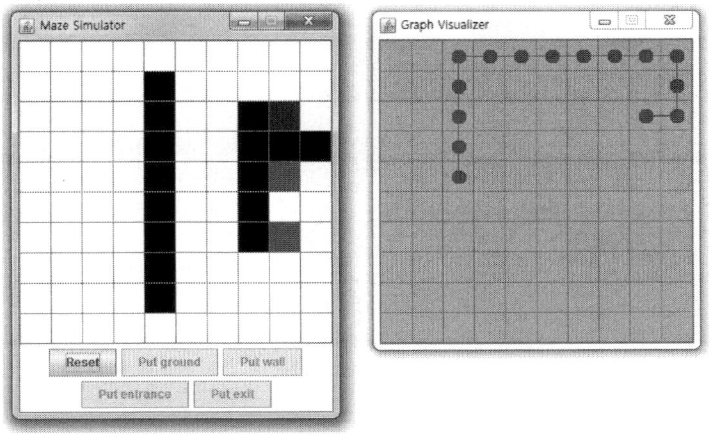

그림 7.13 완성한 미로 찾기 프로그램

7.7 전체 코드 소개

아래의 예제 7.35부터 예제 7.52는 이번 단원에서 작성하였던 모든 클래스의 최종 코드를 보여주고 있다.

예제 7.35 Agent 클래스

```
import java.util.Vector;

public class Agent
{
    public Coor entrance_position;
    public Coor current_position;
    public Vector<Coor> exit_positions;
    public Solver maze_solver;

    Agent()
    {
        maze_solver = null;
        current_position = new Coor(-1, -1);
        exit_positions = null;
        entrance_position = null;
    }

    public void set_solver(Solver input)
    {
        this.maze_solver = input;
    }

    public Solver get_solver()
    {
```

```
        return maze_solver;
    }

    public void set_position(Coor input)
    {
        current_position.set_x(input.get_x());
        current_position.set_y(input.get_y());
    }

    public Coor get_position()
    {
        int x = current_position.get_x();
        int y = current_position.get_y();

        Coor ret = new Coor(x, y);

        return ret;
    }

    public void set_entrance(Coor input)
    {
        int x = input.get_x();
        int y = input.get_y();
        entrance_position = new Coor(x, y);
    }

    public void set_exits(Vector<Coor> input)
    {
        exit_positions = input;
    }

    public Direction determine_next(Environment env)
    {
        return maze_solver.determine_next(env);
    }

    public void move(Direction direction)
    {
        if(direction == Direction.TOP)
        {
            int new_y = current_position.get_y() - 1;
            current_position.set_y(new_y);
        }
        else if(direction == Direction.BOTTOM)
        {
            int new_y = current_position.get_y() + 1;
            current_position.set_y(new_y);
        }
        else if(direction == Direction.LEFT)
        {
            int new_x = current_position.get_x() - 1;
            current_position.set_x(new_x);
        }
        else if(direction == Direction.RIGHT)
        {
            int new_x = current_position.get_x() + 1;
            current_position.set_x(new_x);
        }
        else if(direction == Direction.SELF)
```

```
        {
            // do nothing
        }
    }

    public void reset_solver()
    {
        maze_solver.initialize(entrance_position, exit_positions);
        maze_solver.reset();
    }
}
```

예제 7.36 Coor 클래스

```
public class Coor
{
    private int x;
    private int y;

    // a default constructor
    public Coor()
    {
        x = 0;
        y = 0;
    }

    // a constructor with x, y position
    public Coor(int input1, int input2)
    {
        x = input1;
        y = input2;
    }

    public void set_position(int[] input)
    {
        x = input[0];
        y = input[1];
    }

    public void set_x(int input)
    {
        x = input;
    }

    public void set_y(int input)
    {
        y = input;
    }

    public int get_x()
    {
        return x;
    }

    public int get_y()
    {
        return y;
    }
```

```
    public int[] get_position()
    {
        int[] ret = new int[2];
        ret[0] = x;
        ret[1] = y;
        return ret;
    }

    boolean is_equal(Coor input)
    {
        return (input.get_x() == x && input.get_y() == y);
    }
}
```

예제 7.37 CursorType 열거형

```
public enum CursorType
{
    NOTHING,
    GROUND,
    WALL,
    ENTRANCE,
    EXIT
}
```

예제 7.38 Direction 열거형

```
public enum Direction
{
    SELF,
    TOP,
    BOTTOM,
    LEFT,
    RIGHT
}
```

예제 7.39 Environment 클래스

```
public class Environment
{
    public GridType TOP;
    public GridType BOTTOM;
    public GridType LEFT;
    public GridType RIGHT;

    Environment()
    {
        TOP = GridType.GROUND;
        BOTTOM = GridType.GROUND;
        LEFT = GridType.GROUND;
        RIGHT = GridType.GROUND;
    }

    Environment(GridType top, GridType bottom, GridType left, GridType
```

```
right)
    {
        TOP = top;
        BOTTOM = bottom;
        LEFT = left;
        RIGHT = right;
    }
}
```

예제 7.40 Edge 열거형

```
public class Edge
{
    public Coor src;
    public Coor dst;

    Edge(Coor input1, Coor input2)
    {
        src = input1;
        dst = input2;
    }

    Edge()
    {
        src = new Coor(0, 0);
        dst = new Coor(0, 0);
    }

    Coor get_src()
    {
        return src;
    }

    Coor get_dst()
    {
        return dst;
    }

    void set_src(Coor input)
    {
        src = input;
    }

    void set_dst(Coor input)
    {
        dst = input;
    }

    boolean is_ordered_equal(Edge input)
    {
        boolean check = true;

        check = check && input.get_src().is_equal(src);
        check = check && input.get_dst().is_equal(dst);
        return check;
    }

    boolean is_unordered_equal(Edge input)
```

```
    {
        boolean check1 = true;
        boolean check2 = true;

        check1 = check1 && input.get_src().is_equal(src);
        check1 = check1 && input.get_dst().is_equal(dst);

        check2 = check2 && input.get_src().is_equal(dst);
        check2 = check2 && input.get_dst().is_equal(src);

        return (check1 || check2);
    }
}
```

예제 7.41 GraphFrame 클래스

```
import javax.swing.*;
import java.awt.*;

public class GraphFrame extends JFrame
{
        private GraphPanel graph_panel;

    GraphFrame()
    {
        this.setTitle("Graph Visualizer");

        // panel
        graph_panel = new GraphPanel();

        // add panels
        this.add(graph_panel);

        int left_margin = MazeSimulator.LEFT_MARGIN;
        int top_margin = MazeSimulator.TOP_MARGIN;
        int frame_margin = MazeSimulator.FRAME_MARGIN;

        // set size
        int grid_width = MazeSimulator.GRID_WIDTH;
        int grid_height = MazeSimulator.GRID_HEIGHT;
        int maze_width = MazeSimulator.MAZE_WIDTH;
        int maze_height = MazeSimulator.MAZE_HEIGHT;

        int width = (grid_width + 1)*maze_width - 1;

        this.setLocation(left_margin + width + frame_margin, top_margin);
        this.setResizable(false);
        this.setVisible(true);
        this.setDefaultCloseOperation(JFrame.EXIT_ON_CLOSE);

    }

    public void paint(Graphics g)
    {
        this.paintComponents(g);
        pack();
    }
}
```

예제 7.42 GraphPanel 클래스

```
import javax.swing.*;
import java.awt.*;
import java.util.Iterator;

public class GraphPanel extends JPanel
{
    GraphPanel()
    {
        // set size
        int grid_width = MazeSimulator.GRID_WIDTH;
        int grid_height = MazeSimulator.GRID_HEIGHT;
        int maze_width = MazeSimulator.MAZE_WIDTH;
        int maze_height = MazeSimulator.MAZE_HEIGHT;

        int width = (grid_width + 1)*maze_width + 1;
        int height = (grid_height + 1)*maze_height + 1;

        this.setPreferredSize(new Dimension(width, height));
        this.setBackground(Color.yellow);
    }

    public void paint(Graphics g)
    {
        int maze_width = MazeSimulator.MAZE_WIDTH;
        int maze_height = MazeSimulator.MAZE_HEIGHT;
        int grid_width = MazeSimulator.GRID_WIDTH;
        int grid_height = MazeSimulator.GRID_HEIGHT;

        // draw horizontal lines
        for(int i = 0; i <= maze_width; i++)
        {
            int x1 = 0;
            int y1 = i*(grid_height + 1);
            int x2 = maze_width*(grid_width + 1);
            int y2 = i*(grid_height + 1);

            g.setColor(Color.gray);
            g.drawLine(x1, y1, x2, y2);
        }

        // draw vertical lines
        for(int i = 0; i <= maze_height; i++)
        {
            int x1 = i*(grid_width + 1);
            int y1 = 0;
            int x2 = i*(grid_width + 1);
            int y2 = maze_height*(grid_height + 1);

            g.setColor(Color.gray);
            g.drawLine(x1, y1, x2, y2);
        }

        // draw gray rectangles as background color
        for(int i = 0; i < maze_width; i++)
        {
            for(int j = 0; j < maze_height; j++)
            {
                int posX = i*(grid_width + 1) + 1;
```

```
            int posY = j*(grid_height + 1) + 1;

            g.setColor(Color.LIGHT_GRAY); // entrance

            // draw a rectangle with the set color
            g.fillRect(posX, posY, grid_width, grid_height);
         }
      }

      // draw red circle and red edge of the graph
      Iterator<Edge> iter = MazeSimulator.edges.iterator();

      // determine the radius
      int radius;
      if(grid_width < grid_height)
         radius = grid_width/4;
      else
         radius = grid_height/4;

      g.setColor(Color.red);

      int x_adjust = grid_width/2;
      int y_adjust = grid_height/2;

      while(iter.hasNext())
      {
         Edge cur = iter.next();

         // extract the x, y coordinations
         int coor_x1 = cur.get_src().get_x();
         int coor_x2 = cur.get_dst().get_x();
         int coor_y1 = cur.get_src().get_y();
         int coor_y2 = cur.get_dst().get_y();

         // calculate the pixel position
         int pos_x1 = coor_x1*(grid_width + 1) + 1 + x_adjust;
         int pos_x2 = coor_x2*(grid_width + 1) + 1 + x_adjust;
         int pos_y1 = coor_y1*(grid_height + 1) + 1 + y_adjust;
         int pos_y2 = coor_y2*(grid_height + 1) + 1 + y_adjust;

         // draw circles
         g.fillOval(pos_x1 - radius, pos_y1 - radius, 2*radius + 1,
2*radius + 1);
         g.fillOval(pos_x2 - radius, pos_y2 - radius, 2*radius + 1,
2*radius + 1);

         // draw the edge
         g.drawLine(pos_x1, pos_y1, pos_x2, pos_y2);
      }
   }
}
```

예제 7.43 Grid 클래스

```
public class Grid
{
   private Coor position;
   private GridType grid_type;
```

```java
    // a default constructor
    public Grid(GridType input_type)
    {
        position = new Coor();
        grid_type = input_type;
    }

    // a constructor with x, y position
    public Grid(GridType input_type, int x, int y)
    {
        position = new Coor(x, y);
        grid_type = input_type;
    }

    public GridType get_type()
    {
        return grid_type;
    }

    public void set_type(GridType input_type)
    {
        grid_type = input_type;
    }

    public void set_position(int input1, int input2)
    {
        position.set_x(input1);
        position.set_y(input2);
    }

    public int[] get_position()
    {
        return position.get_position();
    }

    public int get_x()
    {
        return position.get_x();
    }

    public int get_y()
    {
        return position.get_y();
    }
}
```

예제 7.44 GridType 열거형

```java
public enum GridType
{
    GROUND,
    WALL,
    ENTRANCE,
    EXIT
}
```

예제 7.45 MazeBottomPanel 클래스

```
import java.awt.*;
import javax.swing.*;
import javax.swing.JButton;
import javax.swing.JToggleButton;
import java.awt.event.ActionEvent;
import java.awt.event.ActionListener;
import java.awt.event.ItemEvent;
import java.awt.event.ItemListener;

public class MazeBottomPanel extends JPanel
{
    // simulation related
    MazeSimulator the_thread;

    // buttons
    public JToggleButton ground_button;
    public JToggleButton wall_button;
    public JToggleButton entrance_button;
    public JToggleButton exit_button;
    public JButton play_button;

    MazeBottomPanel()
    {
        // set size
        int grid_width = MazeSimulator.GRID_WIDTH;
        int maze_width = MazeSimulator.MAZE_WIDTH;

        int width = (grid_width + 1)*maze_width - 1;
         this.setPreferredSize(new Dimension(width, 70));

        // initialize buttons
        ground_button = new JToggleButton("Put ground");
        wall_button = new JToggleButton("Put wall");
        entrance_button = new JToggleButton("Put entrance");
        exit_button = new JToggleButton("Put exit");
        play_button = new JButton("Start Simulation");

        // add buttons to the panel
        this.add(play_button);
        this.add(ground_button);
        this.add(wall_button);
        this.add(entrance_button);
        this.add(exit_button);

        // configure button event listeners
        ground_button.addItemListener
        (
            new ItemListener()
            {
                public void itemStateChanged(ItemEvent event)
                {
                    if(event.getStateChange() == ItemEvent.SELECTED)
                    {
                        // deactivate other buttons
                        if(wall_button.isSelected())
                        {
                            wall_button.setSelected(false);
                        }
```

```
                if(entrance_button.isSelected())
                {
                    entrance_button.setSelected(false);
                }

                if(exit_button.isSelected())
                {
                    exit_button.setSelected(false);
                }

                MazeTopPanel.cursor_type = CursorType.GROUND;
            }
            else // button deactivated
            {
                MazeTopPanel.cursor_type = CursorType.NOTHING;
            }
        }
    }
);

wall_button.addItemListener
(
    new ItemListener()
    {
        public void itemStateChanged(ItemEvent event)
        {
            if(event.getStateChange() == ItemEvent.SELECTED)
            {
                // deactivate other buttons
                if(ground_button.isSelected())
                {
                    ground_button.setSelected(false);
                }

                if(entrance_button.isSelected())
                {
                    entrance_button.setSelected(false);
                }

                if(exit_button.isSelected())
                {
                    exit_button.setSelected(false);
                }

                MazeTopPanel.cursor_type = CursorType.WALL;
            }
            else // button deactivated
            {
                MazeTopPanel.cursor_type = CursorType.NOTHING;
            }
        }
    }
);

entrance_button.addItemListener
(
    new ItemListener()
    {
```

```
                public void itemStateChanged(ItemEvent event)
                {
                    if(event.getStateChange() == ItemEvent.SELECTED)
// selected
                    {
                        // deactivate other buttons
                        if(ground_button.isSelected())
                        {
                            ground_button.setSelected(false);
                        }

                        if(wall_button.isSelected())
                        {
                            wall_button.setSelected(false);
                        }

                        if(exit_button.isSelected())
                        {
                            exit_button.setSelected(false);
                        }

                        MazeTopPanel.cursor_type = CursorType.ENTRANCE;
                    }
                    else // button deactivated
                    {
                        MazeTopPanel.cursor_type = CursorType.NOTHING;
                    }
                }
            }
        );

        exit_button.addItemListener
        (
            new ItemListener()
            {
                public void itemStateChanged(ItemEvent event)
                {
                    if(event.getStateChange() == ItemEvent.SELECTED)
// selected
                    {
                        // deactivate other buttons
                        if(ground_button.isSelected())
                        {
                            ground_button.setSelected(false);
                        }

                        if(wall_button.isSelected())
                        {
                            wall_button.setSelected(false);
                        }

                        if(entrance_button.isSelected())
                        {
                            entrance_button.setSelected(false);
                        }

                        MazeTopPanel.cursor_type = CursorType.EXIT;
                    }
                    else // button deactivated
```

```
                {
                    MazeTopPanel.cursor_type = CursorType.NOTHING;
                }
            }
        }
    );

    play_button.addActionListener
    (
        new ActionListener()
        {
            public void actionPerformed(ActionEvent event)
            {
                if(MazeSimulator.status == Status.NOT_STARTED)
                {
                    play_button.setText("Pause Simulation");

                    // start the simulation
                    the_thread = new MazeSimulator();
                    the_thread.start();
                }
                else if(MazeSimulator.status == Status.STARTED)
                {
                    play_button.setText("Resume Simulation");
                    MazeSimulator.status = Status.BEING_PAUSED;
                }
                else if(MazeSimulator.status == Status.BEING_PAUSED)
                {
                    play_button.setText("Pause Simulation");
                    MazeSimulator.status = Status.STARTED;
                }
                else if(MazeSimulator.status == Status.PAUSED)
                {
                    play_button.setText("Pause Simulation");
                    MazeSimulator.status = Status.STARTED;

                    // resume the simulation
                    the_thread = new MazeSimulator();
                    the_thread.start();
                }
                else if(MazeSimulator.status == Status.ENDED) //
reset button
                {
                    play_button.setText("Start Simulation");
                    MazeSimulator.status = Status.NOT_STARTED;

                    // set the position of agent to entrance

MazeSimulator.the_agent.set_position(MazeSimulator.entrance);

                    // reset the solver
                    MazeSimulator.the_agent.reset_solver();

                    // reset the graph edges
                    MazeSimulator.edges.clear();
                    MazeSimulator.graph_frame.repaint();

                    ground_button.setEnabled(true);
                    wall_button.setEnabled(true);
```

```
                        entrance_button.setEnabled(true);
                        exit_button.setEnabled(true);

                        repaint();
                    }
                }
            }
        );
    }

    public void paint(Graphics g)
    {
        g.setColor(Color.white);
        g.fillRect(0, 0, this.getWidth(), this.getHeight());

        this.paintComponents(g);
    }
}
```

예제 7.46 MazeFrame 클래스

```
import javax.swing.*;
import java.awt.*;

public class MazeFrame extends JFrame
{
    public MazeTopPanel top_panel;
    public MazeBottomPanel bottom_panel;

    MazeFrame()
    {
        // set title
        this.setTitle("Maze Simulator");

        // panels
        top_panel = new MazeTopPanel();
        bottom_panel = new MazeBottomPanel();

        // add panels
        this.add(top_panel);
        this.add(bottom_panel);

        int left_margin = MazeSimulator.LEFT_MARGIN;
        int top_margin = MazeSimulator.TOP_MARGIN;

        // set layout
        GridBagLayout gridbag = new GridBagLayout();
        GridBagConstraints grid_gridbag_const = new GridBagConstraints();
        GridBagConstraints control_gridbag_const = new GridBagConstraints();

        // gridbag settings
        grid_gridbag_const.gridx = 0;
        grid_gridbag_const.gridy = 0;
        control_gridbag_const.gridx = 0;
        control_gridbag_const.gridy = 1;

        // register gridbag constraints
        gridbag.setConstraints(top_panel, grid_gridbag_const);
```

```
        gridbag.setConstraints(bottom_panel, control_gridbag_const);

        // set layout
        this.setLayout(gridbag);

        this.setResizable(false);
        this.setVisible(true);
        this.setDefaultCloseOperation(JFrame.EXIT_ON_CLOSE);

        this.setLocation(left_margin, top_margin);
    }

    public void paint(Graphics g)
    {
        this.paintComponents(g);

        top_panel.repaint();
        bottom_panel.repaint();
        pack();
    }
}
```

예제 7.47 MazeSimulator 클래스

```
import java.util.Vector;
import java.util.LinkedList;
import java.util.Iterator;

public class MazeSimulator extends Thread
{
    // simulation related
    public static Grid[][] themap;
    public static Agent the_agent;
    public static Status status;
    public static int time_interval;
    public static Coor entrance;

    // graph representation related
    static LinkedList<Edge> edges;

    // frames
    public static MazeFrame maze_frame;
    public static GraphFrame graph_frame;

    // size related
    public static int MAZE_WIDTH;
    public static int MAZE_HEIGHT;
    public static int GRID_WIDTH;
    public static int GRID_HEIGHT;

    // location related
    public static int TOP_MARGIN;
    public static int LEFT_MARGIN;
    public static int FRAME_MARGIN;

    public static void main(String[] args)
    {
        // size related
```

```
        MAZE_WIDTH = 10;
        MAZE_HEIGHT = 10;
        GRID_WIDTH = 30;
        GRID_HEIGHT = 30;

        // location related
        TOP_MARGIN = 100;
        LEFT_MARGIN = 50;
        FRAME_MARGIN = 50;

        // graph representation related
        edges = new LinkedList<Edge>();

        // simulation related
        status = Status.NOT_STARTED;
        time_interval = 200;
        the_agent = new Agent();
        the_agent.set_solver(new PrioritySolver(MAZE_WIDTH, MAZE_HEIGHT));

        themap = new Grid[MAZE_WIDTH][MAZE_HEIGHT];

        for(int i = 0; i < MAZE_WIDTH; i++)
        {
            for(int j = 0; j < MAZE_HEIGHT; j++)
            {
                themap[i][j] = new Grid(GridType.GROUND, i ,j);
            }
        }

        maze_frame = new MazeFrame();
        graph_frame = new GraphFrame();

        maze_frame.repaint();
        graph_frame.repaint();
    }

    public void run()
    {
        run_simulation();
    }

    public static void run_simulation()
    {
        if(status == Status.NOT_STARTED)
        {
            boolean exit_exist = false;
            Vector<Coor> exits = new Vector<Coor>();

            // pass the map information to the agent
            for(int i = 0; i < MAZE_WIDTH; i++)
            {
                for(int j = 0; j < MAZE_HEIGHT; j++)
                {
                    if(themap[i][j].get_type() == GridType.EXIT)
                    {
                        exits.add(new Coor(i, j));
                        exit_exist = true;
                    }
                }
```

```
        }

        // check if the entrance is set
        if(entrance == null)
        {
            System.out.println("The entrance is not set. Determine
the position of the entrance first.");

MazeSimulator.maze_frame.bottom_panel.play_button.setText("Start
Simulation");
            return;
        }

        // check if the exit is set
        if(!exit_exist)
        {
            System.out.println("There should be at least one exit
on the map. Simulation terminating...");

MazeSimulator.maze_frame.bottom_panel.play_button.setText("Start
Simulation");
            return;
        }

        // check if the solver is set
        if(the_agent.get_solver() == null)
        {
            System.out.println("The solver is not set. Configure
the Solver of the agent first.");
            maze_frame.bottom_panel.play_button.setText("Start
Simulation");
            return;
        }

        the_agent.set_entrance(entrance);
        the_agent.set_exits(exits);
        the_agent.reset_solver();

        status = Status.STARTED;

        // disable buttons except the play_button
        MazeBottomPanel bottom_panel = maze_frame.bottom_panel;
        bottom_panel.ground_button.setEnabled(false);
        bottom_panel.ground_button.setSelected(false);
        bottom_panel.wall_button.setEnabled(false);
        bottom_panel.wall_button.setSelected(false);
        bottom_panel.entrance_button.setEnabled(false);
        bottom_panel.entrance_button.setSelected(false);
        bottom_panel.exit_button.setEnabled(false);
        bottom_panel.exit_button.setSelected(false);

        maze_frame.top_panel.cursor_type = CursorType.NOTHING;
    }

    while(status == Status.STARTED || status == Status.BEING_PAUSED)
    {
        if(status == Status.BEING_PAUSED)
        {
```

```
        // set the status to paused and exit the function
        status = Status.PAUSED;
        return;
    }

    // generate environment
    Environment env = new Environment();
    int x, y;

    Coor prev = the_agent.get_position();

    x = prev.get_x();
    y = prev.get_y();

    // determine left of environment
    if(x == 0)
    {
        // return WALL if it is on boundary
        env.LEFT = GridType.WALL;
    }
    else
    {
        env.LEFT = themap[x - 1][y].get_type();
    }

    // determine right environment
    if(x == MAZE_WIDTH - 1)
    {
        // return WALL if it is on boundary
        env.RIGHT = GridType.WALL;
    }
    else
    {
        env.RIGHT = themap[x + 1][y].get_type();
    }

    // determine top environment
    if(y == 0)
    {
        // return WALL if it is on boundary
        env.TOP = GridType.WALL;
    }
    else
    {
        env.TOP = themap[x][y - 1].get_type();
    }

    // determine bottom environment
    if(y == MAZE_HEIGHT - 1) // check if it is on boundary
    {
        // return WALL if it is on boundary
        env.BOTTOM = GridType.WALL;
    }
    else
    {
        env.BOTTOM = themap[x][y + 1].get_type();
    }

    Direction next = the_agent.determine_next(env);
```

```java
Coor next_coor = new Coor(x, y);
if(next == Direction.TOP)
{
    next_coor.set_y(y - 1);
}
else if(next == Direction.BOTTOM)
{
    next_coor.set_y(y + 1);
}
else if(next == Direction.LEFT)
{
    next_coor.set_x(x - 1);
}
else if(next == Direction.RIGHT)
{
    next_coor.set_x(x + 1);
}

// check if it exists in the hash
Iterator<Edge> iter = edges.iterator();
Edge cur = new Edge(prev, next_coor);
boolean exist = false;

while(iter.hasNext())
{
    // break if both edges are equal and set exist to 'true'
    if(iter.next().is_unordered_equal(cur))
    {
        exist = true;
        break;
    }
}

// add the edge to the list if it doesn't exist in the hash
if(!exist)
{
    edges.add(cur);
}

// move the agent and check the validity
the_agent.move(next);

x = the_agent.get_position().get_x();
y = the_agent.get_position().get_y();
if(themap[x][y].get_type() == GridType.EXIT)
{
    // finish the simulation and enable the reset button
    maze_frame.bottom_panel.play_button.setText("Reset");
    status = Status.ENDED;

    maze_frame.repaint();
    graph_frame.repaint();
    return;
}

maze_frame.repaint();
graph_frame.repaint();
```

```
            // wait as much as time_interval
            try
            {
                Thread.sleep(time_interval);
            }
            catch(InterruptedException ex)
            {
                // do nothing
            }
        }
    }
}
```

예제 7.48 MazeTopListener 클래스

```
import java.awt.event.MouseEvent;
import java.awt.event.MouseListener;

public class MazeTopListener implements MouseListener
{
    public void mouseClicked(MouseEvent e)
    {
        // do nothing
    }

    public void mousePressed(MouseEvent e)
    {
        // return if cursor type is default
        if(MazeTopPanel.cursor_type == CursorType.NOTHING)
        {
            return;
        }

        int X = e.getX();
        int Y = e.getY();
        int col;
        int row;

        col = X/(MazeSimulator.GRID_WIDTH + 1);
        row = Y/(MazeSimulator.GRID_HEIGHT + 1);

        // check if the pixel is on borderline
        boolean check = col == MazeSimulator.MAZE_WIDTH
                || row == MazeSimulator.MAZE_HEIGHT
                || X%MazeSimulator.GRID_WIDTH == 0
                || Y%MazeSimulator.GRID_HEIGHT == 0;

        if(check)
        {
            return;
        }

        if(MazeTopPanel.cursor_type == CursorType.WALL)
        {
            MazeSimulator.themap[col][row].set_type(GridType.WALL);
        }
        else if(MazeTopPanel.cursor_type == CursorType.GROUND)
        {
```

```
            MazeSimulator.themap[col][row].set_type(GridType.GROUND);
        }
        else if(MazeTopPanel.cursor_type == CursorType.EXIT)
        {
            MazeSimulator.themap[col][row].set_type(GridType.EXIT);
        }
        else if(MazeTopPanel.cursor_type == CursorType.ENTRANCE)
        {
            Coor input = new Coor(col, row);
            MazeSimulator.entrance = input;
            MazeSimulator.the_agent.set_position(input);
            MazeSimulator.themap[col][row].set_type(GridType.GROUND);
        }

        MazeSimulator.maze_frame.repaint();
    }

    public void mouseReleased(MouseEvent e)
    {
        // do nothing
    }

    public void mouseEntered(MouseEvent e)
    {
        // do nothing
    }

    public void mouseExited(MouseEvent e)
    {
        // do nothing
    }
}
```

예제 7.49 MazeTopPanel 클래스

```
import java.awt.*;
import javax.swing.*;

public class MazeTopPanel extends JPanel
{
    public static CursorType cursor_type;

    public MazeTopListener the_mouse_listener;

    MazeTopPanel()
    {
        // set default cursor type
        cursor_type = CursorType.NOTHING;

        // set size
        int grid_width = MazeSimulator.GRID_WIDTH;
        int grid_height = MazeSimulator.GRID_HEIGHT;
        int maze_width = MazeSimulator.MAZE_WIDTH;
        int maze_height = MazeSimulator.MAZE_HEIGHT;

        int width = (grid_width + 1)*maze_width + 1;
        int height = (grid_height + 1)*maze_height + 1;
```

```
        this.setPreferredSize(new Dimension(width, height));

        // configure action events
        the_mouse_listener = new MazeTopListener();
        this.addMouseListener(the_mouse_listener);
    }

    public void paint(Graphics g)
    {
        // load information related drawing
        Grid[][] map = MazeSimulator.themap;
        int maze_width = MazeSimulator.MAZE_WIDTH;
        int maze_height = MazeSimulator.MAZE_HEIGHT;
        int grid_width = MazeSimulator.GRID_WIDTH;
        int grid_height = MazeSimulator.GRID_HEIGHT;

        // draw horizontal lines
        for(int i = 0; i <= maze_height; i++)
        {
            g.setColor(Color.gray);
            int x1 = 0;
            int y1 = i*(grid_height + 1);
            int x2 = maze_width*(grid_width + 1);
            int y2 = i*(grid_height + 1);

            g.drawLine(x1, y1, x2, y2);
        }

        // draw vertical lines
        for(int i = 0; i <= maze_width; i++)
        {
            g.setColor(Color.gray);
            int x1 = i*(grid_width + 1);
            int y1 = 0;
            int x2 = i*(grid_width + 1);
            int y2 = maze_height*(grid_height + 1);

            g.drawLine(x1, y1, x2, y2);
        }

        // draw rectangles
        for(int i = 0; i < maze_width; i++)
        {
            for(int j = 0; j < maze_height; j++)
            {
                int posX = i*(grid_width + 1) + 1;
                int posY = j*(grid_height + 1) + 1;

                if(map[i][j].get_type() == GridType.EXIT)
                {
                    g.setColor(Color.red);  // exit
                }
                else if(map[i][j].get_type() == GridType.WALL)
                {
                    g.setColor(Color.black); // wall
                }
                else
                {
                    g.setColor(Color.white); // ground
```

```
                }

                // draw a rectangle with the set color
                g.fillRect(posX, posY, grid_width, grid_height);
            }
        }

        // color the current position as blue
        g.setColor(Color.blue);
        int x = MazeSimulator.the_agent.current_position.get_x();
        int y = MazeSimulator.the_agent.current_position.get_y();

        int posX = x*(grid_width + 1) + 1;
        int posY = y*(grid_height + 1) + 1;

        g.fillRect(posX, posY, grid_width, grid_height);
    }
}
```

예제 7.50 PrioritySolver 클래스

```
import java.util.Stack;
import java.util.Vector;

public class PrioritySolver implements Solver
{
    private Coor current_position;
    private Coor entrance;
    private Vector<Coor> exit_positions;
    private boolean mark[][];
    private Stack<Coor> path_stack;
    private int WIDTH = 10;
    private int HEIGHT = 10;

    // a default constructor
    public PrioritySolver(int width, int height)
    {
        entrance = null;
        path_stack = new Stack<Coor>();

        // let's apply array doubling if the size of the mark matrix is not
enough
        mark = new boolean[WIDTH][HEIGHT];
        for(int i = 0; i < WIDTH; i++)
        {
            for(int j = 0; j < HEIGHT; j++)
            {
                mark[i][j] = false;
            }
        }
    }

    public void initialize(Coor entrance, Vector<Coor>
exit_positions)
    {
        this.entrance = entrance;
        this.exit_positions = exit_positions;
    }
```

```
    public void reset()
    {
        path_stack = new Stack<Coor>();

        // let's apply array doubling if the size of the mark matrix is
not enough
        mark = new boolean[WIDTH][HEIGHT];
        for(int i = 0; i < WIDTH; i++)
        {
            for(int j = 0; j < HEIGHT; j++)
            {
                mark[i][j] = false;
            }
        }

        // extract current position
        int x = entrance.get_x();
        int y = entrance.get_y();

        current_position = new Coor(x, y);

        // mark current position as visited
        mark[x][y] = true;

        // push the current position into the pathStack
        Coor stack_element = new Coor(x, y);
        path_stack.push(stack_element);
    }

    public boolean is_ground(GridType input)
    {
        if(input == GridType.WALL)
            return false;
        else
            return true;
    }

    public Direction determine_next(Environment env)
    {
        Coor stack_element;

        // extract current position
        int x = current_position.get_x();
        int y = current_position.get_y();

        if(is_ground(env.TOP) && mark[x][y - 1] == false)
        {
            // mark next position as visited
            mark[x][y - 1] = true;

            // push the next position into the pathStack
            stack_element = new Coor(x, y - 1);
            path_stack.push(stack_element);

            current_position.set_y(y - 1);
            return Direction.TOP;
        }
        else if(is_ground(env.RIGHT) && mark[x + 1][y] == false)
        {
```

```
        // mark next position as visited
        mark[x + 1][y] = true;

        // push the next position into the pathStack
        stack_element = new Coor(x + 1, y);
        path_stack.push(stack_element);

        current_position.set_x(x + 1);
        return Direction.RIGHT;
    }
    else if(is_ground(env.BOTTOM) && mark[x][y + 1] == false)
    {
        // mark next position as visited
        mark[x][y + 1] = true;

        // push the next position into the pathStack
        stack_element = new Coor(x, y + 1);
        path_stack.push(stack_element);

        current_position.set_y(y + 1);
        return Direction.BOTTOM;
    }
    else if(is_ground(env.LEFT) && mark[x - 1][y] == false)
    {
        // mark next position as visited
        mark[x - 1][y] = true;

        // push the next position into the pathStack
        stack_element = new Coor(x - 1, y);
        path_stack.push(stack_element);

        current_position.set_x(x - 1);
        return Direction.LEFT;
    }

    // pop the stack and return to the previous position
    path_stack.pop();

    int prev_x = path_stack.peek().get_x();
    int prev_y = path_stack.peek().get_y();
    stack_element = new Coor(prev_x, prev_y);

    if(x < prev_x) // right
    {
        current_position.set_x(prev_x);
        return Direction.RIGHT;
    }
    else if(x > prev_x) // left
    {
        current_position.set_x(prev_x);
        return Direction.LEFT;
    }
    else if(y < prev_y) // bottom
    {
        current_position.set_y(prev_y);
        return Direction.BOTTOM;
    }
    else if(y > prev_y)
    {
```

```
            current_position.set_y(prev_y);
            return Direction.TOP;
        }
        else
        {
            System.out.println("Unhandled situation.");
            return Direction.TOP;
        }
    }
}
```

예제 7.51 Solver 인터페이스

```
import java.util.Vector;

public interface Solver
{
    public void initialize(Coor entrance, Vector<Coor>
exit_positions);
    public Direction determine_next(Environment env);
    public void reset();
}
```

예제 7.52 Status 열거형

```
public enum Status
{
    NOT_STARTED,
    STARTED,
    BEING_PAUSED,
    PAUSED,
    ENDED
}
```

8장

Dropper

컴퓨터 객체를 움직이게 하는 데는 다양한 방법들이 개발되어 오고 있다. 컴퓨터 캐랙터의 경우에는 얼마나 실제 생명체 같이 움직이게 할 것이냐만을 가지고도 컴퓨터 그래픽스 분야에서 심도있게 연구되어 오고 있고, 이러한 이론을 바탕으로 다양한 전문 소프트웨어들이 소개되어 왔다.

이러한 객체의 움직임에 필요한 기초는 무엇일까? 그러한 기초를 이해하는 데 도움이 되는 필수 내용은 물체를 트랜스포메이션(transformation)하는 것으로, 이러한 것이 적용된 예제를 이번 장에서 다루기로 한다.

그림 8.1 8장 예제의 일부 스냅샷

한편 9장에서는 이번 장에서 사용된 기법을 토대로 컴퓨터 플레이어 객체가 주변을 인식하기 시작하는 초보 단계 사례의 하나로써, 주변 물체를 부딪치지 않고 움직이도록 하는 예제를 소개한다.

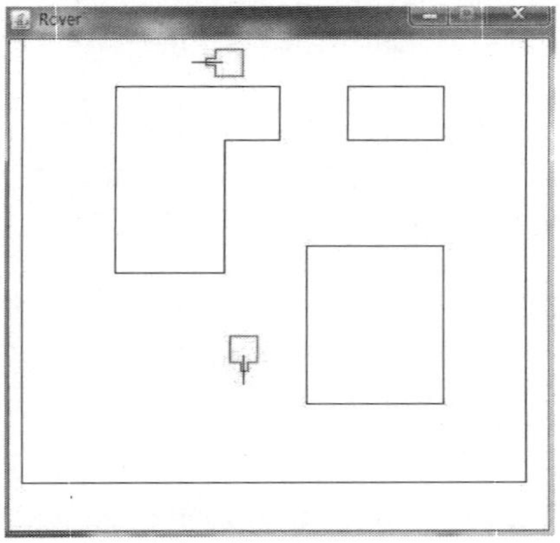

그림 8.2 9장 예제의 일부 스냅샷

위의 두 가지의 예제에 공통적으로 사용되는 몇 가지 자료구조가 있기 때문에, 이를 먼저 설명하는 것이 독자들에게 유용하다고 생각한다. 따라서 다음의 간단한 예제를 먼저 시작해 보는 것으로 하자. 이 예제의 명칭은 BallDropping으로 한다.

8.1 BallDropping

8.1.1 예제 개요

윈도우상에서 낙하하는 공을 묘사하는 것이다. 이벤트를 사용하여 공의 위치에 변화를 주기로 한다. BallDropping의 예제에서는 마우스 이벤트를 사용하기로 한다. 마우스로 임의의 위치를 클릭하면 해당 위치로 낙하하는 공이 옮겨져 새로 그려지도록 하는 것이다. 이것이 성공하고 나면 이 예제를 조금 더 확장한다. 여러 개의 플레이어들을 시뮬레이션 하는 것에 대비할 수 있도록 ArrayList 구조를 사용하여 마우스가 클릭되는 곳마다에서 여러 공들이 그려져 그 공들이 낙하되도록 한다.

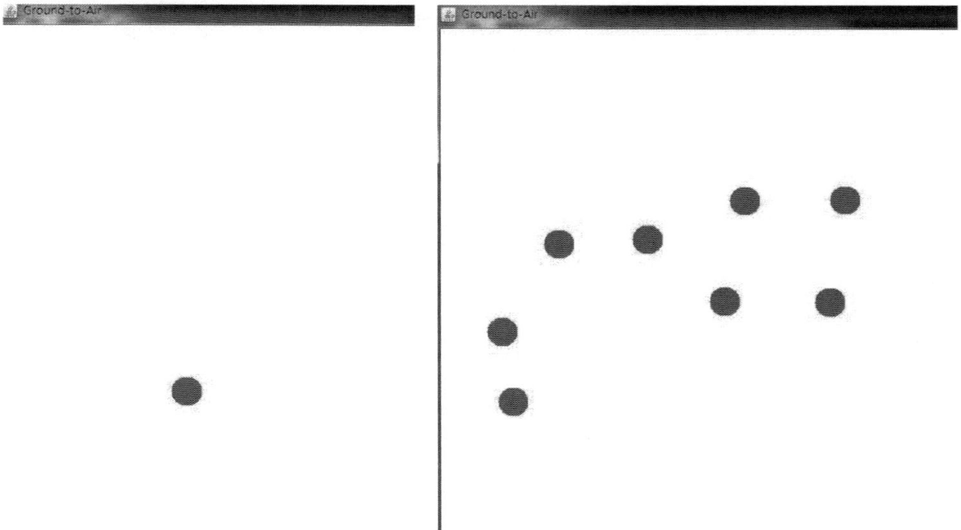

그림 8.3 balldropping 예제의 결과 스냅샷

8.1.2 한 개 공 낙하

먼저 한 개의 공을 화면에서 낙하되도록 해보자.

8.1.2.1 기본 윈도우 그리기

먼저 한 개의 기본 윈도우를 프레임으로 작성한다. 스윙의 하위 클래스인 JFrame을 상속 받아서 작성해 볼 수 있다. 윈도우의 크기를 setBounds 메소드를 사용하여 가로 1000, 세로 600으로 하고 동시에 윈도우의 생성의 원점은 x축 100, y축 100으로 한다. 윈도우의 타이틀은 "Drop one ball"을 setTitle 메소드를 이용하여 작성한다. setResizable은 false로하여 윈도우의 크기를 고정되게 한다. 이렇게 하면 아래와 같은 연한 회색의 기본 윈도우가 프레임을 통해 생성되게 된다.

```
import javax.swing.JFrame;

public class BallDropping extends JFrame {

        private int                    window_w = 1000, window_h = 600;

        BallDropping() {
                this.setBounds(100, 100, window_w, window_h);
                this.setTitle("Drop one ball");
                this.setResizable(false);
                this.setVisible(true);
        }

        public static void main(String[] args) {
                new BallDropping();
        }
}
```

프레임의 색깔은 통상 흰색으로 하게 되는데, 이를 적용하기 위해 paint 메서드를 통해 그래픽스 클래스의 특정 메소드를 활용한다.

한편 JFrame을 사용하는 경우 한 가지 알아두어야 할 내용이 있다. 실행을 종료하는 X 버튼을 클릭하면 해당 윈도우는 사라지고 실행도 함께 종료되는 것을 보게 된다. 하지만 실제로는 윈도우 운영체제의 백그라운드(background)라는 영역으로 보내지게 되면서 실행이 종료되는 것이 아니고 숨겨지도록 하고 있다.

따라서 윈도우 운영체제에서도 동작을 완전히 멈추게 하기 위해서는 setDefaultCloseOperation(JFrame.EXIT_ON_CLOSE)을 사용하는 것이 필요하다. 지금까지의 설명을 다른 각도로 설명하면 JFrame의 종료시의 default 값은 HIDE_ON_CLOSE이기 때문에 명시적으로 EXIT_ON_CLOSE로 적시해 주어야 한다는 뜻이기도 하다.

EXIT_ON_CLOSE를 사용하는 과정에서 뜻하지 않게 다른 쓰레드를 함께 종료시키는 오류가 있을 수 있다는 보고가 있으나, 이정도의 상황이 발생하려면 아주 상당히 큰 규모의 프로젝트의 개발인 경우이며, 큰 규모이기 때문에 그 오류의 실제 원인

이 다른 부분 때문일 수도 있으므로, 우선은 이에 관해서는 이 정도로 정리하고 넘어가기로 한다.

```
import java.awt.Color;
import java.awt.Graphics;
import javax.swing.JFrame;

public class BallDropping extends JFrame {
	private int		window_w = 1000, window_h = 600;

	BallDropping() {
		this.setBounds(100, 100, window_w, window_h);
		this.setTitle("Drop one ball");
		this.setResizable(false);
		this.setDefaultCloseOperation(JFrame.EXIT_ON_CLOSE);
		this.setVisible(true);
	}

	public void paint(Graphics getgs1) {
		getgs1.setColor(Color.WHITE);
		getgs1.fillRect(0, 0, window_w ,window_h);
	}

	public static void main(String[] args) {
		new BallDropping();
	}
}
```

이제까지의 코드 실행을 각자 확인해보도록 한다.

8.1.2.2 공 묘사하기

자 이제는 한 개의 공이 아래 그림처럼 화면에 보이도록 하자.

그림 8.4 화면에 한 개의 공 묘사

다음 코드는 메인 클래스 BallDropping이다.

```
.......

public class BallDropping extends JFrame {
        .......
        Dropball                db;
        private int               Mx = 10, My =10;

        BallDropping() {
                .......

                Point BallPos = new Point(Mx, My);
                db = new Dropball(BallPos);
        }

        public void paint(Graphics getgs1) {
                .......
               getgs1.setColor(Color.RED);
               getgs1.fillOval((int)db.BallPosition.x,
(int)db.BallPosition.y, 30, 30);

        }

        public static void main(String[] args) {
                .......
        }
}
```

이어서 두 개의 클래스 Droppball과 Point 클래스이다.

```
public class Dropball {
        Point                   BallPosition;

        Dropball(Point ballpos) {
                BallPosition = new Point(ballpos.x, ballpos.y);
        }
}
```

```
public class Point {
        public double x, y;
        Point(double a, double b){
                x = a;
                y = b;
        }
}
```

그림 8.4는 결과론적으로 위의 코드가 실행된 모습으로, 원을 그린 것인데 좌표 표현에 의해 일부만 보이고 있다. 원을 그리는 메소드로는 fillOval()이 있다. 기준이 되는 하나의 점으로부터 너비와 높이 값을 주면 그림으로 나타내 진다. 따라서 좌표

상의 한 점에 의해서 표현될 수 있으므로 낙하하는 공 Dropball 클래스는 멤버 변수로 '어떤 점'을 기본 멤버로 하는 데이터 구조를 위의 코드처럼 생각해 볼 수 있다. 방금 언급한 어떤 점의 자료 표현을 Point 클래스로 표현해 보자. 좌표의 점을 표현하는 것은 x축의 실수 값 x와 y축의 실수 값 y로 나타낼 수 있다. 이 두 클래스의 생성자로는 위의 코드에서처럼 매개변수를 사용하여 코드처럼 나타내 볼 수 있다. 이후 메인 클래스의 생성자에서 Dropball 클래스의 객체를 Point 클래스의 값으로 초기화해주면 된다.

현재 공이 화면에 최초 위치에 고정되어 있는데, 이것을 아래 방향으로 떨어지도록 해보자.

```
.......

public class BallDropping extends JFrame {
        .......

        BallDropping() {
                .......
        }

        public void running(){
                while(true) {
                        repaint();
                }
        }

        public void paint(Graphics getgs1) {
                .......

                db.moveDropball();

                .......
        }

        public static void main(String[] args) {
                BallDropping t = new BallDropping();
                t.running();
        }
}
```

```
public class Dropball {
        .......

        .......

        public void moveDropball() {
                BallPosition.y++;
        }
}
```

다시 설명이 되겠지만, 수학에서 y축의 양의 방향은 위쪽으로 표현되지만 윈도우의 좌표에서는 아래 방향이다. 볼이 움직이는 함수를 moveDropball() 메소드로 하여 Dropball 클래스에 멤버로 포함시키도록 하자. Paint() 메소드에서 원을 그리는 부분의 직전에 이 moveDropball 메소드가 호출되도록 변형한다. 이 메소드는 연속하여 렌더링되어야 하므로 repaint() 메소드를 이용하여 while문장에서 연속적으로 호출하도록 코드를 변경한다.

8.1.2.3 콤포넌트 사용

이제까지에서는 Jframe을 사용하여 기본 윈도우만을 렌더링하면서, 공으로 생각될 수 있도록 원모양의 점을 화면에 묘사한 것이다. 만약에 내가 하고자 하는 것이 정확히 여기까지라면 굳이 더 확장할 필요가 없다. 그러나 통상의 경우 윈도우 프로그래밍이 더 복잡하게 묘사되는 상황이 많아질 것을 생각하면, 콤포넌트를 다양하게 활용하는 것이 바람직스러운 것이며, 그러한 관점에서 콤포넌트 상에서 공을 묘사하는 것은 매우 필요한 것이다.

다음은 8.1.2.2 절의 마지막 코드에서 변화되는 코드의 주요 부분만을 보여주고 있다. 이탤릭체로 밑줄 그어진 부분이 변경 혹은 추가된 부분이다.

```
public class BallDropping extends JFrame {
   private JPanel myPanel

   private int window_w = 1000, window_h = 600;
   Dropball db
   private int Mx = 10, My =10;

   BallDropping() {
      this.setBounds(100, 100, window_w, window_h);
      this.setTitle("Drop one ball");
      this.setResizable(false);
      this.setDefaultCloseOperation(JFrame.EXIT_ON_CLOSE);
      this.setVisible(true);

      myPanel = new JPanel();
      myPanel.setBorder(new EmptyBorder(5, 5, 5, 5));
      myPanel.setLayout(new BorderLayout(0, 0));
      this.setContentPane(myPanel);

      Point BallPos = new Point(Mx, My);
      db = new Dropball(BallPos);
   }
   ........
```

JPanel 컴포넌트를 사용한 것으로, 컴포넌트의 경계는 EmptyBorder를 사용하여 상하좌우에 주어진 간지값으로 투명선을 표시하고 있으며, JPanel의 레이아웃은

BorderLayout을 사용하여 표시하였다. 이렇게 구성된 컴포넌트(JPanel)는 JFrame에 setContentPane 메소드를 사용하여 붙여지게 된다. JFrame은 Root Pane, Layered Pane, Content Pane, Glass Pane 등으로 구성되어 있는데, 컴포넌트는 Content Pane에 추가된다.

8.1.2.4 쓰레드 (Thread) 사용

자바 윈도우 프로그래밍에서 컴포넌트를 활용하고 또한 다음 절에 서술되는 각종 이벤트 처리를 적용하는 과정에서 쓰레드 (Thread)의 사용은 매우 유용한 기법 중의 하나이다.

다음은 8.1.2.3 절까지의 완성된 코드에서 변화된 코드의 주요 부분만을 보여주고 있다. 이탤릭체로 밑줄 그어진 부분이 변경 혹은 추가된 부분이다.

```
public class BallDropping extends JFrame implements Runnable {
   .......
   public void run(){
      try {
         while(true) {
            repaint();
         }
      } catch(Exception e) {
         e.printStackTrace();
      }
   }
   .......
   public static void main(String[] args) {
      Thread t = new Thread(new BallDropping());
      t.start();
   }
}
```

Thread는 Runnable 인터페이스로부터 실제로 구현되는 클래스를 실행시킨다. 따라서 메인 메소드에서 쓰레드의 실행 대상체인 BallDropping 클래스의 객체가 Thread 메소드의 인자로 전달된다. 그렇게 쓰레드의 객체가 생성되고 나면 Thread의 멤버 메소드인 start를 호출하며, 이것은 다시 run 함수를 호출하게 된다. 코드에서 살펴보면 쓰레드를 사용하기 이전에는 임의의 함수명 (8.1.2.2 절에서 running으로 작명된)을 사용하였으나, 일단 쓰레드를 사용하게 되면 구현되는 함수의 이름은 반드시 run이어야 한다.

run 메소드 내에 try{} catch{} 구문을 사용하고 있는데, 이것은 쓰레드 사용 시에 필수적인 것은 아니지만, 통상적으로 사용하는 경우가 대부분이다. 이유는 쓰레드는 별도의 프로세스를 생성하여 진행하게 되는데 이러한 기법은 프로그램을 복잡하게 할 수 있는 개연성이 있게 되므로, 오류 발생을 미리 대비하는 차원의 프로그래밍 기법인 것이다.

■ Try–catch 해설

예외(Exception)는 Exception Event를 의미하는 것으로 프로그램 실행 중에 발생하는 이벤트로서 프로그램의 정상적인 흐름을 방해한다. 예외처리의 기본 형식은 다음과 같다.

```
try {
    try-catch 기법을 적용하지 않더라도 프로그램 작성에 있어야 할 코드
} catch() {
    try 구문부에서 오류가 발생하면 그것을 처리해 주는 코드
} finally { // 이 부분은 불필요시 생략가능함
    try 와 catch 구문이 모두 실행된 이후에 처리되는 코드
}
```

프로그램을 처음 공부할 때 한두 번쯤은 경험을 했을 잘 알려진 코드의 예로써, 어떤 수를 0으로 나누는 것은 수학에서 불가능한데 이러한 실수를 저지르게 된다거나 배열의 크기가 10인 경우 마지막 인덱스가 9인데 실수로 마지막 인덱스를 10으로 사용하는 경우 등이 있겠다.

이러한 오류가 발생하도록 고의적으로 try-catch 기법과 함께 코딩을 해보면 오류가 발생하는 즉시 전체 프로그램이 종료되거나 혹은 종료되지 않고 통과하는 것을 확인 할 수 있는데, 이것은 사전에 그러한 부분에 만약의 상황을 미리 예측하고 대비했기 때문에 나머지 실행 가능한 부분이 실행되고 전체 프로그램의 종료는 정상적으로 진행될 수 있는 것이다. 물론 특정 부분에 오류가 있으니 전체 프로그램이 불완전함은 너무 자명하지만, 현재 오류 부분과 크게 관련 없는 부분을 정상적으로 처리가 되도록 하는 데 try-catch 구문의 유익성이 있다고 하겠다.

■ Thread 해설

쓰레드는 한 번에 처리되는 일련의 작업 단위이다. 우리가 하드디스크에 존재하는 어떤 데이터를 구동하고자 한다면 그것과 연결되어 있는 특정 프로그램이 데이터와 함께 메모리에 탑재가 되면서 실행되게 된다. 예를 들어 작성해 놓은 한글 문서에 대해서 특정 프로그램은 한글 소프트웨어가 될 것이다. 이때 메모리에 올라가 구동되는 그 프로그램을 프로세스라고 한다. 즉 프로세스는 하나의 프로그램인데, 이 프로그램 내부에 존재하는 일련의 작업 처리 단위가 바로 쓰레드인 것이다. 하나의 프로세스는 한 개의 쓰레드 혹은 필요에 따라 하나 이상의 쓰레드들로 구성되어 있다.

CPU의 일처리 방식은 크게 single-threading과 multi-threading이 있다. 보통의 일반인들이 현대 사회에서 지금 사용하는 대부분 PC는 멀티 태스킹, 멀티 프로세싱의 방식으로 제조가 되고 있고 이러한 고급 기술들은 반드시 multi-threading의 바탕위

에서 동작되는 기술이다. 따라서 single-threading방식을 접하기는 거의 불가능하다고 할 수 있다. single-threading은 CPU가 한 개의 쓰레드를 다 끝내고 다음 쓰레드를 처리하는 방식이고, multi-threading은 CPU의 시간을 쪼개어 여러 쓰레드를 번갈아 가며 처리하는 방식이다.

Single-threading 방식으로 동작하는 컴퓨터의 경우에도, 컴퓨터 사용자는 다양한 작업을 동시에 하고 싶어 한다. 예를 들어 컴퓨터에서 음악이 흘러나오게 해 콧노래를 부르며 동시에 문서 작업을 하고 싶어 한다. 이런 경우 CPU는 다른 방법을 제공해 주어 컴퓨터 사용자가 원하는 대로 한 번에 여러 가지 일들이 처리될 수 있게 한다. 통상 인터럽트 (interrup) 혹은 폴링 (polling) 등의 방법을 사용한다. 예를 들어 pollling은 통상 유저 인풋(user input) 부분과 디스플레이 (display) 부분으로 구성되는데, 디스플레이 코드는 디스플레이 연산이 수행되기 위한 최소한의 시간을 확보하거나 혹은 유저 인풋을 위해 그 자신의 연산에 인터럽트를 걸어야 한다. 이 예에서 유저 인풋과 디스플레이는 기능상 서로 연관성이 전혀 없는 연산들이다. 이러한 연관성 없는 연산의 혼합은 코드를 복잡하게 하거나 프로그램 코드의 효과적인 유지를 어렵게 하는 요인이 된다. 따라서 유저가 생각하기에 기능상으로 연관성이 떨어지는 부분이라면 새로운 쓰레드에게 그 부분을 처리하도록 할당하는 것은 매우 효율적인 프로그래밍 방법인 것이다.

이전 챕터 예를 들어 미로 길찾기 예제에서도 사용하였고 이후의 예제에서도 볼 수 있는 것처럼 윈도우 프로그램에서 종종 이벤트 (event) 처리를 사용하여, 다양한 작업을 동시에 진행하고자 하는 경우가 대부분이다. 다양한 작업이라고 한 것의 하나의 예시로써, 현재 객체가 화면상에서 움직이고 있는 사이에, 버튼을 클릭하는 작업과 그로 인해서 새로운 일이 진행되는 경우 등 이다.

다음은 쓰레드가 왜 필요한지를 비교 설명하는 코드이다. 유저가 원하는 두 개의 작업 중 하나는 소문자 ball을 출력하는 것이고, 다른 하나는 대문자 BALL을 출력하는 것이다.

```
public class SmallLarge {
        private String word;
        private int delay;

        SmallLarge(String w, int d){
                word = w;
                delay = d;
        }

        public void run(){
                try{
                        while(true){
                                System.out.print(word + " ");
```

```
                                Thread.sleep(delay);
                        }
                } catch (InterruptedException e){
                        return;
                }
        }

        public static void main(String[] args){
                SmallLarge t1 = new SmallLarge("ball", 30);
                t1.run();

                SmallLarge t2 = new SmallLarge("BALL", 90);
                t2.run();

        }
}
```

그러나 위의 코드를 실행하면 두 가지 작업 중 앞에 위치한 ball 프린팅만을 하는 것을 알 수 있다. ball 출력의 작업이 무한 루프로 돌아가기 때문이다. 이제 아래의 코드를 살펴보자.

```
public class SmallLarge extends Thread {
        private String word;
        private int delay;

        SmallLarge(String w, int d){
                word = w;
                delay = d;
        }

        public void run(){
                try{
                        while(true){
                                System.out.print(word + " ");
                                Thread.sleep(delay);
                        }
                } catch (InterruptedException e){
                        return;
                }
        }

        public static void main(String[] args){
                new SmallLarge("ball", 30).start();
                new SmallLarge("BALL", 60).start();
        }
}
```

다음처럼 ball 출력과 BALL 출력이 운영체제의 작업의 양에 따라 번갈아 가며 실행되는 것을 알 수 있다.

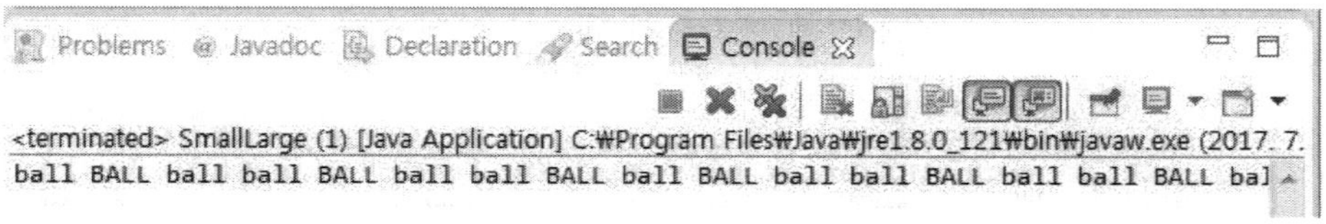

그림 8.5 쓰레드 적용시의 출력 결과

쓰레드를 구현하는 문법적 방법은 Thread 클래스를 익스텐드(extend) 하는 것과 Runnerable 인터페이스를 임플리멘트(implement) 하는 두 가지이다. 위의 예제는 Thread 클래스를 상속받는 방법으로 작성한 것이며, 이제까지의 내용을 잘 이해하는 것이 필요하며 그렇게 된다면 Runnerable 인터페이스를 통한 방법 또한 쉽게 이해될 수 있을 것이다.

자 다시 이 절의 본 내용으로 돌아가 보자. 실행을 하면 공의 낙하하는 속도가 매우 빠름을 확인 할 수 있다. 물론 이러한 속도를 의도한 것이라면 그렇게 하면 되겠으나 만약 이러한 처리 속도를 변경하고자 한다면 어떻게 하면 될까? 한 가지 방법으로 현재 실행 중인 쓰레드를 특정한 값만큼 잠깐 실행을 멈추도록 하는 것이다. 즉 Thread.sleep(a), 이때 정수 a의 단위는 밀리세컨드이다.

```
public class BallDropping extends JFrame implements Runnable {
   .......
   public void run(){
      try {
         while(true) {
            Thread.sleep(10);
            repaint();
         }
      } catch(Exception e) {
         e.printStackTrace();
      }
   }
   .......
   public static void main(String[] args) {
      Thread t = new Thread(new BallDropping());
      t.start();
   }
}
```

8.1.2.5 마우스 이벤트 (Event) 적용

이벤트는 프로그램에 의해 감지되어 처리될 수 있는 명령을 의미한다. 이번 절에서는 마우스 이벤트를 적용한다. 마우스를 통해 볼의 위치가 실행 시에 바뀌도록 해보자.

마우스 이벤트를 적용하기 위해서는 MouseListener 인터페이스를 임플리멘트를 해야 한다. 즉 다음과 같은 메소드의 내용을 메인 클래스에서 원하는 작업으로 구체화해야 하는 것이다.

```
public void mousePressed(MouseEvent me){}
public void mouseReleased(MouseEvent e){}
public void mouseClicked(MouseEvent me){}
public void mouseEntered(MouseEvent e){}
public void mouseExited(MouseEvent e){}
public void mouseMoved(MouseEvent e){}
public void mouseDragged(MouseEvent e){}
```

이번 주제에서는 마우스를 프레스하는 순간에 어떤 작업을 하고자 하는 것인데, 마우스라는 기기는 눌리고 나면 그 이후 마우스의 버튼은 자동적으로 프레스의 반대 즉 릴리즈를 발생시킨다. 따라서 mousePressed와 mouseReleased의 두 개의 메소드를 구현하도록 하자. 생성 단계에서 addMouseListener(this)를 실행해야한다. 이를 위해서 MouseListener 패키지를 임포트해야 한다. 또한 파라미터의 MouseEvent 클래스를 사용하기 위해서 MouseEvent 클래스를 임포트 해야 한다. 이제까지의 설명을 코드로 표현 하면 다음과 같다.

```
......
import java.awt.event.MouseEvent;
import java.awt.event.MouseListener;
......
public class BallDropping extends JFrame implements Runnable, MouseListener {
   BallDropping() {
      this.addMouseListener(this);
      ......
   }
   ......
   public void mousePressed(MouseEvent me){}
   public void mouseReleased(MouseEvent e){}
   public void mouseClicked(MouseEvent me){}
   public void mouseEntered(MouseEvent e){}
   public void mouseExited(MouseEvent e){}
   public void mouseMoved(MouseEvent e){}
   public void mouseDragged(MouseEvent e){}
   ......
```

자, 이제 mousePressed의 내용을 어떻게 해야 할까? 마우스를 누르면 그 위치에 공이 나타나야 한다. 지금 서술한 것의 핵심이 되는 구문은 '그 위치에' 와 '공이 나타남' 인 것이다. '그 위치에'를 해결해주는 클래스가 바로 MouseEvent 이다. 이 클래스를 검색하면 멤버 메소드로 getX 와 getY가 있다. 이것을 이용하면 마우스가 눌린 지점의 위치를 얻어낼 수 있다. 다음으로 '공이 나타남'의 문제는 그 지정된 위치에 새로운 공이 탄생하면 될 것이다. 이 작용을 어디에 위치시키면 좋을까? 바로 새로운 프로세스를 만들어서 처리하고 있는 그 작업의 내부에 위치하는 것이다. 즉 run 메소드 내에 만들도록 한다. 각자가 원하는 함수명을 짓도록 하면 되겠다. 여기서는 createDropball이라 하자. 새로운 이야기로 풀어가며 설명할 수도 있겠으나, 다음처럼 생각하는 것은 어떨까? 이제까지의 진도에서 우리는 현재 움직이는 하나의 볼을 생성시켜왔다. 그 부분이 createDropball의 내용과 같으면 되는 것 아닐까?

```
public void createDropball() {
   Point BallPos = new Point(Mx, My);
   db = new Dropball(BallPos);
}
```

즉, 마우스가 눌리면 MouseEvent 클래스의 메소드를 통해 얻어진 새로운 위치 즉 Mx, My를 이용해, 클래스 Point가 새로이 만들어 진다.

이제까지의 내용을 종합하는 코드는 다음과 같다. 이 종합된 코드의 createDropball() 메소드에는 flag_start라는 부울형의 변수를 사용했다. 플래그라는 기법으로도 불리는 것으로 어떤 조건에 따라 경기의 심판 통제관이 들고 있는 깃발이 들려지고 내려지는 의미의 효과를 보게 되는 것이다. 즉 mousePressed와 mouseReleased의 조건에 따라 볼이 생성되거나 그렇지 않게 되는 것이다.

```
import java.awt.BorderLayout;
import java.awt.Color;
import java.awt.Graphics;
import java.awt.event.MouseEvent;
import java.awt.event.MouseListener;

import javax.swing.JFrame;
import javax.swing.JPanel;
import javax.swing.border.EmptyBorder;

public class BallDropping extends JFrame implements Runnable, MouseListener {
   private JPanel myPanel

   private int window_w = 1000, window_h = 600;
   Dropball db
   private int Mx = 10, My =10;
   private boolean flag_start = false

   BallDropping() {
      this.addMouseListener(this);

      this.setBounds(100, 100, window_w, window_h);
      this.setTitle("Drop one ball");
      this.setResizable(false);
      this.setDefaultCloseOperation(JFrame.EXIT_ON_CLOSE);
      this.setVisible(true);

      myPanel = new JPanel();
```

```
      myPanel.setBorder(new EmptyBorder(5, 5, 5, 5));
      myPanel.setLayout(new BorderLayout(0, 0));
      this.setContentPane(myPanel);

      Point BallPos = new Point(Mx, My);
      db = new Dropball(BallPos);
   }

   public void run(){
      try {
         while(true) {
            Thread.sleep(10);
            createDropball();
            repaint();
         }
      } catch(Exception e) {
         e.printStackTrace();
      }
   }

   public void createDropball() {
      if(flag_start) {
         Point BallPos = new Point(Mx, My);

         db = new Dropball(BallPos);
      }
   }

   public void paint(Graphics getgs1) {
      getgs1.setColor(Color.WHITE);
      getgs1.fillRect(0, 0, window_w ,window_h);

      db.moveDropball();

      getgs1.setColor(Color.RED);
      getgs1.fillOval((int)db.BallPosition.x, (int)db.BallPosition.y,
30, 30);
    }

   public void mousePressed(MouseEvent me){
      Mx = me.getX();
      My = me.getY();
      flag_start = true
   }
   public void mouseReleased(MouseEvent e){
      flag_start = false
   }
   public void mouseClicked(MouseEvent me){}
   public void mouseEntered(MouseEvent e){}
   public void mouseExited(MouseEvent e){}
   public void mouseMoved(MouseEvent e){}
   public void mouseDragged(MouseEvent e){}

   public static void main(String[] args) {
      Thread t = new Thread(new BallDropping());
      t.start();
   }
}
```

8.1.2.6 버퍼드이미지 (BufferedImage) 사용

이제까지의 예제를 실행하면 사용하는 PC의 종류 혹은 제조 년도에 따라서는 볼이 움직이는 동안 빨간색의 공에 번쩍이는 blinking 현상을 경험할 수 있다. 이러한 경험은 사용하는 컴퓨터의 성능에도 관계가 있으므로 독자 여러분의 모든 PC에서 발생하지 않을 수도 있다. 즉 그래픽 처리기가 최고급 사양이라든가 하여 기기의 성능이 최상의 사양을 쓰는 유저는 무슨 문제야 라는 반응을 낼 수도 있겠다. 그러한 깜박거리는 현상을 경험한 독자는 다음의 방법으로 해결하여 화질 향상이라는 유익함을 얻게 되는 것이고, 그러한 문제를 경험하지 않았으며 이제까지의 방법으로도 충분히 만족했던 독자는 이 새로운 방법을 또 하나의 렌더링 코딩 방법으로 익힘으로써 프로그래밍의 외연의 폭을 넓히는 기회가 되면 어떨까 한다.

먼저 더블 버퍼링에 관해 잠시 이야기 해보자. 단어에서 느끼는 대로 버퍼를 두 개 사용한다는 것이다. 통상 하나는 프론트(front) 버퍼 나머지 하나는 백(back) 버퍼라고 지칭 한다. 사용자가 지정한 크기로 생성되는 윈도우에는 가로의 크기와 세로의 크기만큼의 픽셀로 이루어지게 된다. 이 사각형에 프로그래머가 의도한 다양한 문양이 형형색색으로 채워지게 되는 것이다. 더블 버퍼를 사용하지 않는 경우는 버퍼 하나만을 사용하는 것인데 그려지는 대로 화면에 고스란히 나타나는 것이다. 만약 임의의 공간에 A를 인접한 공간에는 B라는 객체를 그려, 화면에 A와 B가 보이도록 한다고 하자.

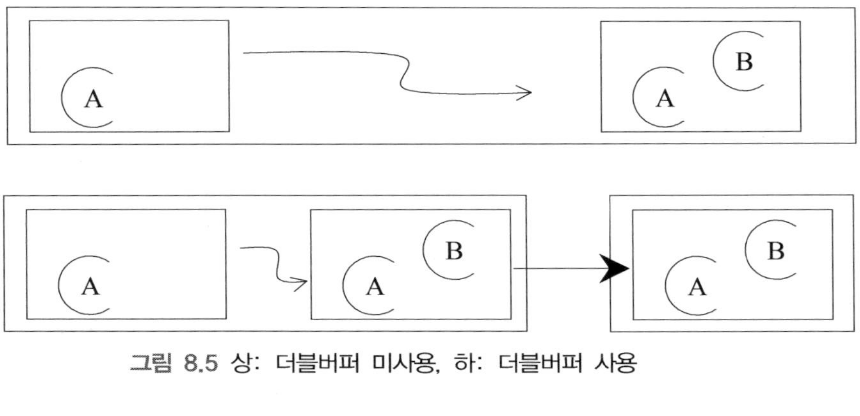

그림 8.5 상: 더블버퍼 미사용, 하: 더블버퍼 사용

그림에서 보듯이 더블버퍼를 사용하지 않는 경우는 그 버퍼의 지정한 공간에 시간의 흐름에 따라 객체 A를 그리고 그 다음 작업으로 B를 그리게 된다. 물론 이것은 우리의 눈으로는 구별하기 힘든 정도의 시간 안에 순식간에 이루어진다. 그러나 그래픽 기기의 성능 혹은 그리는 양에 따라 그러한 작업의 미세한 찰나의 순간이 보이는 즉 블링킹이 느껴질 수 있다. 그러나 아래의 그림처럼 두 개의 작업 공간을 두는

경우는 좀 상황이 다르다. 버퍼를 하나 사용하는 경우처럼 하나의 버퍼 즉 백 버퍼에서 그러한 그리기 작업을 모두 진행하고 그리고 나서 화면의 보임에 직접 관여하는 프론트 버퍼에 백 버퍼의 최종 순간의 윈도우 픽셀을 프론트 버퍼에 그대로 복사하기만 하면 되는 것이다. 하단의 검은 점을 가진 화살표가 복사의 의미를 지닌다. 백 버퍼의 최종 순간을 프론트 버퍼에 운영체제가 쏟아 부어 복사하는 그 찰나의 순간을 감지해 내는 신의 시력을 가지지 않고서는 그 순간을 느끼기란 거의 불가능에 가깝다고 할 수 있다. 그만큼 이러한 더블 버퍼링은 해상도 향상에 큰 영향을 주는 기법이라 하겠다.

이러한 더블 버퍼링의 개념은 그래픽 분야에 하드웨어 및 소프트웨어적으로 많은 영향을 주고 있다. 그 소프트웨어적인 적용의 한 예가 BufferedImage를 사용하는 것이다.

```
import java.awt.Color;
import java.awt.Graphics;
import java.awt.event.MouseEvent;
import java.awt.event.MouseListener;
import java.awt.image.BufferedImage;
import javax.swing.JFrame;

public class BallDropping extends JFrame implements Runnable, MouseListener {
        private BufferedImage bi = null;

        Dropball db;

        private boolean flag_start = false;
        private int             window_w = 1000, window_h = 600;
        private int             Mx = 10, My =10;

        BallDropping() {
                bi = new BufferedImage(window_w, window_h,
BufferedImage.TYPE_INT_RGB);

                this.addMouseListener(this);

                this.setSize(window_w, window_h);
                this.setTitle("Ground-to-Air");
                this.setResizable(false);
                this.setDefaultCloseOperation(JFrame.EXIT_ON_CLOSE);
                this.setVisible(true);

                Point BallPos = new Point(Mx, My);
                db = new Dropball(BallPos);
        }

        public void run() {
                try {
```

```
                        int Cnt = 0;
                        while(true) {
                                Thread.sleep(10);
                                createDropball();
                                draw();
                        }
                } catch(Exception e) {
                        e.printStackTrace();
                }
        }

        public void createDropball() {
                if(flag_start) {
                        Point BallPos = new Point(Mx, My);

                        db = new Dropball(BallPos);
                }
        }

        public void draw() {
                Graphics getgs1 = bi.getGraphics();

                getgs1.setColor(Color.WHITE);
                getgs1.fillRect(0, 0, window_w ,window_h);

                db.moveDropball();

                getgs1.setColor(Color.RED);
                getgs1.fillOval((int)db.BallPosition.x,
(int)db.BallPosition.y, 30, 30);

                getgs1 = this.getGraphics();
                getgs1.drawImage(bi, 0, 0, window_w, window_h, this);

        }

        public void mousePressed(MouseEvent me) {
                Mx = me.getX();
                My = me.getY();
                flag_start = true;
        }
        public void mouseReleased(MouseEvent e)     {
                flag_start = false;
        }
        public void mouseClicked(MouseEvent me)     {}
        public void mouseEntered(MouseEvent e)      {}
        public void mouseExited(MouseEvent e)       {}
        public void mouseMoved(MouseEvent e)        {}
        public void mouseDragged(MouseEvent e)      {}

        public static void main(String[] args) {
                Thread t = new Thread(new BallDropping());
                t.start();
        }
}
```

가장 크게 바뀐 부분이 밑줄로 표시되어있다. 당연히 8.1.2.5 절의 paint()와

paintcomponemt() 관련된 부분들은 삭제되었다. 즉, 생성자 메소드 내의 JPanel에 관련된 부분이며, paint() 메소드 부분의 일부 내용은 draw()의 내용에 남아 있지만, paint() 메소드의 함수명은 더 이상 사용되지 않고 있다. 따라서 run메소드 내에서 repaint()는 더 이상 사용되지 않게 된다. 이것은 BufferedImage 클래스가 이미지 데이터를 접근할 수 있는 버퍼를 가지고 이미지를 처리하기 때문에 가능한 것이다.

draw 메소드 내부를 살펴보자. Graphics getgs1 = bi.getGraphics(), 이 문장을 통하여 그래픽스 객체가 버퍼드이미지 객체를 가리키게 된다. 필요한 내용의 그래픽 처리 즉 화면 전체의 크기를 백색으로 칠하고 공의 움직임에 따라 그 공을 원으로 그리고 색은 붉은색으로 칠하게 된다. 지금까지의 작업은 별도의 버퍼, 현재 그 버퍼의 이름은 bi인데, 이 버퍼에 적용된 것이다. 이러한 작업들이 bi에 적용된 뒤에 그래픽스 객체는 getgs1 = this.getGraphics()를 통하여 다시 현재 윈도우를 가리키게 되며, 이 윈도우에 drawImage 메소드를 통해 bi의 내용이 복사되는 것으로 화면에 보여 지게 된다.

8.1.3 여러 개 공들의 낙하

이 절에서의 주요점은 많은 시뮬레이션에서는 다중 개체를 묘사하게 되는데, 과연 이것을 어떻게 해결할 것이냐에 대한 한 가지 방법을 소개하는 내용이라고 할 수 있다. 8.1.1 절의 그림 8.3에서처럼 여러 개의 공이 낙하되도록 해보자. '여럿'을 한 묶에 관리하는 방법으로 크게 배열과 리스트의 구조가 있다. 전통적으로 배열과 리스트는 각각 장점과 단점이 있다. 배열의 경우 개념적으로 관리가 용이한 면이 있는 반면 여러 개라는 그 크기가 배열을 생성할 때 정해지고 나면 실행 중에 그 크기를 변경할 수 없는 것이 큰 불편함이었다. 자바에서는 ArrayList라는 자료구조가 개발되어 배열의 단점이 개선되었다. 조금 더 정확히 표현하면 Array를 이용해서 List의 자료구조로 만들어진 클래스라고 하겠다.

이후의 예시에서는 이 자료구조를 활용하는 것으로 한다. 바로 직전의 8.1.2.6 절을 스타팅포인트로 하자. 그 절에서는 다음 코드처럼 하나의 볼을 생성했고 그 한 개의 볼을 드로우 했다.

```
public void createDropball() {
   if(flag_start) {
      Point BallPos = new Point(Mx, My);
      db = new Dropball(BallPos);
   }
}

public void draw() {
```

```
    //윈도우의 바탕색 (흰색)과 형태 (사각형)를 정함
    .......
    db.moveDropball();
    //볼의 색 (붉은) 과 형태 (원)를 정함
    ......
}
```

createDropball 메소드에서 볼 하나를 만드는 대신 여러 개의 볼을 만든다. 그리고 그 볼을 화면에 드로우할 때 만들어진 모든 볼을 빠짐없이 관리하면서 그려주면 될 것이다.

```
private ArrayList dbList = null;
private int LSize;
......

BallDropping() {
    ......
    dbList = new ArrayList();
    LSize  = 1;
}

public void createDropball() {
    if(flag_start) {
        for(int i=0; i < LSize; i++){
            Point BallPos = new Point(Mx, My);
            db = new Dropball(BallPos);
            dbList.add(db);
        }
    }
}
```

생성자 메소드내에 존재하던 Dropball 생성자 호출부분을 삭제하고, 그 자리에 생성되는 볼들을 관리할 ArrayList()를 위의 코드처럼 생성시킨다. 이때 LSize는 1로 초기화 한다. 이 LSize는 앞에서 서술한 대로 가변적인 것으로 리스트의 사이즈는 증가 또는 감소할 수 있다. 다만, 위의 예처럼 초기화 숫자의 의미는 한 번의 작업 즉 여기서는 마우스 프레스의 이벤트가 발생한 경우 한 번에 ArrayList에 추가되는 개체의 개수를 의미한다. 즉 이 예제에서 1이므로 이 예제에서는 1개씩 증가 혹은 감소한다.

createDropball 메소드를 보면 for 반복문을 사용하여 반복되는 크기만큼의 개체가 만들어 지고, 이렇게 만들어진 개체는 ArrayList의 멤버 메소드인 add 메소드를 이용하여 이 리스트의 끝에 추가되는 것이다. 이 ArrayList는 전역변수이므로 프로그램이 실행되는 한 계속하여 유지 관리가 되는 것이다.

드로우 부분은 어떠해야 할까? ArrayList에 존재하는 모든 볼은 시간이 경과함에 따라 움직여야 하며 원형의 빨간색으로 보여 져야 한다.

```
public void draw() {
   ......
   for(int i = 0; i < dbList.size(); i++) {
      Dropball db = (Dropball)dbList.get(i);
      db.moveDropball();
      ...
   }
   ...
```

볼을 만들 때는 LSize 만큼씩 생성하는 것인데 비해, 볼을 드로우하는 단계에서는 ArrayList에 유지되는 모든 것 즉 ArrayList의 전체 크기에 대해서 드로우가 진행되어야 한다. ArrayList 클래스의 멤버 메소드 중에서 ArrayList의 크기를 반환하는 메소드인 size()를 이용한다. ArrayList의 처음부터 마지막까지 모든 원소에 대한 접근을 하면서 Dropball 객체의 멤버 메소드인 moveDropball을 진행하면 되는 것이다. 그 접근은 get() 메소드를 이용하여 위의 코드처럼 할 수 있다.

이제까지의 설명을 바탕으로 독자 스스로 정리를 하여 실행을 해보야 하겠다. 어떤 모습으로 진행이 되는가?

공의 모습이 정확한 원이라기 보다는 물감이 아래로 번지는 것처럼 아래로 길게 늘어지는 모양으로 그려지는 것을 볼 수 있다. 이것은 볼 생성 단계에서의 문제 때문이다. createDropball이 호출되는 부분은 run() 메소드 내의 무한루프에서 발생하는 것이다. 볼을 생성하고 드로우하는 일련의 작업을 진행하는 프로세스에게 슬립이라는 것을 통해 CPU의 쉼 없는 과로함을 조금은 느슨하게 해 주었었다. 그러나 이러

그림 8.6 볼 생성시의 문제점

한 쉼이 프로그램 내부의 특정한 코드상의 일처리까지 영향을 주지는 못한다. 즉 createDropball의 행위 즉 연속하여 볼을 만들어 내는데 있어서, 하나를 만들고 다음 차례의 볼을 만드는 순간까지의 시간에 여유를 줄 필요가 있는 것이다. CPU 클럭에 대해 다음의 코드처럼 상대적 카운트를 담아낼 변수를 하나 지정하여 얼마간의 유예 시간을 이용하는 것이 하나의 해결책이다.

```
public void run() {
        try {
                int Cnt = 0;
                while(true) {
                        Thread.sleep(10);

                        if(Cnt >= 100) {
                                createDropball();
                                Cnt = 0;
                        }
                        Cnt += 10;
                        draw();
                }
        } catch(Exception e) {
                e.printStackTrace();
        }
}
```

지금까지의 모든 내용이 담긴 코드는 다음과 같다.

```
public class BallDropping extends JFrame implements Runnable,
MouseListener {
        private BufferedImage bi = null;

        private ArrayList dbList = null;
        private int LSize;

        private boolean flag_start = false;
        private int             window_w = 1000, window_h = 600;

        private int             Mx, My;

        BallDropping() {
                bi = new BufferedImage(window_w, window_h,
BufferedImage.TYPE_INT_RGB);

                this.addMouseListener(this);

                this.setSize(window_w, window_h);
                this.setTitle("Drop many balls by BufferedImage");
                this.setResizable(false);
                this.setDefaultCloseOperation(JFrame.EXIT_ON_CLOSE);
                this.setVisible(true);

                dbList = new ArrayList();
                LSize  = 1;
```

```
	}

	public void run() {
		try {
			int Cnt = 0;
			while(true) {
				Thread.sleep(10);

				if(Cnt >= 100) {
					createDropball();
					Cnt = 0;
				}
				Cnt += 10;

				draw();
			}
		} catch(Exception e) {
			e.printStackTrace();
		}
	}

	public void createDropball() {
		if(flag_start) {
			for(int i=0; i < LSize; i++){
				Point BallPos = new Point(Mx, My);

				Dropball db = new Dropball(BallPos);

				dbList.add(db);
			}
		}
	}

	public void draw() {
		Graphics getgs1 = bi.getGraphics();

		getgs1.setColor(Color.WHITE);
		getgs1.fillRect(0, 0, window_w ,window_h);

		for(int i = 0; i < dbList.size(); i++) {
			Dropball db = (Dropball)dbList.get(i);

			db.moveDropball();

			getgs1.setColor(Color.RED);
			getgs1.fillOval((int)db.BallPosition.x,
(int)db.BallPosition.y, 30, 30);
		}

		getgs1 = this.getGraphics();
		getgs1.drawImage(bi, 0, 0, window_w, window_h, this);

	}

	public void mousePressed(MouseEvent me){
		Mx = me.getX();
		My = me.getY();
		flag_start = true;
```

```
        }
        public void mouseReleased(MouseEvent e)  {
                flag_start = false;
        }
        public void mouseClicked(MouseEvent me)  {}
        public void mouseEntered(MouseEvent e)   {}
        public void mouseExited(MouseEvent e)    {}
        public void mouseMoved(MouseEvent e)     {}
        public void mouseDragged(MouseEvent e)   {}

        public static void main(String[] args) {
                Thread t = new Thread(new BallDropping());
                t.start();
        }
}
```

8.2 Dropping 문제 설명

Dropping 예제는 그림 8.1에서처럼 붉은 색으로 칠해진 사각형 모양의 낙하 원점에서 노란색의 낙하체가 바닥으로 떨어지는 것을 시뮬레이션하는 것이다. 그림에 낙하 원점이 비록 하나지만 연속하여 원하는 만큼의 낙하체를 투하할 수 있다. 기본 윈도우의 배경색은 검은 색으로 하였다. 지구의 공간일 수도 있고 독자가 상상하는 만큼 달과 같은 타 행성에서의 낙하라는 느낌을 갖기를 희망하는 경우를 상정하여 색을 정하였다. 이전 절과 비교해보면 상공에서 떨어지는 것이라는 점에서 많은 부분 참조하여 프로그램을 완성해 가면 되겠다. 물론 낙하체가 이전 절에서는 원형이고 이번부터는 사각형에서 조금 변형된 낙하체인 것이다. 가장 큰 차이는 낙하체가 낙하할 때 회전 등이 가능하다는 것이다.

8.3 기본 윈도우 생성

8.1절에서 보았듯이 BufferedImage를 사용하지 않고 페인트와 페인트 컴포넌트를 사용해 필요시 repaint 함수를 호출하여 윈도우를 생성할 수 있으나, BufferedImage를 사용하면 해상도 등에 이점이 있으므로 이 방법을 적용한다. 한편 궁극적으로 윈도우 프로그래밍에서는 화면상에 버튼을 추가하고 거기에 어떤 액션을 취하는 것이 통상적이고, 또한 이 예제에서 여러 개의 낙하체를 유저가 원할 때 키보드 동작으로 추가 생성하는 등의 작업을 진행할 것이므로 별도의 프로세스가 이러한 작업을 담당

하도록 하는 것이 바람직하다. 따라서 Thread를 사용한다. 다음은 드롭퍼 클래스의 코드이다.

```
public class DropperMain extends JFrame implements Runnable {
   private BufferedImage bi = null
   Dropper dp

   private int window_w = 1000, window_h = 600, basex = 400, basey = 0,
basexd = 70, baseyd = 70;

   DropperMain() {
      bi = new BufferedImage(window_w, window_h, BufferedImage.TYPE_INT_RGB);

      this.setSize(window_w, window_h);
      this.setTitle("Dropper");
      this.setResizable(false);
      this.setDefaultCloseOperation(JFrame.EXIT_ON_CLOSE);
      this.setVisible(true);

      Point StartPos = new Point((this.basex + basexd/2) ,
(this.basey+baseyd));
      dp = new Dropper(StartPos, window_w, window_h);
   }

   public void run() {
      try {
         while(true) {
            Thread.sleep(10);
            draw();
         }
      } catch(Exception e) {
         e.printStackTrace();
      }
   }


   public void draw() {
      Graphics getgs1 = bi.getGraphics();

      getgs1.setColor(Color.BLACK);
      getgs1.fillRect(0, 0, window_w, window_h);

      getgs1.setColor(Color.RED);
      getgs1.fillRect(basex, basey, basexd, baseyd);

      getgs1.setColor(Color.YELLOW);

      int[] x = new int[dp.NumDropperVt];
      int[] y = new int[dp.NumDropperVt];
      for(int j=0; j < dp.NumDropperVt; ++j){
         x[j] = (int)dp.dropperVts[j].xy[j] = (int)dp.dropperVts[j].y
      }

      getgs1.drawPolygon(x, y, dp.NumDropperVt);
      dp.moveDropper();
```

```
        getgs1 = this.getGraphics();
        getgs1.drawImage(bi, 0, 0, window_w, window_h, this);
    }

    public static void main(String[] args) {
        Thread t = new Thread(new DropperMain());
        t.start();
    }
}
```

멤버 변수로는 버퍼드이미지를 처리하기 위해 bi 변수를 설정하였고, 6개의 정수형 변수 중에서 window_w와 window_h는 기본 윈도우의 전체 크기를 나타내며, base로 시작되는 명칭의 나머지 4개의 변수들은 낙하체가 떨어지는 기지(베이스)의 역할을 하는 사각형을 표현하기 위한 것들이다. 좌표 (x, y) (400, 0)이 이 기지 좌표의 원점 역할을 하며 x축 y축으로 각각 70씩 떨어진 지점을 연결한 사각형이다. 낙하체 dp를 별도의 객체로 만들어 적용한다. 이 클래스의 자세한 설명은 아래에서 다시 설명하기로 한다. 만들어진 낙하체 객체와 메인 클래스와의 데이터의 교신은 이 멤버 변수를 통해서 이루어진다.

생성자 메소드 내에서는 bi가 초기화되며, 상위 클래스인 JFrame에서 상속 받은 setSize, setTitle, setResizalbe, setDefaultCloseOperation, setVisible 등이 호출된다. 또한 dp가 Dropper 클래스의 생성자를 사용해 초기화된다. 이때, Dropper 생성자의 매개변수로는 Point 타입의 시작점과 윈도우의 x축 y축 값들이다.

쓰레드의 start가 메인 함수에서 호출되고 있고, 이렇게 쓰레드가 실행이 되면 run 메소드의 내용이 별도의 프로세스로 처리되어 시작된다. run 메소드 내에 있는 draw 메소드가 실행이 된다. 8.1절에서 더블 버퍼링의 기법에 대해 소개를 했다. 이 기법의 이론의 핵심 내용을 기반으로 소프트웨어적으로 구현된 bufferedImage 클래스의 멤버 함수를 활용해 그래픽스 개체 getgs1를 bi로 초기화 한다. 즉 변수 bi에 기본 윈도우의 화면의 색상과 모양, 낙하체 기지의 색상과 모양을 멤버 변수 bi에 렌더링한다. 그리고 낙하체에 대한 렌더링을 끝내고 나면 bi를 참조하고 있던 그래픽스 개체 getgs1은 this가 가리키는 현재 프레임의 기본 윈도우로 그 참조 값을 교체한다.

자, 이제 생각을 깊이 해야 하는 부분은 바로 위에서 아래로 떨어지는 낙하체의 렌더링이다. 이 8장의 마지막에는 조금 더 복잡한 모양의 다각형을 묘사할 것이지만, 여기서는 우선 4각형 모양의 물체로 표현을 해보자. 다각형을 그려내는 함수는 drawPolygon이며, 매개 변수 일부는 그리고자 하는 꼭짓점에 대해 x축 값들의 집합과 y축 값들의 집합을 각각 배열로 저장하여 넘겨준다.

draw 메소드에 설명이 필요한 마지막 한 가지는 moveDropper이다. dropper 클래스의 설명은 바로 이어서 진행되는데 간단히 요약해 설명하자면, 낙하체의 위치를 y

축으로 1 unit씩 아래로 내려주는 함수이다. 즉 쓰레드의 프로세스가 한 사이클을 움직이는 동안 물체는 아래쪽으로 1 유닛만큼 지속적으로 움직여나간다.

낙하체 Dropper 클래스는 다음과 같다.

```
public class Dropper {
   Point Postion;
   int NumDropperVt= 4;
   Point dropperVts[];

   Dropper(Point startpos, int wx, int wy) {

      Postion = new Point(startpos.x, startpos.y);

      dropperVts = new Point[NumDropperVt];
      for(int i=0; i < NumDropperVt; ++i){
         dropperVts[i] = new Point(0, 0);
      }

      dropperVts[0].x= Postion.xdropperVts[0].y= Postion.y
      dropperVts[1].x= Postion.x + 20.0;dropperVts[1].y= Postion.y
      dropperVts[2].x= Postion.x + 20.0;dropperVts[2].y= Postion.y +
20.0;
      dropperVts[3].x= Postion.xdropperVts[3].y= Postion.y + 20.0;
   }

   public void moveDropper() {
      for(int i=0; i < NumDropperVt; ++i){
         dropperVts[i].y++;
      }
   }
}
```

드롭퍼 클래스의 멤버변수는 낙하체 자신의 모형을 구성하는 데 필요한 내용으로 채워져 있다. NumDropperVt는 number of dropper's vertices의 축어로써 낙하체의 꼭지점의 개수를 저장하며, 배열 변수인 dropperVts는 dropper's vertices를 저장하는 집합적 저장소이다. 그리고 메인 클래스에서 낙하체를 생성시킬 때 메인 클래스와의 교신에 참여하는 변수로써 position 변수를 사용하여, 이를 통해 낙하체 4개의 점 중에서 기준이 되는 꼭짓점의 역할을 한다.

생성자에서는 변수 position을 메인클래스에서 넘겨받은 시작점에 할당된 메모리에 값을 저장한다. dropperVts 변수는 배열이므로 메모리 할당은 두 단계를 거친다. 먼저 배열 전체의 크기를 포인트 타입으로 꼭짓점의 개수만큼 메모리를 할당한다. 다음으로 그 크기 내에서 각각의 원소를 그 원소의 타입 즉 Point 타입으로 메모리를 할당하고 동시에 Point의 초기값을 (0, 0)으로 저장한다. 4개의 꼭짓점은 메인클래스에서 넘겨받은 시작점에서 x축, y축으로 각각 20씩을 더하여 사각형을 생성한다.

Dropper클래스에는 멤버 메소드로써 생성자 이외에 moveDropper를 가지고 있다.

현재 단계까지에서는 간단하게 y축으로 1유닛씩 증가하도록 설계되었다. 이 메소드는 메인 클래스의 draw 메소드에서 호출되도록 설계되었고, 쓰레드의 작업 사이클에서 처리된다.

포인트 클래스는 다음과 같다.

```
public class Point {
        public double x, y;
        Point(double a, double b){
                x = a;
                y = b;
        }
}
```

2차원 화면에서의 시뮬레이션이므로 x축과 y축을 하나의 개체화하여 표현하는 것이 매우 효율적인 방법이다. 멤버변수로 x와 y가 있으며, 생성자 함수로 구성되어 있다.

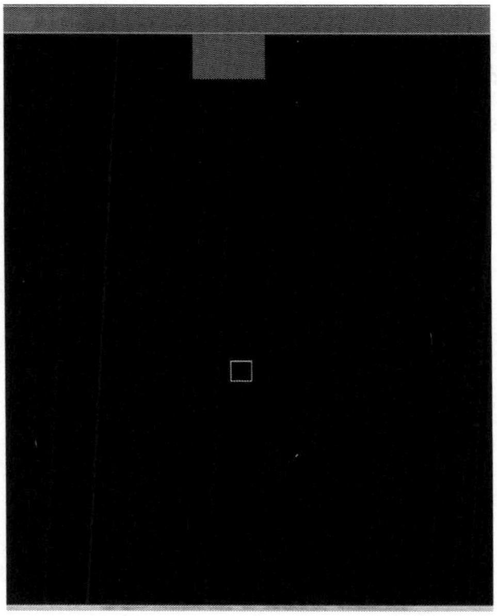

그림 8.7 기본윈도우 생성 단계까지의 코드 실행 모습

8.4 ArrayList 및 키보드 이벤트 적용

원하는 수의 여러 개의 낙하체를 시뮬레이션하는 것이 본 예제의 목표이다. 프로그

램이 실행되고 있는 동안에 '원하는 여러 개를 여러 번'은 컴퓨터를 사용하는 유저의 의지를 담고 있다. 이러한 부분이 바로 이벤트로 처리되는 작업 내용인 셈이다. 이번 절에서는 이벤트 처리 부분과 그러한 결과로 생기는 여러 개의 객체를 관리하는 부분을 완성하는 절이다.

8.1절에서 설명한 내용을 참고하여 여러 개 객체를 생성하고 관리하는 부분을 먼저 해결하자. 이전 예제에서는 메인클래스의 생성자에서 하나의 dropper 객체인 dp를 생성하였다. 생성자의 본질적 목적은 멤버 변수의 초기화인 것에서 생각할 수 있듯이, 그 초기화 단계 이후에도 프로그램 실행 중에 원하는 수의 객체를 태동시키려면 별도의 메소드를 만들어야 한다는 생각에 이르렀으면 한다.

그러한 메소드의 내용은 우선 생성자 단계에 위치해 있는 내용이 토대가 될 수 있을 것이다. 따라서 생성자에 있는 것을 지우고 낙하체 생성 메소드인 createDropper를 만들자.

```
import java.util.ArrayList;

public class DropperMain extends JFrame implements Runnable {
        private BufferedImage bi = null;
        private ArrayList dpList = null;
        private int LSize;

        ........

        DropperMain() {
                bi = new BufferedImage(.....................);
                dpList = new ArrayList();
                LSize  = 1;

                ........
                }

        ........

        public void run() {
                try {
                        while(true) {
                                Thread.sleep(10);

                                createDropper();

                                draw();
                        }
                } catch(Exception e) {
                        e.printStackTrace();
                }
        }

        public void createDropper() {
                for(int i=0; i < LSize; i++){
                        Point StartPos = new Point((this.basex +
```

```
basexd/2 + i*20) , (this.basey+baseyd));
                        Dropper dp = new Dropper(StartPos, window_w,
window_h);
                        dpList.add(dp);
                }
        }
        ........
```

createDropper에 우선적으로 생성자에 있던 2개의 라인 모두를 위치시켜보자. 이것은 한 개의 dropper를 생성하는 것이므로 이 전체를 반복문으로 처리해 주는 것이 필요할 것이다. 이때 ArrayList 타입의 개체가 준비되어 있어야 한다. 따라서 멤버변수로 ArrayList 타입의 dpList와 리스트의 사이즈에 해당하는 LSize를 추가한 후 생성자에서 초기화 해준다. 사이즈는 현재 1로 했으나, 한번에 2개 이상을 생성하기를 원한다면 그 숫자만큼 세팅해주면 되겠다. 포인트 타입으로 메모리를 할당하고 값을 초기화하는 부분의 x축 값에 i*20은 한 번의 키 이벤트에 생기는 여러 개의 위치를 어느 정도로 이격하여 서로 겹치지 않도록 하기 위한 것이다. 물론 현재 코드는 한 번의 조작으로 생기는 낙하체의 사이즈를 1로 하였으므로 i*20의 설명 내용이 실제로는 적용되지 않는 상태이다.

여기까지의 코딩의 결과는 다음과 같다.

그림 8.8 여러 낙하체의 무한한 생성

그러나 위에서 확인되는 것처럼 연속된 긴 막대모양으로 계속 하강되는 모습을 확인해 볼 수 있다. run 메소드 내에 있는 Thread의 sleep과는 관계가 없다. 8.1절에서 서술한 바와 같이 쓰레드의 슬립 기능은 프로세스 전체의 처리 속도와 관계가 있는 것이기 때문이다. 긴 막대 모양으로의 생성은 while 문에 무한히 반복되는 dropper의 생성 때문에 생기는 문제이므로 프로그램 코딩 레벨에서 이에 대한 단절을 인위적으로 처리해 주면 해결될 수 있겠다.

```
public void run() {
    try {
        int Cnt = 0;
        while(true) {
            Thread.sleep(10);

            if(Cnt >= 100) {
                createDropper();
                Cnt = 0;
            }
            Cnt += 10;

            draw();
        }
    } catch(Exception e) {
        e.printStackTrace();
    }
}
```

프로세스의 아주 빠른 처리 속도로 무한히 반복되는 dropper의 생성을 인위적으로 일정한 카운트를 사용하여 일정한 주기 동안 멈추게 하다가 어떤 시점에 dropper의 생성이 작용되도록 한 것이다.

그림 8.9 인위적인 중단의 코딩 후 실행 모습

위의 코딩을 적용한 뒤의 실행 모습이다. 인위적으로 실행 사이클을 카운트하여 일정한 간격을 두고 낙하체들이 생성되도록 조절한 것이다. 그러나 아직도 사다리가 하늘에서 내려오는 것처럼 진행됨을 확인 할 수 있다. 지금까지 우리가 한 작업은 여러 개의 객체를 생성할 수 있었고 이것들이 프로세스의 진행에서 조금은 자유롭고 여유롭게 생성되도록 한 것이다. 사다리가 내려오듯 개개의 객체가 서로 맞대어 생성되는 것을 해결 하는 방법은 무엇일까? 이벤트 처리를 통해 개개의 생성이 유저가 어떤 신호 (의지)를 보낼 때만 생성되도록 하면 어떨까?

KeyListener 인터페이스를 활용한다. 따라서 java.awt.event.KeyListener 패키지를 임포트하고, 구현해야 할 메서드 중 이번 예제에 필요한 keyPressed, keyReleased, keyTyped 등을 임플리멘트하도록 한다. 이때 매개변수를 사용하기 위해서는 java.awt.event.KeyEvent 패키지를 임포트한다. 이 메인 클래스의 생성자 내에 이러한 Keyevent의 움직임을 감지하는 KeyListener를 기본윈도우 프레임에 추가(add)하기 위해 addKeyListener를 설치한다.

이제는 키보드 이벤트 하나를 실제로 생각해 보자. 어떤 키보드를 눌렀을 때에만 낙하체가 하강하도록 하는 것이다. '키보드가 눌렸다'라는 사실을 먼저 인지해야 한다. 낙하체가 낙하의 시작은 엔터키가 눌렸을 때 진행되도록 하자. 따라서 keypressed의 메소드에서 KeyEvent가 VK_ENTER 즉 엔터키인 경우, 그때의 순간을 플래그 변수를 활용하여 저장해 두자. 즉 부울린 변수 flag_start 변수를 하나 생성한다. 그 후 createDropper 메소드에서 그 플래그 값이 참인 경우 즉 유저가 창조의 의지를 가지고 엔터키를 누른 순간에만 낙하체가 생성되도록 한다.

이제까지의 DropperMain 클래스의 내용을 총 정리한 코드는 아래와 같다.

```
public class DropperMain extends JFrame implements Runnable,  KeyListener {
    private BufferedImage bi = null
    private ArrayList dpList = null
    private int LSize

    private boolean flag_start = false
    private int window_w = 1000, window_h = 600, basex = 400, basey = 0,
basexd = 70, baseyd = 70;

    DropperMain() {
        bi = new BufferedImage(window_w, window_h,
BufferedImage.TYPE_INT_RGB);
        dpList = new ArrayList();
        LSize  = 1;
        this.addKeyListener(this);

        this.setSize(window_w, window_h);
        this.setTitle("Dropper");
        this.setResizable(false);
        this.setDefaultCloseOperation(JFrame.EXIT_ON_CLOSE);
        this.setVisible(true);
```

```
    }

    public void run() {
        try {
            int Cnt = 0;
            while(true) {
                Thread.sleep(10);
                if(Cnt >= 100) {
                    createDropper();
                    Cnt = 0;
                }
                Cnt += 10;
                draw();
            }
        } catch(Exception e) {
            e.printStackTrace();
        }
    }

    public void createDropper() {
        if(flag_start) {
            for(int i=0; i < LSize; i++){
                Point StartPos = new Point((this.basex + basexd/2 + i*20) ,
(this.basey+baseyd));
                Dropper dp = new Dropper(StartPos, window_w, window_h);
                dpList.add(dp)
            }
        }
    }

    public void draw() {
        Graphics getgs1 = bi.getGraphics();

        getgs1.setColor(Color.BLACK);
        getgs1.fillRect(0, 0, window_w, window_h);

        getgs1.setColor(Color.RED);
        getgs1.fillRect(basex, basey, basexd, baseyd);

        getgs1.setColor(Color.YELLOW);
        for(int i = 0; i < dpList.size(); i++) {
            Dropper dp = (Dropper)dpList.get(i);

            int[] x = new int[dp.NumDropperVt];
            int[] y = new int[dp.NumDropperVt];
            for(int j=0; j < dp.NumDropperVt; ++j){
                x[j] = (int)dp.dropperVts[j].xy[j] =
(int)dp.dropperVts[j].y
            }

            getgs1.drawPolygon(x, y, dp.NumDropperVt);
            dp.moveDropper();
        }

        getgs1 = this.getGraphics();
        getgs1.drawImage(bi, 0, 0, window_w, window_h, this);
    }
```

```
    public void keyPressed(KeyEvent ke) {
        switch(ke.getKeyCode()) {
            case KeyEvent.VK_ENTER:
                flag_start = true;
            break;
        }
    }
    public void keyReleased(KeyEvent ke) {
        switch(ke.getKeyCode()) {
            case KeyEvent.VK_ENTER:
                flag_start = false;
            break;
        }
    }
    public void keyTyped(KeyEvent ke) {}

    public static void main(String[] args) {
        Thread t = new Thread(new DropperMain());
        t.start();
    }
}
```

위의 코드를 적용해서 실행한 모습은 다음과 같다. 각 각 한 번의 엔터키 조작으로 하나씩 낙하하는 여러 물체를 확인 할 수 있다.

그림 8.10 여러 개의 사각형 낙하체의 낙하 모습

8.5 Dropper 생성 및 트랜스포메이션 적용

이번 절에서는 낙하체 Dropper를 사각형에서 조금은 복잡하게 만드는 것과 동시에 이것을 유저가 필요할 때 자유롭게 회전시키는 기능을 부여하는 것이다. 복잡한 Dropper라고는 했지만 모양에서는 크게 다르지 않다고 느낄 수도 있겠다. 다음과 같은 형태의 Dropper이다.

그림 8.11 드롭퍼 모양

사각형에서 위의 면이 움푹 들어간 모양이라고 할 수 있는데, 움푹 들어간 쪽 변의 양쪽 모서리 꼭짓점은 지면에 닿을 때를 염두에 둔 착지 목적의 받침점이라고 생각해도 좋을 것 같다. 즉 회전을 시켜서 그 두 꼭짓점이 착지 면에 제대로 착지되어야 특정한 시뮬레이션 혹은 게임의 목적이 달성되는 향후의 상황에서 필요할 수 있는 부분인 것이다.

이제 회전에 대해 고찰해 보도록 하자. 어떤 추를 줄에 매달아 돌리는 즉 회전을 시킨다고 했을 때 이 추는 어떤 회전의 중심점을 원점으로 하여 돌아가는 것이다. 즉 회전의 중심점이 존재하는 것이다. 따라서 우리는 그 회전 원점을 x축 y축으로 구성된 2차 평면상에서 (0, 0)을 보통의 경우 그 원점으로 하게 된다. 기본 윈도우가 생성될 때, 현재 그 크기는 x축이 1000이고 y축이 600으로 세팅되어 있는데, 그 원점은 왼쪽 상단의 지점이 (0, 0)인 원점이다. 그러나 이제까지의 예제에서의 모든 시뮬레이션에서 개체들은 임의의 중간 영역에서 렌더링 되어왔다. 따라서 회전 등을 하고자 하는 개체들은 유저가 원하는 지점으로 이동되어야 한다. 또한 원하는 크기의 배율로 축소 혹은 확대가 될 필요도 있게 된다. 방금까지 설명한 것의 주요 개념이 변환의 3대 요소인 회전(rotate), 확대·축소(scale), 이동(translate)인 것이다. 이후 확대·축소의 단어를 스케일링이라고 칭하기도 할 것이다. 이 회전, 스케일링, 이동의 세 가지를 수학적으로 변환 Transformation 이라고 한다. 시뮬레이션을 잘 한다는 것, 요즘 시대에서의 모든 분야의 실험의 대부분 컴퓨터를 사용하는 것을 의미하므로, 이 컴퓨터 시뮬레이션 잘한다는 것을 크게 세 가지로 나누어 본다면, 시각적 표현을 위한 기본적인 윈도우 프로그래밍, 그리고 본인이 실험하고자 하는 영역에서 필요한 도메인 지식, 그리고 고도의 움직임을 잘 표현 할 수 있기 위한 선형대수학의 이 변환(transformation)인 것이다. 물론 시뮬레이션 주인공의 움직임을 고도화 하여 최대한 자연스럽게 하는 데에는 많은 기하학적 지식과 이론이 추가로 사용되어야 한다는 것은 너무 자명한 것이지만, 이 변환에 관한 이해는 그것의 출발점이라고 할 수 있겠다.

그리고 낙하하는 물체는 평지를 움직이는 물체보다는 자연현상에 민감한 것이 자연의 물리법칙이다. 특히 낙하와 중력은 매우 밀접한 관계가 있다. 중력에의 영향을 어떻게 적용할 것인지에 대해서는 8.5.3절에서 다루기로 한다.

8.5.1 변환

먼저 Dropper를 좌표 평면에 표현해 보자. 확대와 축소의 스케일링이 가능하므로 처음부터 원하는 크기를 실측하려는 것은 무의미하며, 원점을 중심으로 최대한 원하는 모양을 설계하는 것이 더 중요하다.

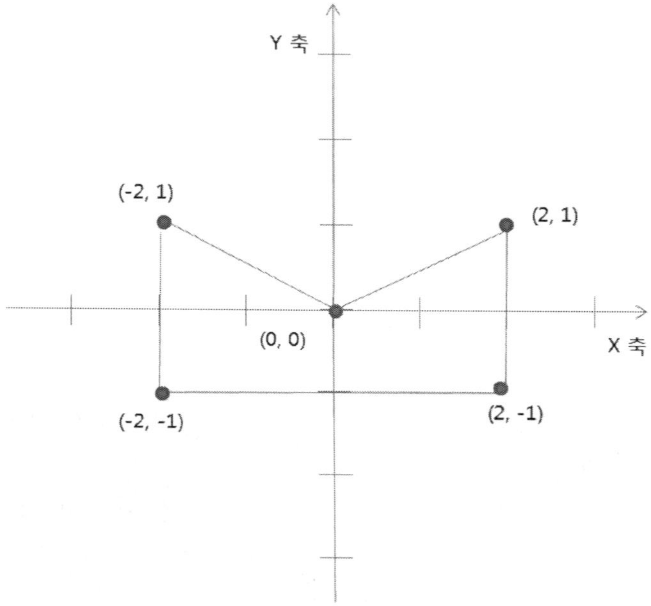

그림 8.12 낙하체 Dropper의 x, y 좌표 평면에서의 모습

코드의 좌표 값 부분으로 현재는 4개의 점으로 구성된 부분을 위의 5개의 점들로 교체해보자. 당연히 NumDropperVt는 5로 변경해 주어야 하겠다. 실행해 보면 낙하체의 모습을 찾아 볼 수가 없다. 그려지지 않은 것이 아니고 너무 작아서 보이지 않는 것이다. 기본 윈도우의 크기가 1000 * 600이 화면의 일정한 부분에 그려지는 크기와 위의 꼭짓점과 꼭짓점의 가장 긴 길이 즉 4와 비교해 보면 아주 작은 크기이므로 보이지 않는 것이다. 그러하다면, 현재의 크기에 10을 곱해보자.

다음은 변화된 Dropper 클래스 코드이다.

```
public class Dropper {
    Point Postion
    int NumDropperVt= 5;
```

```
    Point dropperVts[];

    Dropper(Point startpos, int wx, int wy) {

        Postion = new Point(startpos.x, startpos.y);

        dropperVts = new Point[NumDropperVt];
        for(int i=0; i < NumDropperVt; ++i){
            dropperVts[i] = new Point(0, 0);
        }

        dropperVts[0].x= 20.0;dropperVts[0].y= 10.0;
        dropperVts[1].x= 20.0;dropperVts[1].y= -10.0;
        dropperVts[2].x= -20.0;dropperVts[2].y= -10.0;
        dropperVts[3].x= -20.0;dropperVts[3].y= 10.0;
        dropperVts[4].x= 0.0;dropperVts[4].y= 0.0;
    }

    public void moveDropper() {
        for(int i=0; i < NumDropperVt; ++i){
            dropperVts[i].y++;
        }
    }
}
```

위 코드를 적용해서 캡쳐한 실행 모습은 다음과 같다.

그림 8.13 그림 8.12를 10배로 확대한 것의 결과 이미지

그림 8.12의 모습에서 위와 아래가 뒤집어 진 모습이고 동시에 y축의 우측만 보이고 있다. y축의 양의 방향으로 움직이도록 하고 있으므로 일정한 시간이 경과하면 y축의 전체 이미지는 보이지만, x축의 음의 영역에 있는 부분은 보이지 않고 있는 것이다. y축으로 뒤집어진 결과는 윈도우 영역에서 y축의 양의 방향은 우리가 수학시

간에 배우는 방향과 반대인 것 때문이다.

이 시점에서 잠시 변환의 수학적 기본 이론을 정리해 보기로 하자. 먼저 스케일링(scaling)은 객체를 확대하거나 축소하는 것을 의미한다. 객체의 모든 꼭짓점에 확대 혹은 축소하고자 하는 배수를 곱해주면 된다. 현재의 도형을 k배로 키운다면

new_x = x * k
new_y = y * k

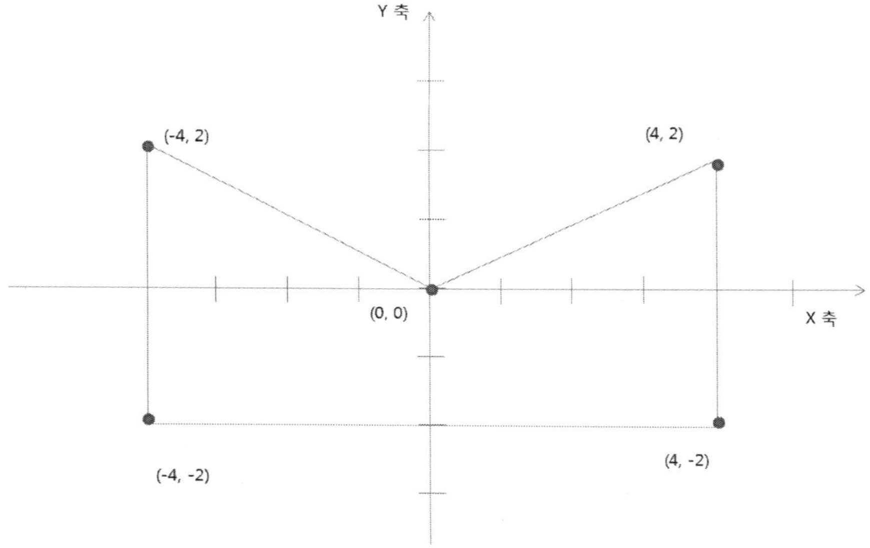

그림 8.14 그림 8.12를 2배 확대한 모습

이동(translate)은 어떠한 점을 다른 위치로 옮기는 것을 말한다. 변환에서의 이동은 중심을 이동하는 것으로 물체의 각 점을 모두 x축의 변위량과 y축의 변위량만큼 옮기는 것이 된다. 물체의 중심을 (a, b)로 이동한다고 할 때 새로운 꼭짓점은 다음처럼 연산하면 된다.

new_x = x + a
new_y = y + b

다음은 예제의 그림을 (4, 3)만큼 이동한 뒤의 모습을 나타낸다.

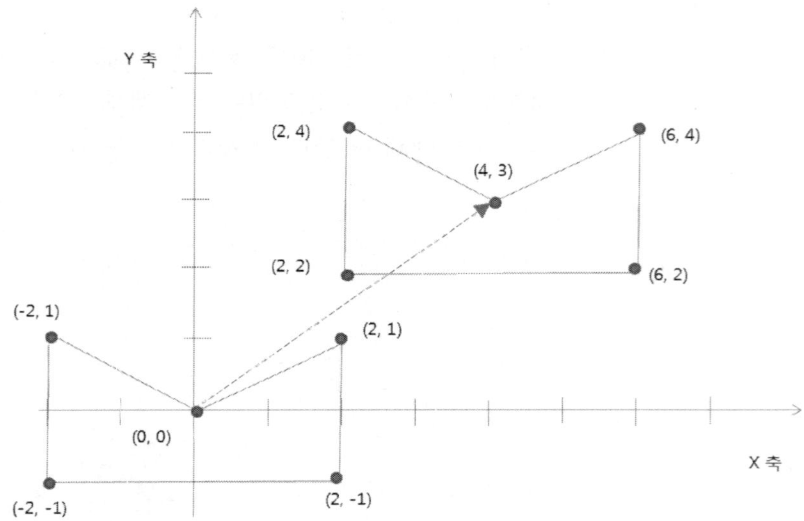

그림 8.15 중심을 (4, 3)로 이동한 모습

끝으로 회전(rotate)은 임의의 점을 어떤 각θ(theta) 만큼 옮기는 것이다. 따라서 원점을 중심으로 한 회전이므로 원위의 움직임을 표현하는 것으로 이해하면 되겠다. 먼저 수학에서 정의하기를 양의 각θ의 회전은 그림처럼 반시계 방향으로 움직이는 것이다. 즉 삼각함수와 친숙할 필요가 있는 부분이다. 쉽지 않은 내용 중의 하나이지만 이 부분의 설명을 잘 따라가면 그리 어려운 내용이 아닐 것이다.

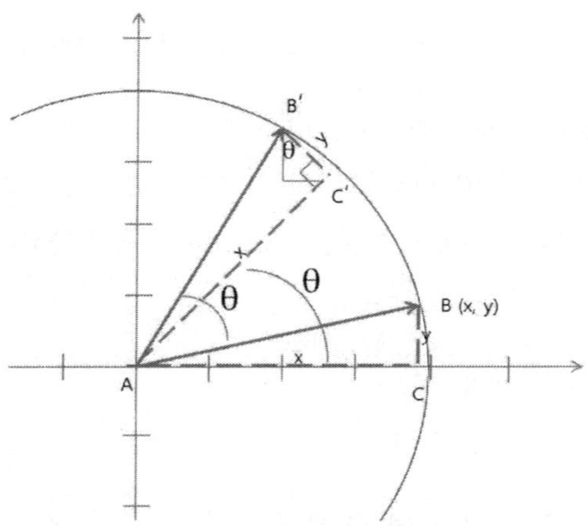

그림 8.16 회전

좌표상의 값이 (x, y) 인 점B가 있고 원점 A에서 점B를 이어 점B가 포함된 원을 그림처럼 그릴 수 있다. 자 그럼 쉬운 부분부터 하나씩 살펴가자. 점B의 x성분은 x축 상의 점C에 표시된다. 마찬가지로 y성분은 y축 상의 임의의 점에 투영된다. 설명을 용이하게 하기 위해 y성분은 점선으로 점B에서 x축에 직각이 되도록 표시하였다. 이렇게 하면 삼각형ABC는 직각삼각형으로 그림처럼 나타내지게 된다.

선분AB를 θ만큼 회전하면 원 위에 점B'에 표시된다. 이렇게 되면 점C도 함께 움직이게되는 것으로 그림처럼 점C'로 새롭게 이동됨을 알 수 있다. 또한 삼각형AB'C'도 직각삼각형이 된다. 우리가 최종적으로 알고 싶은 것은 점B'의 x성분과 y성분이다. 단계를 좀 나누어 가도록 하자. 먼저 점C'의 x, y성분을 구하게 되면, 그 값에서 점B'과 점C' 근처에 표시된 θ가 표시된 작은 실선 성분만큼 각 성분을 가감하면 되는 것이다.

먼저 점C'의 x성분은 xCosθ가 되며, y성분은 xSinθ가 된다. 왜냐하면 선분AC가 x이므로 선분AC'도 x이고, 삼각형ABC와 삼각형AB'C'는 서로 합동이므로 각B'AB 와 각C'AC는 서로 같은 θ이다. 점B'에서 x축에 수선을 내리면 선분B'C'와 그 수선은 각θ를 이룬다. 삼각형ABC가 삼각형AB'C'로 θ회전이 되는 순간 점B의 y성분의 y축 상의 가상선도 함께 각θ만큼 회전되며, 기하학적으로 점B'에서 x축에 내린 수선으로 생기는 점B'의 각과 동위각의 관계에 있다. 점B'은 점C'에서 yCosθ만큼 위로 길어지고, ySinθ만큼 왼쪽으로 짧아진다. 수식으로 표현하면

B' = (C'의x값 - ySinθ, C'의y값 + yCosθ)
= (xCosθ - ySinθ , xSinθ + yCosθ)

따라서 회전 후의 물체의 새로운 꼭짓점들은 각각 다음과 같이 계산된다.

new_x = x * Cosθ - y * Sinθ
new_y = x * Sinθ + y * Cosθ

이제까지 변환의 핵심인 세 가지의 기본 수학적 지식을 정리해 보았다. 이 세 가지를 함께 조합할 때 적용하는 순서를 주의해야 한다. 이동을 맨 마지막으로 해야 한다. 예를 들어 이동을 먼저하고 회전을 적용한다던지 하는 경우 임의 공간으로 이동을 시키고 회전을 할 때 그 회전이라고 하는 것은 원점을 기점으로 움직이는 행위이므로 모양이 이상하게 나타나게 된다.

자 그러면 이러한 수학적 원리 이해를 바탕으로 시뮬레이션 상에서 몇 가지를 확인해 보자. 그림 8.13은 간단한 확대 변환만을 테스트한 것이었는데, 이것을 실행시간에 스케일링이외의 나머지 변환을 적용하기 위해서는, 멤버변수의 초기화 단계인 생성자에서 그 변환에 관여한 부분을 빼내어 새로운 메소드에서 별도로 조작되어야 한다. 움직임과 관련된 메소드는 moveDropper이다. 이 부분을 설명한 내용으로 확장해 보면 다음과 같다.

```
public class Dropper {
    Point Postion
    int NumDropperVt= 5;
    Point dropperVts[];

    Dropper(Point startpos, int wx, int wy) {

        Postion = new Point(startpos.x, startpos.y);

        dropperVts = new Point[NumDropperVt];
        for(int i=0; i < NumDropperVt; ++i){
            dropperVts[i] = new Point(0, 0);
        }

        dropperVts[0].x= 2.0;dropperVts[0].y= 1.0;
        dropperVts[1].x= 2.0;dropperVts[1].y= -1.0;
        dropperVts[2].x= -2.0;dropperVts[2].y= -1.0;
        dropperVts[3].x= -2.0;dropperVts[3].y= 1.0;
        dropperVts[4].x= 0.0;dropperVts[4].y= 0.0;
    }

    public void moveDropper() {
        for(int i=0; i < NumDropperVt; ++i){
            dropperVts[i].y++;
        }

        for(int i=0; i < NumDropperVt; ++i){
            dropperVts[i].x *= 10;
            dropperVts[i].y *= 10;
        }

        for(int i=0; i < NumDropperVt; ++i){
            dropperVts[i].x += 400;
            dropperVts[i].y += 200;
        }
    }
}
```

첫 번째 반복문은 기존에 있던 부분으로 물체가 한 번의 렌더링 싸이클 당 y의 양의 방향으로 1칸씩 움직이는 것을 담당한다. 화면의 y축 양의 방향은 아래 방향이다. 두 번째 반복문은 모든 꼭짓점에 대해서 10배 확대하는 부분이고, 마지막 반복문은 객체의 원점을 (400, 200)으로 이동하는 부분이다. 회전 변환에는 별도(마우스 이벤트)의 기법과 연결되어야 하는 내용으로 인해 다음 절에서 별도로 다루기로 한다.

여기까지의 내용을 실행해 보라, 어떤 모습인가? 엔터키를 누룰 때 즉 이벤트를 실행하는 순간에만 낙하체가 윈도우의 중간정도(정확히는 (400, 200)의 위치)에서 잠시 보였다가 이내 사라지고 말 것이다. 왜 이런 현상이 벌어질까? 변환은 기본적으로 원점에 생긴 원본 데이터를 기준으로 삼아 그것을 특정한 위치로 다른 모양의 복사본을 만드는 것이 그 본질이다. 따라서 run메소드는 매 작업 사이클에서 원본을 가져다 확대, 이동을 반복하게 되는 것이다. 그러므로 해결책의 한 가지는 원본과 복사본이 한번 만들어지고 나면 그 복사본을 별도의 공간에 따로 저장해 놓는 것으로, 이렇게 한 뒤에 다음 변환이전에 우리가 원했던 작업을 그 복사본에 적용하는 것으로 다음 코드처럼 작업을 진행해 보자.

```
public class Dropper {

    ........

    Vector<Point>   DropperTransVB

    Dropper(Point startpos, int wx, int wy) {

        ........
        DropperTransVB = new Vector<Point>();

        ........
        for(int i=0; i < NumDropperVt ++i){
            DropperTransVB.add(new Point(0, 0));
        }
    }

    public void moveDropper() {
        for(int i=0; i < NumDropperVt; ++i){
            dropperVts[i].y++;
        }

        for(int i=0; i < NumDropperVt ++i){
            DropperTransVB.get(i).x = dropperVts[i].x;
            DropperTransVB.get(i).y = dropperVts[i].y;
        }
        for(int i=0; i < NumDropperVt ++i){
            DropperTransVB.get(i).x *= 10;
            DropperTransVB.get(i).y *= 10;
        }
        for(int i=0; i < NumDropperVt ++i){
            DropperTransVB.get(i).x += 400;
            DropperTransVB.get(i).y += 200;
        }
    }
}
```

낙하체의 변형된 복사본의 꼭짓점을 저장할 공간으로 DropperTransVB으로 명명한다. 일명 Dropper's Trnasformed Vertex Buffer이다. 생성자에서 메모리를 할당한 뒤에 Point의 vector타입이므로 모든 원소를 (0, 0)점으로 초기화 한다. 이 저장소의 점들에게 변환 공식을 적용하기 전에 원본 즉 dropperVts의 모든 값들을 복사해 온다.

메인 클래스에서도 당연히 변화가 필요하다. drawPolygon의 매개변수 x, y의 값을 변형 꼭짓점 저장소 DropperTransVB에서 얻어오도록 한다.

```
public class DropperMain {
```

```
    ........

    public void draw() {
    ........
    for(int i = 0; i < dpList.size(); i++) {
        Dropper dp = (Dropper)dpList.get(i);

        int[] x = new int[dp.NumDropperVt];
        int[] y = new int[dp.NumDropperVt];
        for(int j=0; j < dp.NumDropperVt ++j){
        x[j] = (int)dp.DropperTransVB.get(j).xy[j]
=(int)dp.DropperTransVB.get(j).y
    }

        getgs1.drawPolygon(x, y, dp.NumDropperVt);
        dp.moveDropper();
    }

    ........

}
```

이것을 실행해 보면 개략적으로 윈도우의 중간 정도의 부분 (400, 200)에서 낙하하는 물체를 발견해 볼 수 있다.

8.5.2 행렬 및 회전 변환 적용하기

이전 절에서 회전이외의 변환 즉 확대와 이동을 고찰해 보았다. 앞에서 회전은 별도의 이벤트 조작과 함께 이루어져야 하므로 설명을 미루었다. 다시 한 번 변환의 내용을 좀 더 다루기 쉽게 하는 방법을 고찰해 보고 회전에 대해 마무리하기로 한다. 코드 moveDropper를 보면 확대 변환에서도 반복문이 사용되었고, 이동 변환에서도 반복문이 사용되었다. 설명을 계속 미루고 있는 회전 변환이 추가되면 한 번의 반복문이 더 적용되는 것이다. 이러한 여러 번의 반복문의 횟수를 줄일 수 있다면 전체 작업시간에 있어서 유익하다. 또한 좌표 상의 점 즉 x 성분과 y 성분에 대한 연산들이므로 하나의 집합적 묶음 표현으로의 자료의 구조로 그 구조를 변화 시켜볼 수 있겠다. 그 집합적 묶음 자료의 구조는 바로 행렬이다. 수학 시간의 행렬 기본 연산을 잠시 짚고 넘어가자.

행렬의 덧셈, 뺄셈은 너무 기본적인 것이므로 넘어가고, 곱셈에 대해서 다루어 보자. 또한 변환에서 결과론적으로 필요한 것은 곱셈이기도 하다.

$$[1\ 2\ 3] \times \begin{bmatrix} 4 \\ 5 \\ 6 \end{bmatrix} = (1 * 4) + (2 * 5) + (3 * 6) = 4 + 10 + 18$$

$$\begin{bmatrix}1\,2\\3\,4\end{bmatrix}\times\begin{bmatrix}5\,6\\7\,8\end{bmatrix} = \begin{pmatrix}((1*5)+(2*7)) & ((1*6)+(2*8))\\((3*5)+(4*7)) & ((3*6)+(4*8))\end{pmatrix}$$

임의의 값의 행렬에 대해 곱셈은 위의 예에서처럼 계산된다. 수학에서 1과 0은 중요한 여러 의미를 가지고 있다. 그 중에서 1은 곱셈의 항등원이다. 어떤 수에 1을 곱하면 그 자신이 된다. 마찬가지로 행렬의 곱셈에 대해서도 항등원 역할을 하는 행렬이 있다면 여러 상황에서 매우 요긴하게 사용될 수 있다. 한편 이 예제의 완성과 관련해서 행렬의 크기는 얼마면 될까? 앞에서 살펴본 수학의 변환에서 x성분 y성분 모두 new_ㅁ = ㅁ + delta의 형태에서 delta항을 가지는 경우가 가장 큰 항목 수 이므로, x, y 2차원 행렬에 delta항에 필요한 하나의 차원을 더해 3차원 행렬이면 모든 연산이 다 가능하다. 따라서 단위행렬은 3차원으로서 다음과 같다.

$$\begin{bmatrix}1\,0\,0\\0\,1\,0\\0\,0\,1\end{bmatrix}$$

이 행렬에 어떤 행렬을 곱하더라도 그 결과는 항상 곱해진 그 행렬이 된다. 이 단위행렬을 근간으로 하여 이동, 스케일링, 회전 등을 행렬의 형태로 나타내 보도록 하자. 3차원 단위행렬을 사용하는 것과 같은 이론에 의해 좌표 평면상의 한 점은 1행 3열로 [x y 1]로 표시할 수 있다.

먼저, 이동에 대한 행렬 표현을 알아보자.

$$[x\ \ y\ \ 1] * \begin{bmatrix}1\,0\,0\\0\,1\,0\\a\,b\,1\end{bmatrix} = [\ x+a \quad y+b \quad 1\ ]$$

현재의 점 (x, y)를 좌표 상에서 (a, b) 만큼 이동한 새로운 점은 (x+a, x+b)가 되는 것이다.

다음은, 스케일링에 대한 행렬 표현이다.

$$[x\ \ y\ \ 1] * \begin{bmatrix}k\,0\,0\\0\,k\,0\\0\,0\,1\end{bmatrix} = [\ x*k \quad y*k \quad 1\ ]$$

끝으로, 회전에 대한 행렬 표현이다.

$$[x\ \ y\ \ 1] * \begin{bmatrix}\cos\theta & \sin\theta & 0\\-\sin\theta & \cos\theta & 0\\0 & 0 & 1\end{bmatrix} = [\ x\cos\theta - y\sin\theta \quad x\sin\theta + y\cos\theta \quad 1\ ]$$

이러한 행렬 연산의 기본 모양을 위해서 다음과 같은 MatrixBase 클래스를 제작한다.

```
public class MatrixBase {
    public double _11, _12, _13;
    public double _21, _22, _23;
    public double _31, _32, _33;

    MatrixBase(){
        _11=0.0f; _12=0.0f; _13=0.0f;
        _21=0.0f; _22=0.0f; _23=0.0f;
        _31=0.0f; _32=0.0f; _33=0.0f;
    }
}
```

9개의 실수형 변수를 위의 변수명으로하는 멤버 변수를 갖고 있으며, 생성자는 위와 같이 정의되어 있다. 다음은 이를 기초로 제작된 Matrix클래스이다.

```
public class Matrix {

    MatrixBase BMatrix;

    Matrix(){
        BMatrix = new MatrixBase();

        Identity();
    }

    public void Identity(){
        BMatrix._11 = 1.0; BMatrix._12 = 0.0; BMatrix._13 = 0.0;
        BMatrix._21 = 0.0; BMatrix._22 = 1.0; BMatrix._23 = 0.0;
        BMatrix._31 = 0.0; BMatrix._32 = 0.0; BMatrix._33 = 1.0;
    }

    public void MatrixBaseMultiply(MatrixBase mIn){
        MatrixBase mat_temp = new MatrixBase();

        mat_temp._11 = (BMatrix._11*mIn._11) + (BMatrix._12*mIn._21) +
(BMatrix._13*mIn._31);
        mat_temp._12 = (BMatrix._11*mIn._12) + (BMatrix._12*mIn._22) +
(BMatrix._13*mIn._32);
        mat_temp._13 = (BMatrix._11*mIn._13) + (BMatrix._12*mIn._23) +
(BMatrix._13*mIn._33);

        mat_temp._21 = (BMatrix._21*mIn._11) + (BMatrix._22*mIn._21) +
(BMatrix._23*mIn._31);
        mat_temp._22 = (BMatrix._21*mIn._12) + (BMatrix._22*mIn._22) +
(BMatrix._23*mIn._32);
        mat_temp._23 = (BMatrix._21*mIn._13) + (BMatrix._22*mIn._23) +
(BMatrix._23*mIn._33);

        mat_temp._31 = (BMatrix._31*mIn._11) + (BMatrix._32*mIn._21) +
(BMatrix._33*mIn._31);
```

```
        mat_temp._32 = (BMatrix._31*mIn._12) + (BMatrix._32*mIn._22) +
(BMatrix._33*mIn._32);
        mat_temp._33 = (BMatrix._31*mIn._13) + (BMatrix._32*mIn._23) +
(BMatrix._33*mIn._33);

        BMatrix = mat_temp;
    }

    public void Translate(double x, double y){
        MatrixBase mat = new MatrixBase();

        mat._11 = 1.0; mat._12 = 0.0; mat._13 = 0.0;
        mat._21 = 0.0; mat._22 = 1.0; mat._23 = 0.0;
        mat._31 = x;   mat._32 = y;    mat._33 = 1.0;

        MatrixBaseMultiply(mat);
    }

    public void Scale(double xScale, double yScale){
        MatrixBase mat = new MatrixBase();

        mat._11 = xScale;mat._12 = 0.0;    mat._13 = 0.0;
        mat._21 = 0.0;   mat._22 = yScale; mat._23 = 0.0;
        mat._31 = 0.0;   mat._32 = 0.0;    mat._33 = 1.0;

        MatrixBaseMultiply(mat);
    }

    public void Rotate(double rot){
        MatrixBase mat = new MatrixBase();

        double Sin = Math.sin(rot);
        double Cos = Math.cos(rot);

        mat._11 = Cos;  mat._12 = Sin; mat._13 = 0.0;
        mat._21 = -Sin; mat._22 = Cos; mat._23 = 0.0;
        mat._31 = 0.0;  mat._32 = 0.0; mat._33 = 1.0;

        MatrixBaseMultiply(mat);
    }

    public void Transform(Vector<Point> vecbuffer){
        for (int i=0; i<vecbuffer.size(); ++i){
            double tempX = (BMatrix._11*vecbuffer.get(i).x) +
(BMatrix._21*vecbuffer.get(i).y) + (BMatrix._31);
            double tempY = (BMatrix._12*vecbuffer.get(i).x) +
(BMatrix._22*vecbuffer.get(i).y) + (BMatrix._32);

            vecbuffer.get(i).x = tempX;
            vecbuffer.get(i).y = tempY;
        }
    }
}
```

멤버 변수로 MatrixBase 타입의 BMatrix를 갖고 있으며 이것은 앞에서 설명한 단위벡터를 의미한다. 대각선 방향의 원소들이 모두 1을 저장하고 있다. 멤버 메서드는 지금까지 설명되어 온 이동 (Translate), 확대 축소 (Scale), 회전 (Rotate) 들 이외에 행렬의 기본 연산 중에서 곱셈인 MatrixBaseMultiply가 있고, 끝으로 이상의 세 가지 변환 연산이 총 망라된 변환 (Transform)이 있다.

이제 Dropper 클래스에 어떤 변화를 주면 될까? MoveDropper의 행렬을 사용하지 않은 부분에 행렬을 적용한 위의 코드가 삽입되면 될 것이다.

```
public class Dropper {
    ........

    public void moveDropper() {
        for(int i=0; i < NumDropperVt; ++i){
            dropperVts[i].y++;
        }

        for(int i=0; i < NumDropperVt ++i){
            DropperTransVB.get(i).x = dropperVts[i].x;
            DropperTransVB.get(i).y = dropperVts[i].y;
        }

        // 행렬에 의한 변환 연산
    }

    // 그 행렬에 대한 변환 연산의 함수 내용의 정의 부분
}
```

위의 맨 마지막 라인의 코멘트 처리된 내용에 대해서는 변환의 기본 설명을 다시 떠올리며 마무리 하도록 하자. 아마도 그 내용의 맨 마지막 부분은 Matrix 클래스 중에서 Transform 메소드가 위치해야 할 것이다. 변환의 기초지식 설명을 상기해보면 변환의 순서를 언급한 것이 있는데, 이동은 모든 변환의 맨 마지막에 위치해야 한다. 따라서 그 다음 내용은 Translate 메소드가 오며, 다른 두 개는 임의로 배치하면 되겠다. 따라서 이러한 내용을 아래와 같은 코드로 작성할 수 있겠다.

```
public class Dropper {
    ........

    public void moveDropper() {
        for(int i=0; i < NumDropperVt; ++i){
            dropperVts[i].y++;
        }

        for(int i=0; i < NumDropperVt ++i){
            DropperTransVB.get(i).x = dropperVts[i].x;
            DropperTransVB.get(i).y = dropperVts[i].y;
        }
```

```
        WorldTransformation(DropperTransVB);
    }

    public void WorldTransformation(Vector<Point> vecbuffer){
        Matrix matTransform = new Matrix();

        matTransform.Scale(scale, scale);

        matTransform.Rotate(-Rotation);

        matTransform.Translate(Postion.x, Postion.y);

        matTransform.Transform(vecbuffer);
    }
}
```

이렇게 코드를 업데이트하고 실행을 해보면 고개를 갸우뚱할 것이다. 물체가 아래가 아닌 위로 올라가는 현상이다. 변환을 설명할 때 우리의 일반적인 상식에 어긋나는 점이 두 가지 있었다. 하나는 회전에서 우리는 통상 오른쪽이 시계방향인데 반해 수학의 변환에서는 반시계방향이다. 이러한 이유로 Rotate 메소드의 실 매개변수의 값에 음의 부호가 붙여 있는 것이다. 또 하나가 좌표 평면에서 y축은 위의 방향으로 양수의 값이 증가하지만 윈도우의 좌표 체계에서는 아래 방향이 양의 값이 증가하는 방향이다. 따라서 moveDropper 메소드의 첫 번째 반복 구간에 있는 ++를 --로 변경해주도록 한다.

그림 8.17 행렬을 활용한 변환의 중간 결과

지금까지의 내용에 대한 어떤 결과의 모습이다. 이것은 캡쳐 도구로 낙하하는 순간을 캡쳐한 것인데, 육안으로 실험 결과를 볼 때는 물체가 자연스럽지 못한 상태로 어색하게 낙하하는 모습을 관찰 할 수도 있겠다. 이것은 다음 절에서 해결 될 것이다.

자 이제 이것을 뾰족 튀어 나온 부분이 착지점이라고 생각하고 원하는 방향으로 회전을 시켜 사용자가 원한다면 뾰족한 부분이 아래 방향으로 위치될 수 있도록 하자. 현재까지 우리가 조작한 키보드 이벤트는 엔터키였다. 이 키에 관한 코드를 참조하여 좌회전 우회전을 완성하도록 하며, 이때 키보드의 화살표 중 좌, 우 키를 사용한다.

```
public class DropperMain extends JFrame implements Runnable,  KeyListener {
    ........

    private boolean flag_start = false
    private boolean left = false, right = false


    public void keyPressed(KeyEvent ke) {
        switch(ke.getKeyCode()) {
            case KeyEvent.VK_ENTER:
                flag_start = true;
                break;
            case KeyEvent.VK_LEFT:
                left = true;
                break;
            case KeyEvent.VK_RIGHT:
                right = true;
                break;
        }
    }
    public void keyReleased(KeyEvent ke) {
        switch(ke.getKeyCode()) {
            case KeyEvent.VK_ENTER:
                flag_start = false;
                break;
            case KeyEvent.VK_LEFT:
                left = false;
                break;
            case KeyEvent.VK_RIGHT:
                right = false;
                break;
        }
    }
    public void keyTyped(KeyEvent ke) {}

    public static void main(String[] args) {
        Thread t = new Thread(new DropperMain());
        t.start();
    }
}
```

이렇게 하고 나서 실제로 그 이벤트에 대한 내용을 적용하는 부분은 Dropper 클래스에서 이루어 져야 하고, 적용 메소드는 MoveDropper이다.

```
public class Dropper {
```

```
    public double PI = 3.14159265358979;
    ........

    public void moveDropper(boolean left, boolean right) {
        if(left==true && right==false) {
            Rotation--;
            if (Rotation < -PI){
                Rotation += 2*PI;
            }
        }
        if(left==false && right==true) {
            Rotation++;
            if (Rotation > 2*PI){
                Rotation -= 2*PI;
            }
        }

        ........
    }

    public void WorldTransformation(Vector<Point> vecbuffer){
        ........
    }
}
```

새롭게 추가되는 부분의 주요한 부분으로, left와 right의 조건문내의 조건문은 원주를 한 바퀴를 넘어서 회전되는 경우 라디안의 값을 360도 즉 2π를 넘지 않는 값으로 다시 조정하기 위한 코드로 큰 의미는 없다. 좌회전 부분에서 rotation 값을 1 unit씩 감소하고 반대로 우회전에서는 증가시켜보았다. 그리고 실행해 보자 어떠한 결과가 나타나는가? 해당하는 방향으로는 돌아가는 것처럼 보이나 정상적이고 자연스러운 결과가 나타나지 않고 있다.

8.5.3 자연스러운 움직임

이전 절까지를 잘 수행하면 낙하체의 낙하 움직임이 부자연스럽고 회전을 적용하면 원하는 자연스러운 움직임이 잘 나타나지 못하고 있다. 자연의 현상을 우리 인간이 완전하게 분석해 내지는 못하고 있으나, 많은 부분이 과학에 의해 물질의 속성이 설명되고 있다. 물리학은 자연의 일부 현상을 분명하게 설명하고 있는 만큼 시뮬레이션에 적용을 한다면 그 객체들의 움직임은 자연의 현상에서 경험하는 것처럼 자연스럽게 묘사될 수 있는 것이다. 현재까지 우리는 컴퓨터 유저로서 조물주처럼 새로운 작은 시뮬레이션 세상을 창조했다고도 할 수 있겠다. 창조주 조물주가 우리 인간세상을 만들었다고 할 때 과연 이 공간 안에서 우리는 어떤 기준에 의해 살아갈까? 많은 답들이 존재할 것이다. 그러나 그 중 하나가 시간 혹은 시계라고 할 때 부정하기 어려울 것이다. 마찬가지로 부자연스럽다는 느낌의 표현은 너무 빠르다 느리다 등일 것이다. 그렇다면 그 기준이 되는 시간과 연동해 준다면 보다 더 자연스러운 물리현상의 느낌을 줄 수 있지 않을까?

이동 변환은 각 꼭짓점의 x성분과 y성분에 대해서 거리의 변화량을 가감한 것이다. 낙하하는 물체의 거리의 변화는 중력과 깊은 연관성이 있다. 거리 변화는 중력에 시간을 곱한 것이다.

이동 위치 = 현재의 위치 ∓ (변화 거리량 ∓ 중력 * 시간)

또한 회전의 경우 우리는 일상생활에서 단위시간에 대한 변화된 움직임의 거리로 측정한다.

회전한 거리 = 현재 회전 거리 ∓ 단위시간당회전거리 * 시간

이러한 기초 지식을 바탕으로 코딩을 완성해 보자. 먼저 시간에 관해서 고찰해 보자. 현재 시뮬레이션 렌더링은 while 구문에서 이루어지고 있다. 따라서 별도의 프로세스가 담당하는 run 메소드의 작업 유닛 사이클의 시간 간격을 측정해 보자. 즉 인간 생활의 1초 즉 "똑 딱"으로 표현하는 그 단위의 간격을 의미하겠다. 현재 시스템의 시간과 바로직전의 시스템의 시간의 차이로 계산할 수 있겠다.

```
........

while(true) {
    Thread.sleep(10);
    CurrentTime = (System.nanoTime() / 1000000000.0);
    TimeElapsed = CurrentTime - LastTime;
    LastTime = CurrentTime;

    ........
```

현재의 시간을 계산할 때 System 클래스에 시스템 시간을 측정 할 수 있는 좋은 메소드 nonoTime이 존재한다. 여기서 109 나눈 것은 나노라는 단위에서 얻은 힌트로써 이 값을 얻기 까지는 여러 숫자를 대입해서 가장 자연스러운 시뮬레이션을 달성할 수 있을 때까지의 실험의 경험 값이라고 표현하는 것이 더 정확하다. 이렇듯 이 시뮬레이션 세계의 유닛 시간인 TimeElapsed를 이동, 스케일링, 회전에 공통으로 사용함으로서 시뮬레이션의 동기화에도 일조 할 수 있게 된다고 할 수 있다.

```
public class Dropper {

    public double PI = 3.14159265358979;
    public double ROTATION_PER_SECOND = 3.0;
    public double GRAVITY  = -1.63;
```

```
    public int DROPPER_SCALE = 10;
    ........

    public void moveDropper(double TimeElapsed, boolean left, boolean
right) {
        if(left==true && right==false) {
            Rotation -= ROTATION_PER_SECOND * TimeElapsed;
            if (Rotation < -PI){
                Rotation += 2*PI;
            }
        }
        if(left==false && right==true) {
            Rotation += ROTATION_PER_SECOND * TimeElapsed
            if (Rotation > 2*PI){
                Rotation -= 2*PI;
            }
        }

        VarDist.y = VarDist.y - GRAVITY * TimeElapsed / 5;
        Postion.x = Postion.x + VarDist.x
        Postion.y = Postion.y + VarDist.y

        ........
    }

    public void WorldTransformation(Vector<Point> vecbuffer){
        ........
    }
}
```

중력은 지구상에서의 값으로도 할 수 있고 혹은 다른 행성의 값 등 임의의 환경에서의 값을 사용할 수 있는데, 여기서는 달에서의 값을 사용해 보았다. 초당 돌 수 있는 회전속도는 3번 정도로 하였다. 이동에서의 변화 거리량을 계산할 때 5로 나누는 것 등도 여러 번의 시뮬레이션 경험을 바탕으로 정해진 값이다. 다음과 결과를 볼 수 있다.

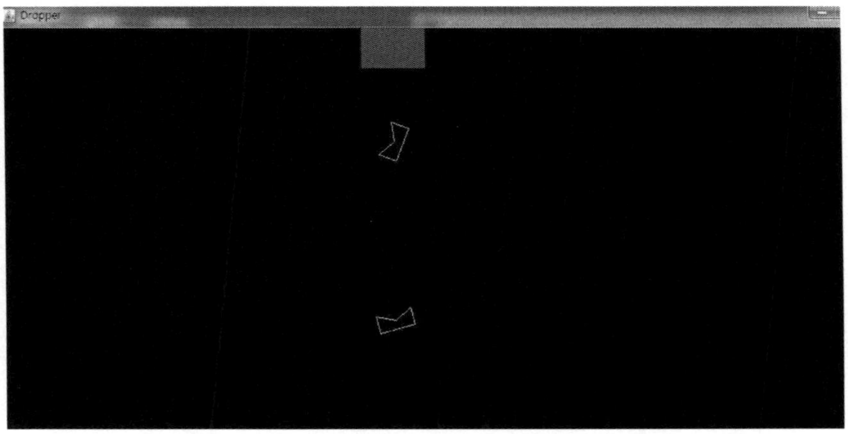

그림 8.18 시뮬레이션의 최종 모습

9장

Rover

9.1 Roving 문제 설명

8장 초반에 8장과 9장의 공통된 내용을 언급하면서 9장 예제의 그림을 미리 선보였었다. 아래의 실행 모습은 좀 더 많은 Rover를 실행시킨 후의 모습이다.

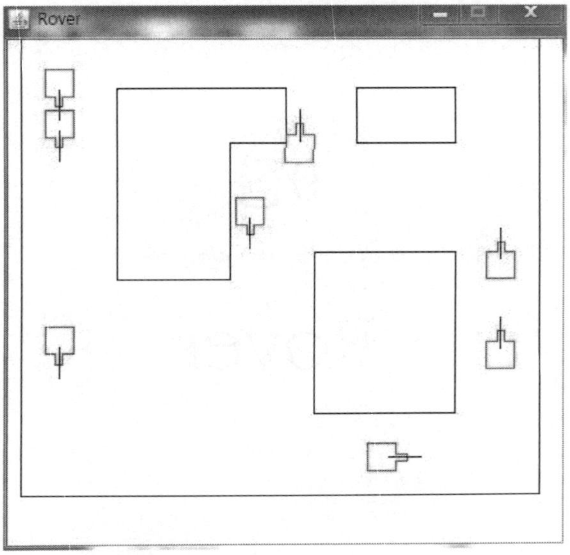

그림 9.1 9장 예제의 확장 실행 모습

키보드 이벤트로는 엔터키를 사용하여 시작을 알려주며, 엔터키가 눌렸을 때 지정한 Rover 개수만큼 중앙 부근에서 생성되도록 한다. 그림에 보이는 작은 사각형 모양을 띄는 것이 Rover이고, 센서를 의미하는 막대가 붙어 있고 그 센서가 탑재된 부분은 앞으로 돌출된 형태를 띠고 있다. 현재의 모습에서는 키보드가 4번 정도 눌려져 8개의 Rover가 움직이고 있는 모습이다. 기본 윈도우 내에 펜스를 의미하는 큰 사각형, 그 사각형 내에 3개의 다각형들이 장애물을 의미하도록 설치되어 있다. 센서는 이들 테두리에 부딪히는 것을 예방하기 위해서 센서가 그 감지 기능을 수행하게 되며, 장애물의 벽이 감지되게 되면 왼쪽으로 90도 회전하도록 설계되어 있다. 이러한 회전의 움직임은 반사적인 움직임에 지나지 않고 또한 회전의 방향이 왼쪽으로 설계된 것도 저수준의 시뮬레이션이라고 하겠다. 이 책을 탐독한 독자들이 고수준의 움직임, 예를 들어 도달하고자 하는 목표물을 설치한 뒤, 그 목표까지 최단 시간에 도달하도록 하는 행동이 나오도록 상황에 따른 효과적인 회전이 되도록 개선해 보는 것도 매우 좋은 실력 향상의 학습 방법이라고 생각한다. 자 이제 어느 정도 이 마지막 예제의 시뮬레이션의 방향을 이해했을 것으로 보고 하나씩 해결해 보도록 하자.

9.2 기본 윈도우 작성

8장의 내용을 충분히 숙지했다는 가정 하에 앞에서 설명된 내용은 세세하게 반복적으로 설명하기 보다는 핵심적인 내용을 중심으로 설명을 진행한다. 이번에도 이벤트를 사용하며 향후 시뮬레이션이 확장되는 경우를 상정하므로 Thread를 사용한다. 또한 화면 렌더링 부분에서는 해상도 등의 이점을 최대한 살리는 방법 중의 하나인 BufferedImage 클래스를 적용하여 화면이 묘사되도록 한다. 키보드 이벤트를 추가하여 Rover의 생성은 엔터키가 눌렸을 때마다 화면에 삽입되는 것으로 한다. 컴퓨터 사용자가 원하는 만큼의 여러 개의 Rover를 생성하고 그것을 관리할 수 있도록 ArrayList 자료 구조를 활용한다. 이상의 기법들을 적용한 메인클래스의 코드이다.

```
public class RoverMain extends JFrame implements Runnable, KeyListener
{
    private BufferedImage bi = null;

    private ArrayList rvList = null;
    private int LSize;

    private boolean flag_start = false;
    private int window_w = 400, window_h = 400;

    private doubleCurrentTime = 0.0, LastTime = 0.0, TimeElapsed = 0.0;

    // obstacle objects 변수 선언

    RoverMain() {
        bi = new BufferedImage(window_w, window_h,
BufferedImage.TYPE_INT_RGB);
        rvList = new ArrayList();
        LSize  = 2;

        this.addKeyListener(this);
        this.setSize(window_w, window_h);
        this.setTitle("Rover");
        this.setResizable(false);
        this.setDefaultCloseOperation(JFrame.EXIT_ON_CLOSE);
        this.setVisible(true);

        // obstacle objects 초기화

    }

    public void run() {
        try {
            int Cnt = 0;
            while(true) {
                Thread.sleep(10);
                CurrentTime = (System.nanoTime() / 1000000000.0);
```

```
            TimeElapsed = CurrentTime - LastTime;
            LastTime = CurrentTime;

            if(Cnt >= 100) {
               createRover();
               Cnt = 0;
            }

            Cnt += 10;

            draw(TimeElapsed);
         }
      } catch(Exception e) {
         e.printStackTrace();
      }
   }

   public void createRover() {
      if(flag_start) {
         for(int i=0; i < LSize i++){
            Point StartPos = new Point(175+35*i, 200);
            // StartPosRover를 매개변수로 하여 Rover객체 생성
            // 그 객체를 ArrayList타입의 rvList에 저장
         }
      }
   }

   public void draw(double elapsedtime) {
      Graphics getgs1 = bi.getGraphics();

      getgs1.setColor(Color.WHITE);
      getgs1.fillRect(0, 0, window_w, window_h);

      // draw obstacle objects

      for(int i = 0; i < rvList.size(); i++) {
         //ArrayListRover에 저정된 Rover에 대해서
         // 꼭지점들의 값을 DrawPolygon이 활용하여 Rover를 그림
      }

      getgs1 = this.getGraphics();
      getgs1.drawImage(bi, 0, 0, window_w, window_h, this);
   }

   public void keyPressed(KeyEvent ke) {
      switch(ke.getKeyCode()) {
      case KeyEvent.VK_ENTER:
         flag_start = true;
         break;
      }
   }
   public void keyReleased(KeyEvent ke) {
      switch(ke.getKeyCode()) {
      case KeyEvent.VK_ENTER:
         flag_start = false;
         break;
      }
   }
```

```
    public void keyTyped(KeyEvent ke) {}

    public static void main(String[] args) {
        Thread t = new Thread(new RoverMain());
        t.start();
    }
}
```

run메소드 내에는 이제까지 설명한 바와 같이 별도로 추가된 Thread t의 실행 자체에 슬립시간을 주는 Thread.sleep을 적용하고 있고, 한 번의 실행 사이클 내에서 주요한 작업인 Rover 생성에게 시간적인 여유를 주기 위해 실행 사이클 카운트를 설치하였다. Rover 세계에서의 기준 단위 시간을 계산하였는데, 이것은 Rover의 변환 연산에서도 8장처럼 주요한 역할을 하게 된다.

9.3 장애물 설치

그림 9.1은 장애물이 외벽 하나와, 벽 안에 3개의 다각형으로 총 4개의 집합으로 생각해 볼 수 있다. 하나의 장애물에 대해서 고찰해 보자. 가장 간단한 도형은 삼각형이다.

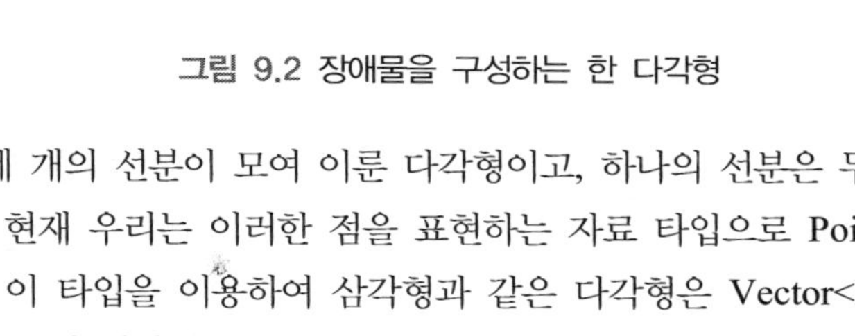

그림 9.2 장애물을 구성하는 한 다각형

삼각형은 세 개의 선분이 모여 이룬 다각형이고, 하나의 선분은 두 개의 꼭짓점을 가지고 있다. 현재 우리는 이러한 점을 표현하는 자료 타입으로 Point형을 작성하여 이용 중이다. 이 타입을 이용하여 삼각형과 같은 다각형은 Vector<Point> 타입으로 표현하여 윈도우에 나타낼 수 있다.

이제 이러한 다각형이 여러 개 모인 집합체를 생각할 단계에 이르렀다. 이 집합체를 장애물이라고 할 수 있다. 다음은 새롭게 만든 자료형 VectorArray 클래스이다.

```
import java.util.Vector;

public class VectorArray {
    int Size
    Vector<Point> TheVec
}
```

이것을 사용하면 장애물을 다음과 같이 나타낼 수 있게 된다.

```
public class RoverMain extends JFrame implements Runnable, KeyListener {

    ........

    // obstacle objects 변수 선언 (완료)
    int NumObs = 4;
    VectorArray obVts[];

    RoverMain() {

        ........

        // obstacle objects 초기화 (완료)
        obVts = new VectorArray[NumObs];

        obVts[0] = new VectorArray();
        obVts[0].Size = 8;
        obVts[0].TheVec = new Vector<Point>();
        obVts[0].TheVec.add(new Point(12,15));obVts[0].TheVec.add(new
Point(380,15));                   obVts[0].TheVec.add(new
Point(380,15));obVts[0].TheVec.add(new Point(380,360));
        obVts[0].TheVec.add(new
Point(380,360));obVts[0].TheVec.add(new Point(12,360));
     obVts[0].TheVec.add(new Point(12,360));obVts[0].TheVec.add(new
Point(12,15));

        obVts[1] = new VectorArray();
        obVts[1].Size = 12;
        obVts[1].TheVec = new Vector<Point>();
        obVts[1].TheVec.add(new Point(80, 60));obVts[1].TheVec.add(new
Point(200,60));                   obVts[1].TheVec.add(new
Point(200,60));obVts[1].TheVec.add(new Point(200,100));
        obVts[1].TheVec.add(new
Point(200,100));obVts[1].TheVec.add(new Point(160,100));
      obVts[1].TheVec.add(new Point(160,100));obVts[1].TheVec.add(new
Point(160,200));
        obVts[1].TheVec.add(new
Point(160,200));obVts[1].TheVec.add(new Point(80,200));
      obVts[1].TheVec.add(new Point(80,200));obVts[1].TheVec.add(new
Point(80,60));


        obVts[2] = new VectorArray();
        obVts[2].Size = 8;
        obVts[2].TheVec = new Vector<Point>();
        obVts[2].TheVec.add(new
```

```
Point(220,180));obVts[2].TheVec.add(new Point(320,180));
      obVts[2].TheVec.add(new Point(320,180));obVts[2].TheVec.add(new
Point(320,300));
        obVts[2].TheVec.add(new
Point(320,300));obVts[2].TheVec.add(new Point(220,300));
      obVts[2].TheVec.add(new Point(220,300));obVts[2].TheVec.add(new
Point(220,180));

        obVts[3] = new VectorArray();
        obVts[3].Size = 8;
        obVts[3].TheVec = new Vector<Point>();
        obVts[3].TheVec.add(new Point(250,60));
obVts[3].TheVec.add(new Point(320,60));
obVts[3].TheVec.add(new Point(320,60));obVts[3].TheVec.add(new
Point(320,100));
        obVts[3].TheVec.add(new
Point(320,100));obVts[3].TheVec.add(new Point(250, 100));
       obVts[3].TheVec.add(new Point(250,
100));obVts[3].TheVec.add(new Point(250,60));

    }

    public void run() {
        ........
    }

    public void createRover() {
        if(flag_start) {
            for(int i=0; i < LSize i++){
                Point StartPos = new Point(175+35*i, 200);
                // StartPosRover를 매개변수로 하여 Rover객체 생성
                // 그 객체를 ArrayList타입의 rvList에 저장
            }
        }
    }

    public void draw(double elapsedtime) {
        Graphics getgs1 = bi.getGraphics();

        getgs1.setColor(Color.WHITE);
        getgs1.fillRect(0, 0, window_w, window_h);

        // draw obstacle objects (완료)
        getgs1.setColor(Color.BLACK);
        int[] x1 = new int[obVts[0].Size];
        int[] y1 = new int[obVts[0].Size];
        for(int j=0; j < obVts[0].Size ++j){
            x1[j] = (int)obVts[0].TheVec.get(j).xy1[j] =
(int)obVts[0].TheVec.get(j).y;
        }
        getgs1.drawPolygon(x1, y1, obVts[0].Size);

        getgs1.setColor(Color.BLACK);
        int[] x2 = new int[obVts[1].Size];
        int[] y2 = new int[obVts[1].Size];
        for(int j=0; j < obVts[1].Size ++j){
            x2[j] = (int)obVts[1].TheVec.get(j).xy2[j] =
(int)obVts[1].TheVec.get(j).y;
```

```
        }
        getgs1.drawPolygon(x2, y2, obVts[1].Size);

        getgs1.setColor(Color.BLACK);
        int[] x3 = new int[obVts[2].Size];
        int[] y3 = new int[obVts[2].Size];
        for(int j=0; j < obVts[2].Size ++j){
            x3[j] = (int)obVts[2].TheVec.get(j).xy3[j] =
(int)obVts[2].TheVec.get(j).y;
        }
        getgs1.drawPolygon(x3, y3, obVts[2].Size);

        getgs1.setColor(Color.BLACK);
        int[] x4 = new int[obVts[3].Size];
        int[] y4 = new int[obVts[3].Size];
        for(int j=0; j < obVts[3].Size ++j){
            x4[j] = (int)obVts[3].TheVec.get(j).xy4[j] =
(int)obVts[3].TheVec.get(j).y;
        }
        getgs1.drawPolygon(x4, y4, obVts[3].Size);

        for(int i = 0; i < rvList.size(); i++) {
            //ArrayListRover에 저정된 Rover에 대해서
            // 꼭지점들의 값을 DrawPolygon이 활용하여 Rover를 그림
        }

        getgs1 = this.getGraphics();
        getgs1.drawImage(bi, 0, 0, window_w, window_h, this);
    }

    ........

    public static void main(String[] args) {
        ........
    }
}
```

코드 상에 표현된 장애물의 자료의 모습을 그림 9.2처럼 도식화 해볼 수 있겠다. 화살표가 가리키는 각 배열의 원소의 값은 생략되어 있다. 그 값은 위의 코드에서 확인될 수 있겠다. 첫 번째 장애물은 화면의 외곽으로 4각형이므로 8개의 point vector 타입의 원소로 구성되어 있고, 두 번째는 상단 좌측의 6각형 장애물로 12개의 원소로, 그 우측과 하단은 모두 4각형이므로 각각 8개의 원소로 구성되어 있다.

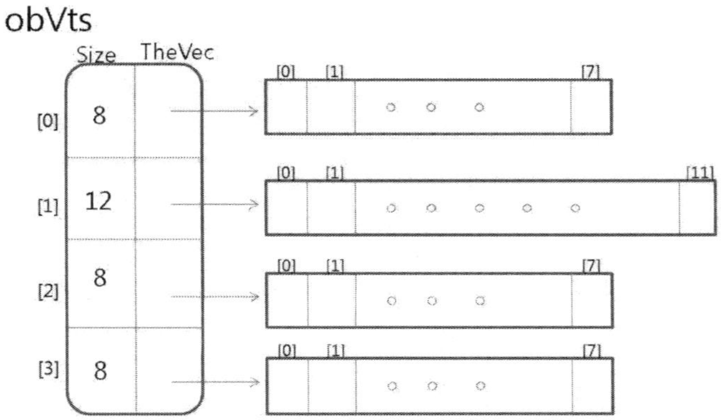

그림 9.2 전체 장애물의 자료구조의 도식화

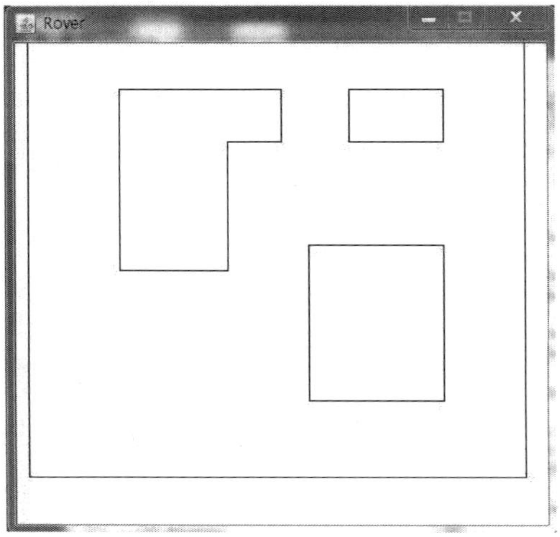

그림 9.3 장애물 설치 코드 실행 결과

9.4 Rover 설계 및 장애물 회피 기법 적용

장애물이 설치된 공간에서 플레이되는 객체를 다음과 같이 설계한다.

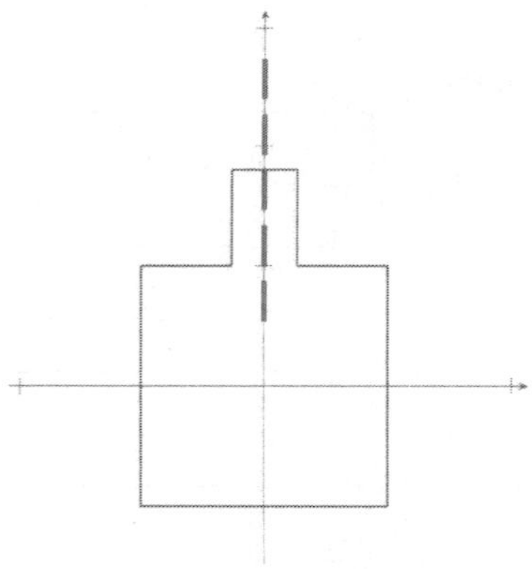

그림 9.4 Rover의 모양. 점선은 센서임

```
public class Rover {

        public double   PI              = 3.14159265358979;
        public double   TolerFloat      = 0.00009;

        public int              ROVER_SCALE = 10;

        ////////////////////////////////////////////////
        double          Rotation;
        double                  scale;
        Point                   Position;

        int                                     NumRoverVt      = 8;
        private Point                   roverVts[];
        Vector<Point>           RoverTransVB;
        int                                     NumSensorVt     = 2;
        private Point                   sensorVts[];
        Vector<Point>           SensorTransVB;

        Rover(Point startpos) {

                Rotation        = PI;
                scale           = ROVER_SCALE;
                Position        = new Point(startpos.x, startpos.y);

                RoverTransVB = new Vector<Point>();
                SensorTransVB = new Vector<Point>();

                roverVts = new Point[NumRoverVt];
                for(int i=0; i < NumRoverVt; ++i){
                        roverVts[i] = new Point(0, 0);
                }

                sensorVts = new Point[NumSensorVt];
                for(int i=0; i < NumSensorVt; ++i){
                        sensorVts[i] = new Point(0, 0);
                }

                roverVts[0].x= 1.0;roverVts[0].y= 1.0;
                roverVts[1].x= 1.0;roverVts[1].y= -1.0;
```

```
        roverVts[2].x= -1.0;roverVts[2].y= -1.0;
        roverVts[3].x= -1.0;roverVts[3].y= 1.0;
        roverVts[4].x= -0.25;roverVts[4].y= 1.0;
        roverVts[5].x= -0.25;roverVts[5].y= 1.75;
        roverVts[6].x= 0.25;roverVts[6].y= 1.75;
        roverVts[7].x= 0.25;roverVts[7].y= 1.0;

        sensorVts[0].x=0;sensorVts[0].y=0.5;
        sensorVts[1].x=0;sensorVts[1].y=2.75;

        for(int i=0; i < NumRoverVt; ++i){
            RoverTransVB.add(new Point(0, 0));
        }

        for(int i=0; i < NumSensorVt; ++i){
            SensorTransVB.add(new Point(0, 0));
        }
    }
```

Rover 본체는 8개의 꼭짓점으로 구성되어 있고, 거기에 붙어있는 센서는 2개의 점으로 구성된 선분이다. 그림 상에서는 구분하기 위해서 실선으로 표시하였다. 회전 변환에 필요한 초기값은 PI, 스케일 변환에는 10배, 이동 변환에는 메인 클래스에서 넘겨 받은 Position 값으로 변환 연산을 한다. 8장에서 설명한 바와 같이 변환 연산이 적용된 변환된 객체의 자료 값을 새로운 저장소를 이용해 저장하는 것이 필요하다. 따라서 본체와 센서 각각 Vector<Point> 타입의 변수 RoverTransVt 와 SensorTransVt를 사용한다.

moveRover 메소드를 완성하기 전이지만, RoverMain 메인클래스에 주석처리로 표시된 두 군에 다음과 같은 코드를 삽입할 수 있겠다.

```
public class RoverMain extends JFrame implements Runnable, KeyListener {

    ........

    RoverMain() {

        ........

    }

    public void run() {
        ........
    }

    public void createRover() {
        if(flag_start) {
            for(int i=0; i < LSize i++){
                Point StartPos = new Point(175+35*i, 200);
                // StartPosRover를 배개변수로 하여 Rover객체 생성 (완성)
```

```
            // 그 객체를 ArrayList타입의 rvList에 저장 (완성)
            Rover m = new Rover(StartPos);
            rvList.add(m);

         }
      }
   }

   public void draw(double elapsedtime) {
      ........


      for(int i = 0; i < rvList.size(); i++) {
         //ArrayListRover에 저정된 Rover에 대해서 (완성)
         // 꼭지점들의 값을 DrawPolygon이 활용하여 Rover를 그림 (완성)
         Rover rv = (Rover)rvList.get(i);
         getgs1.setColor(Color.RED);

         int[] x = new int[rv.NumRoverVt];
         int[] y = new int[rv.NumRoverVt];
         for(int j=0; j < rv.NumRoverVt ++j){
            x[j] = (int)rv.RoverTransVB.get(j).xy[j] =
(int)rv.RoverTransVB.get(j).y
         }
         getgs1.drawPolygon(x, y, rv.NumRoverVt);

         getgs1.setColor(Color.BLACK);
         int[] sx = new int[rv.NumSensorVt];
         int[] sy = new int[rv.NumSensorVt];
         for(int j=0; j < rv.NumSensorVt ++j){
            sx[j] = (int)rv.SensorTransVB.get(j).xsy[j] =
(int)rv.SensorTransVB.get(j).y
         }
         getgs1.drawPolygon(sx, sy, rv.NumSensorVt);

         rv.moveRover(elapsedtime, obVts);

      }

      ........
   }

   ........

   public static void main(String[] args) {
      ........
   }
}
```

moveDropper 메소드를 고찰하기 전에 선분의 교차식에 대해서 간략히 알아보도록 하자. 선분의 교차는 센서 라인과 장애물의 각 선분과의 교차 여부를 확인하는 데 사용된다.

두 선분 Line1의 양 끝점은 A, B, Line2의 양 끝점은 C, D라고 하자. 벡터 평면에서 두 라인이 교차한다고 하면, 다음 식을 만족하는 임의의 r, s ($0 < r, s < 1$)

가 존재한다.

$$A + r * (B - A) = C + s * (D - C)$$
$$r * (B - A) = C - A + s * (D - C)$$
$$r * (B - A) X (D - C) = (C - A) X (D - C) + 0$$, X 는 cross product
$$r = (C - A) X (D - C) / ((B - A) X (D - C))$$
$$r = (C.y-A.y)*(D.x-C.x)-(C.x-A.x)*(D.y-C.y) / (B.x-A.x)*(D.y-C.y)-(B.y-A.y)*(D.x-C.x)$$

이때, 2차원 평면에서의 두 점의 cross Product는 다음과 같다.

$$(x1, y1) X (x2, y2) = x1*y2 - x2*y1$$

같은 과정으로 S에 대해서도 계산을 할 수 있다.

이 선분 교차 연산을 moveDropper의 코드에 적용하여 완성하면 다음과 같다.

```
public void moveRover(double TimeElapsed, VectorArray obvts[]) {
        boolean Isec = false;
        for(int i=0; i<obvts.length; ++i){
                for(int j=0; j<obvts[i].Size; j=j+2){
                        Isec = LineIntersection(
SensorTransVB.get(0), SensorTransVB.get(1), obvts[i].TheVec.get(j),
obvts[i].TheVec.get(j+1));
                        if(Isec) {
                                i = obvts.length;
                                Rotation += PI/2;
                                Isec = false;
                                if (Rotation<0) {
                                        Rotation += 2*PI;
                                }
                                if (Rotation>2*PI)      {
                                        Rotation -= 2*PI;
                                }
                                break;
                        }
                }
        }

        //update the rover's position
        if( ((PI - TolerFloat) <= Rotation) && (Rotation <= (PI +
TolerFloat)) ){ // heading north
                Position.y = Position.y - TimeElapsed*20;
        }

        //update the rover's position
        if( ((PI - TolerFloat) <= Rotation) && (Rotation <= (PI +
TolerFloat)) ){ // heading north
                Position.y = Position.y - TimeElapsed*20;
        }
```

```
        else if( ( (-TolerFloat <= Rotation) && (Rotation <=
TolerFloat) ) ||  ( ((2*PI - TolerFloat) <= Rotation) && (Rotation <=
(2*PI + TolerFloat)) ) ) {          // heading south
                Position.y = Position.y + TimeElapsed*20;
        }
        else if( ((PI/2 - TolerFloat) <= Rotation) && (Rotation <=
(PI/2 + TolerFloat)) ){  // heading east
                Position.x = Position.x + TimeElapsed*20;
        }
        else if( ((3*PI/2 - TolerFloat) <= Rotation) && (Rotation <=
(3*PI/2 + TolerFloat)) ){         // heading west
                Position.x = Position.x - TimeElapsed*20;
        }
        else{
        }

        for(int i=0; i < NumRoverVt; ++i){
                RoverTransVB.get(i).x = roverVts[i].x;
                RoverTransVB.get(i).y = roverVts[i].y;
        }
        for(int i=0; i < NumSensorVt; ++i){
                SensorTransVB.get(i).x = sensorVts[i].x;
                SensorTransVB.get(i).y = sensorVts[i].y;
        }

        WorldTransform(RoverTransVB);
        WorldTransform(SensorTransVB);
}

public void WorldTransform(Vector<Point> vecbuffer){
        Matrix matTransform = new Matrix();

        matTransform.Scale(scale, scale);

        matTransform.Rotate(-Rotation);

        matTransform.Translate(Position.x, Position.y);

        matTransform.Transform(vecbuffer);
}

public boolean LineIntersection(Point A, Point B, Point C, Point D){
        double rTop = (A.y-C.y)*(D.x-C.x)-(A.x-C.x)*(D.y-C.y);
        double rBot = (B.x-A.x)*(D.y-C.y)-(B.y-A.y)*(D.x-C.x);

        double sTop = (A.y-C.y)*(B.x-A.x)-(A.x-C.x)*(B.y-A.y);
        double sBot = (B.x-A.x)*(D.y-C.y)-(B.y-A.y)*(D.x-C.x);

        if ( (rBot == 0) || (sBot == 0) ) {
                return false;
        }

        double r = rTop/rBot;
        double s = sTop/sBot;

        if( (r > 0) && (r < 1.0f) && (s > 0) && (s < 1.0f) )  {
                return true;
        }
```

```
        else  {
                return false;
        }
}
```

Rover는 자신의 센서와 장애물 집합의 크기 즉 모든 다각형에 대해서 각 다각형의 모든 선분과의 교차여부를 검사한다. 만약 교차가 발생하는 경우, 좌측으로 90도를 회전하도록 설정한다. 앞에서 설명한 대로 이러한 일률적인 좌회전의 움직임을 자신의 시뮬레이션에 맞도록 보다 효과적인 회전이 되도록 확장해 볼 수 있는 부분이기도하다. 좌측으로 회전을 실행 한 후 자신의 방향을 검사하는 부분을 거친다. 방향이 북쪽이나 남쪽인 경우 y축 방향을 감소하거나 증가 한다. 한편, 방향이 서쪽이나 동쪽인 경우 x축 방향을 감소하거나 증가 한다. 이렇게 8장과 9장은 8.1 절의 내용을 바탕으로 하여 일괄된 패러다임속에서 코드의 확장 과정을 거쳐 완성되었다.

지금까지 전체적인 9개의 챕터를 잘 따라왔다면 자바 프로그래밍의 실력 향상은 물론 시뮬레이션에서 요구되는 윈도우 프로그래밍의 실력이 상당한 수준에 도달된 것을 느낄 수 있을 것이다. 꾸준한 관심과 노력으로 좋은 결과를 얻기를 바란다.